KB211986

맛있는
구약묵상

맛있는
구약묵상

초판발행일 | 2014년 2월 15일

지 은 이 | 김충만
펴 낸 이 | 배수현
디 자 인 | 박수정
제 작 | 송재호
홍 보 | 권재흥

펴 낸 곳 | 가나북스 www.gnbooks.co.kr
출 판 등 록 | 제393-2009-000012호
전 화 | 031) 408-8811(代)
팩 스 | 031) 501-8811

ISBN 978-89-94664-57-6(03230)

※ 가격은 뒤 표지에 있습니다.

맛있는 구약묵상

김충만

머리말

묵상 한 모금 입에 물고, 주님 한번 쳐다보고

묵상이 곧바로 하나님의 성품을 알아가고 닮아감이라는 삶의 성숙을 낳는 게 아님이 때로 나를 낙심케 한다. 정말 이러자고 '묵상하다' 인가 싶을 때도 많다. 놀라운 것은 그런 중에도 묵상은 포기하지 않았다. 묵상하면 할수록 묵상이 요구하는 삶과 나의 간격이 점점 커져감에도 불구하고 잘한 게 있다면 날마다 '묵상밥'을 먹었다는 것이다. 생각해 보면, 내가 잘한 건 이거 하나인 것 같다.

묵상 앞에 설 때마다 말씀이 나를 묵상하도록 무릎을 꿇는다. 묵상의 주도권이 내가 아닌 말씀에게 있으니까. 때문에 QTer(묵상하는 사람)는 성령님이 찾아오사 묵상을 통해 그분이 말씀하시도록 해야 한다. 이게 맛있는 묵상이다.

❖ 묵상, 말씀에 비춰진 감출 길 없는 은혜다.

한 절 말씀을 묵상하는 게 이렇게 힘든 줄은 미처 몰랐다. 무엇보다 전후 문맥을 살펴야만 해당 구절이 눈에 들어오고, 그러면서 성령의 조명 안에서 한 절 말씀을 품고, 저자가 이 구절을 통해 전하고 싶은 메시지에 집중하고...

이처럼 핵심 구절을 묵상하는 것은 묵상의 주도권을 성경에게 맡기는 것에서 시작된다. 익숙하고, 많이 접한 구절일수록 더 그렇다. 정말이지 본문을 비틀지 않고 정직하게 보아야 한다. 내 선입관이나 선지식이 중심에 서지 않도록 해야 한다. 그래야만 비로소 본문이 말하고자 하는 메시지를 발견하게 되고, 이때부터 본문(text)이 나를 묵상하기 시작하니까.

❖ 말씀으로 나를 해석한다.

어느 때부턴가 말씀이 나를 해석해 주는 걸 경험한다. 말씀에 나를 맡기는 것과 비례해 더 크고 놀라운 묵상의 자유함을 얻고 있다. 말씀으로 말씀을 해석하고 읽어내는 것이 주는 견고함도 뺄 수 없는 행복이다. 결국 내가 말씀을 어떻게 해 보려는 욕망을 내려놓을 때 이를 더 맛보게 되는 것 같다.

한편 '초보 묵상'은 묵상의 주도권을 어떻게든 자신이 쥐고 있으려 한다. 이렇듯 하나님의 말씀에 묵상을 자연스럽게 맡기지 못하니까 그만큼 자의적(恣意的) 힘이 들어간다. 전후 문맥이나 흐름도 관찰하고 읽어낼 여유가 없으니 묵상의 맛을 잘 느끼지 못 할 수밖에 없다.

❖ 큐티에 담은 성경, 말씀에 담은 묵상

한 절 말씀을 품고 조용히 그분 앞으로 나아간다. 이제야, 그것도 조금, 내가 묵상하겠다는 생각을 버리고 있다. 하나님께서 나를 묵상해 주시기를 바라며 말씀 앞에 조용히 선다. 그러면 신기하게도 하나님이 묵상을 이끌어 주신다.

❖ 주님 사랑하니까 묵상이다.

묵상은 잘하고 못하는 게 아니다. 겸손하게 본문을 읽고 또 읽다보면 조금씩 텍스트가 말을 걸어온다. 즉, 텍스트가 숨을 쉬며 살아난다. 그럴 때 희미하게 채워지는 행복과 기쁨이 큐티(QT)가 주는 깊은 맛이다.

묵상을 통해 주님 앞에 서는 것은 늘 새로운 여행이다.

주후 2014년 1월 1일 새해 아침

경성대학교 신학관 406호, 교목실에서

김충만

창
출
레
민
신
수
삿
룻
삼상
삼하
왕상
왕하
대상
대하
스
느
에
욥
시
잠
전
아
사
렘
애
겔
단
호
욜
암
옵
욘
미
나
합
습
학
슥
말

목차

비전선언서

나의 삶의 목적은
말씀을 사랑하고 이를 날마다 묵상함으로써
하나님 아버지를 닮아가고,
성령님의 임재를 누리며,
우리 주 예수 그리스도를 아는 지식에서 자라가는 것이다.
그리고 이를 가르치며 나누고 선포함으로써
나의 삶과 공동체에서 말씀을 열매 맺어가는
주의 제자로 살아간다.

| 1부 |

모세오경

•
•
•

창 세 기

1. 태초에 말씀이신 그리스도가 계시니라.

태초에 하나님이 천지를 창조하시니라(창1.1)

○ 태초에 말씀이 계시니라 이 말씀이 하나님과 함께 계셨으니 이 말씀은 곧 하나님이시니라. 말씀이 육신이 되어 우리 가운데 거하시매 우리가 그의 영광을 보니 아버지의 독생자의 영광이요 은혜와 진리가 충만하더라(요1.1,14)*

○ 그런즉 너희는 이 언약의 말씀을 지켜 행하라 그리하면 너희가 하

* 말씀이신 그리스도(성자 하나님)께서 '태초에' 성부 하나님과 함께 선재하셨다. 기록된 성경은 단순히 소리이거나 언어(말)가 아니라 하나님 자신을 알려주고 전달하는 계시의 통로다. 우리는 이 말씀을 통해 하나님을 아는 지식을 얻는다. 이 책이 하나님의 말씀으로 시작하는 이유가 여기에 있다.

는 모든 일이 형통하리라(신29.9)

○ 이 율법책을 네 입에서 떠나지 말게 하며 주야로 그것을 묵상하여 그 안에 기록된 대로 다 지켜 행하라 그리하면 네 길이 평탄하게 될 것이며 네가 형통하리라(수1.8)

○ 복 있는 사람은 악인들의 꾀를 따르지 아니하며 죄인들의 길에 서지 아니하며 오만한 자들의 자리에 앉지 아니하고, 오직 여호와의 율법을 즐거워하여 그의 율법을 주야로 묵상하는도다. 그는 시냇가에 심은 나무가 철을 따라 열매를 맺으며 그 잎사귀가 마르지 아니함 같으니 그가 하는 모든 일이 다 형통하리로다(시1.1-3)

○ 주의 말씀의 맛이 내게 어찌 그리 단지요 내 입에 꿀보다 더 다니이다. 주의 법도들로 말미암아 내가 명철하게 되었으므로 모든 거짓 행위를 미워하나이다. 주의 말씀은 내 발에 등이요 내 길에 빛이니이다(시119.103-105)

○ 내가 율법이나 선지자를 폐하러 온 줄로 생각하지 말라 폐하러 온 것이 아니요 완전하게 하려 함이라. 진실로 너희에게 이르노니 천지가 없어지기 전에는 율법의 일점 일획도 결코 없어지지 아니하고 다 이루리라(마5.17-18)

○ 대저 하나님의 모든 말씀은 능하지 못하심이 없느니라(눅1.37)

○ 내가 아버지의 계명을 지켜 그의 사랑 안에 거하는 것 같이 너희도 내 계명을 지키면 내 사랑 안에 거하리라(요15.10)

○ 오직 이것을 기록함은 너희로 예수께서 하나님의 아들 그리스도이심을 믿게 하려 함이요 또 너희로 믿고 그 이름을 힘입어 생명을 얻게 하려 함이니라(요20.31)

○ 그러므로 믿음은 들음에서 나며 들음은 그리스도의 말씀으로 말미암았느니라(롬10.17)

○ 또 어려서부터 성경을 알았나니 성경은 능히 너로 하여금 그리스도 예수 안에 있는 믿음으로 말미암아 구원에 이르는 지혜가 있게 하느니라. 모든 성경은 하나님의 감동으로 된 것으로 교훈과 책망과 바르게 함과 의로 교육하기에 유익하니, 이는 하나님의 사람으로 온전하게 하며 모든 선한 일을 행할 능력을 갖추게 하려 함이라(딤후3.15-17)

○ 먼저 알 것은 성경의 모든 예언은 사사로이 풀 것이 아니니, 예언은 언제든지 사람의 뜻으로 낸 것이 아니요 오직 성령의 감동하심을 받은 사람들이 하나님께 받아 말한 것임이라(벧후1.20-21)

○ 내가 이 두루마리의 예언의 말씀을 듣는 모든 사람에게 증언하노니 만일 누구든지 이것들 외에 더하면 하나님이 이 두루마리에 기록된 재앙들을 그에게 더하실 것이요. 만일 누구든지 이 두루마리

의 예언의 말씀에서 제하여 버리면 하나님이 이 두루마리에 기록된 생명나무와 및 거룩한 성에 참여함을 제하여 버리시리라. 이것들을 증언하신 이가 이르시되 내가 진실로 속히 오리라 하시거늘 아멘 주 예수여 오시옵소서. 주 예수의 은혜가 모든 자들에게 있을지어다 아멘(계22.18-21)

2. 하나님의 주례사

이러므로 남자가 부모를 떠나
그의 아내와 합하여 둘이 한 몸을 이룰지로다(창2.24)

오늘 묵상은 하나님께서 첫 가정을 세우시는 장면(창2.18-25) 안에 들어있다. 하나님은 아담이 '돕는 배필'이 없이 독처하는 것이 좋지 못함을 아셨다(18). 그는 늘 혼자였다. 물론 아담이 독처한 것이 얼마만큼의 세월이었는지는 잘 모르겠으나 어둠이 찾아오기만 하면 그는 어김없이 홀로 있어야만 했다. 하나님과 동행하면서도, 세상 모든 것이 다 그의 손이 미치는 곳에 있었음에도 그는 언제나 혼자였다는 점, 아직 죄가 없는 상태임에도 좋지 못함이 있다는 점, 이것이 하나님의 마음에도 걸리셨던 모양이다. 하나님 자신도 '우리'(1.2,26)이셨기에 더 그러셨는지도 모른다.

하와를 맞이하는 아담의 언행(言行)이 그대로 느껴진다(23). 이는 하나님이 주례하신 결혼식에 화답하는 멋진 서약이 아닌가. 이제 저들은 부모(하나님)를 떠나 홀로서기를 시작한다(24). 여기서 떠난다는 것은 하나님과 분리되거나, 하나님 없이도 살아갈 수 있다거나, 하나님을 필요로 하지 않는다는 의미가 아니라 하나님의 은혜의 빛 아래서 둘이 연합하여 돕는 배필이 됨으로써 더 이상 하나님의 근심거리가 아닌 성숙의 자리에 나아감을 의미한다.

이처럼 남자(아담)와 여자(하와)가 서로 연합하는 것이 가정의 또 다른 특징이다. 돕는 배필이란 그런 의미에서 종속적이거나, 지배와 피지배의 관계가 아니라 서로 동등한 관계에서 일치(하나됨)를 이루는 상호 동등한 인격적 관계의 연합이다. 이것이 둘이 한 몸을 이루는 부부 됨이 가정을 이루게 하신 하나님의 의도하심에 가장 충실한 헌신이다. 첫 사람 아담과 하와의 결혼식이 이루어진 에덴동산에는 이처럼 하나님의 말씀을 그대로 순종한 아름다움에 기초해서 가정이 탄생하고 있다.

하나님이 친히 주례하신 아름다운 결혼식이 그대로 그려질 만큼 모든 게 멋지고 값지다. 가정의 필요를 아신 하나님(18,20b), 신부를 준비하시는 하나님의 손길(21-22), 아담의 혼인서약(23), 하나님의 주례사(24), 그리고 결혼한 아담과 하와 가정의 모습(25), 이들의 결혼식에 하객들로 참여한 모든 하나님의 피조물들의 축가와 박수갈채(拍手喝采), 결혼식이 마쳐지고 에덴동산에 마련된 신혼방에서의 사랑의 언행들(25)이 온통 행복을 향기나게 한다.

결혼은 당사자(아담과 하와)가 부모를 떠나 서로에게 돕는 배필로서 사는 것이다. 그러므로 결혼을 했는데도 부모를 떠나 독립하지 못하고 계속해서 의존적이라면 피차(부모와 자식) 떠나 보내야 하고 또 떠나야 한다. 가정(결혼)이 깨어지는 많은 이유 중 결정적인 게 떠나 보내는 일에 실패했기 때문이다.

또한 결혼은 남자(남편)는 아내와 연합하는 것이다. 주님 오신 후(AD) 2천 년간 남자와 여자가 결혼하여 가정을 이루는 지극히 당연한 상식마저 흔들거리는 현대를 살아가지만 어떤 이유와 명분(사상)을 들고 나온다 할지라도 이런 성경적인 결혼의 명령을 넘어서는 행위는 죄악이다.

요즘 "머리가 노랗든, 얼굴이 검든 상관하지 마라. 아들이 남자를, 딸이 여자를 데리고 와서 결혼하겠다고 하지 않는 한 승낙하라."는 농담 아닌 농담이 있을 정도니 참으로 막막하다.

결혼은 "떠나 … 합하여" 남편과 아내가 한 몸을 이루는 것이다. 두 고양이 꼬리를 하나로 묶는다고, 같은 티셔츠를 입는다고 하나가 되는 건 아니다. 하나님의 형상 안에서 서로 돕는 배필로서의 연합에 기초할 때 한 몸이 된다. 결혼만이 한 몸을 이루는 통로다.

3. 하나님, 저 아담입니다!*

여호와 하나님이 아담을 부르시며
그에게 이르시되 네가 어디 있느냐(창3.9)

하나님, 저 아담입니다. 에덴을 향한 당신의 모든 꿈을 산산조각 내 버렸던 죄인 아담입니다. 가끔 미치도록 사무치는 에덴에의 그리움에 떨다가 새벽을 맞곤 합니다. 에덴 없이는, 무엇보다 하나님을 대면함 없이는 살 희망이 없을 줄 알았는데... 벌써 아장아장 걷기 시작한 사랑하는 장남 가인과 함께 생의 수레바퀴를 굴리고 있다는 게, 이게 행복이구나 싶은 게, 내게 이런 날도 있구나 하는 생각에, 그러다가 다시 눈가에 맺히는 이슬을 닦아낼 때면 제 가슴 안에서 뜨거운 불처럼 올라왔다가 내려갔다가 하는 뭔가를 맛보곤 합니다. 하나님의 가슴에 못을 박고 에덴을 퇴장한 놈에게 웬 웃음과 행복이 있겠습니까만...

오늘도 집과 농장을 오가면서 종종 그때를 추억하곤 했답니다. 못난 제가 아비가 되고 보니 조금씩 당신의 마음을 알

* 창세기 3장 9절 묵상은 저자가 아담 930년 생애를 묵상에 담아 「하나님, 저 아담입니다」(가나북스, 2013)로 출간한 책에 들어간 초고(草稿) 중 하나다. 처음 글과 출판된 책을 비교해 볼 수 있는 부분도 흥미로울 듯 싶다.

아가는 것 같다는 생각을 합니다. 다 잃고 보니 그게 얼마나 소중하고 그 무엇과도 바꿀 수 없는 것이었나를 생생하게 깨닫고 있습니다. 후회해 봐야 이미 때는 늦었음을 알면서도... 죄송합니다. 하나님! 저 요즘 이렇게 살고 있어요.

에덴동산을 거닐며 당신과 산책하던 그 시절, 주와 더불어 수많은 동식물 앞에서 에덴을 돌아보던 그때가 가슴 시리도록 그립습니다. 면목없고 황송하기 그지없지만 종종 다시 되돌릴 수만 있다면, 다 부질없는 생각이지만 정말 그리될 수만 있다면 얼마나 좋을까 하는 애통스런 생각을 할 때가 점점 더 많아지고 있으니 이를 어찌해야 할지 모르겠습니다. 쌓여가는 후회와 죄스러움 앞에 설 때마다 살아있는 육신 덩어리가 얼마나 큰 형벌인지 새삼 깨달아 가네요.

하나님! 갑자기 철든 척해서 죄송합니다. 가인의 동생을 임신한 하와의 불러오는 배를 보면서 이제야 제 마음에 있는 것을 조금이나마 토해 낼 수 있을 것 같아 당신 앞에 감히 무릎 꿇습니다. 마음과 달리 두서없이 이 얘기 저 얘기 하게 됨을 용서해 주십시오. 제 입으로 하나님을 불러 본 적이 언젠가 싶을 정도로 희미한 게 사실입니다. 어찌 감히 당신의 이름을 죄인의 입에 오르내릴 수 있으리이까.

그럼에도 불구하고 오늘이 오기까지 에덴 밖으로 버려진 죄인을 그래도 보호해 주시고, 완전히 끝내지 않으신 하나님의 은혜를 제 가슴에 소중히 담고 있음을 말씀드립니다.

내게 있어 아직 남아있는 유일한 당신의 흔적은 친히 지어 주셨던 이 '가죽옷'입니다. 언젠가 불현듯 나의 허물을 가려주기 위해 한 생명이 죽었어야 했구나 싶은 묵상을 하다가 통곡에 찬 참회의 눈물을 흘렸던 기억이 새롭습니다. 내 주께 한 건 에덴을 부도낸 일뿐인데 주 내게 한 건 한 생명과 나를 바꿔주신 것이었음을...

주신 선물 장남 가인, 잘 기르겠습니다. 저놈을 통해 제게 희망의 불씨를 다시 지펴주신 은혜를 결코 잊지 않으리이다. 해서, 나 닮은 아들이 아닌 당신의 형상을 회복하는 아들로 드리리이다. 주여, 나를 아버지로 써 주세요. 아들에게만큼은 부끄럽지 않은 아비가 되고 싶어서 그렇습니다. 그럼 또 문안 올리겠습니다.

당신의 첫 사람, 못난 아담으로부터...

〈창세기의 아담묵상〉 中

4. 아브라함 스타트

너를 축복하는 자에게는 내가 복을 내리고
너를 저주하는 자에게는 내가 저주하리니
땅의 모든 족속이 너로 말미암아 복을 얻을 것이라 하신지라(창12.3)

◎ 아브라함 시간표(창11.27-25.11)

A 칭의 이전 단락(11.27-15.5)

- 75세(12.4) : 부르심과 入가나안

X 이신칭의(以信稱義 ; 15.6)

B 칭의 이후 단락(15.7-25.11)

- 86세(16.16) : 이스마엘을 낳음
- 99세(17.1) : 할례
- 100세(21.5) : 아들 이삭을 낳음
- 120-30세(22.6) : 아들 이삭을 번제로 드림
- 175세(25.7) : 죽음

바울은 로마서 4장에서 아브라함을 칭의신학(稱義神學, 칭의론)의 증거로 제시한다. 믿음의 조상 아브라함의 일생에서 가장 중요한 순간은 하나님이 친히 이신칭의(以信稱義)를 선언하신 창세기 15장 6절이다(X). 따라서 아브라함은 할례라는 행위에 의해서(17.1-), 아들 이삭을 번제로 드린 순종의 행위에 의해서(22.1-), 더욱 아직 주어지지도 않은 율법에 의해서 의롭다 칭해진 게

아니다.

오늘 묵상 단락(12.1-9) 역시 이신칭의(X) 이전 단락이고, 또한 그가 갈대아 우르를 떠나 가나안 땅으로 가고 있는 길에, 그러니까 아직 하란에 머무르고 있을 때에 아브라함에게 나타나 하신 말씀이다. 정리하면 그는 오늘 묵상이 선언하고 있는 복을 받을 만한 그 어떤 행위나, 조건 같은 것을 구비하고 있던 때가 아니었다.

아브라함의 생애를 다루는 그 어디에도 그가 이런 복을 받게 되는 이유(원인, 조건)를 말하지 않는다. 물론 그가 이 복을 선언 받은 이후에도, 더욱 이신칭의 이후에도 일정 기간 동안 그는 온전한 믿음의 사람이라고 할 수 없었다. 이런 그를 다 아시는 하나님이 그럼 왜 불완전하고 아직 다듬어지지 않은 아브라함을 이처럼 축복 선언 앞에 세우실까.

하나님은 선언(선포)하시고 아브라함이 이를 성취해 가는 형국이다. 하나님이 그렇게 하시겠다는 것이다. 아브라함의 어떤 행위와 그의 결정과 결심이 그 자신의 인생을 끌고 가는 게 아니다. 어떤 의미에서 그는 하나님이 그리 결정하신 것을 이룸으로써 하나님이 누구시며, 하나님은 당신이 말씀하신 것에 대해 얼마나 신실하시며 정확하게 이루시는 분이신가를 드러내는 도구인 셈이다.

하나님은 불가항력적인 은혜로 그를 선택하시고, 지금 말씀하시는 당신을 증거케 하신다. 아브라함이 한 일은 없다. 만일 그가 어떤 행위를 기초로 해서 오늘 부르심을 만들어냈다면 그의 행위가 또 하나의 공로, 혹은 조건이 되는 셈이다. 하지만 그는 자신을 부르시는 하나님의 음성 앞에 서 있고, 거기에 순종할 뿐이다. 그렇다. 하나님이 그리하셨다. 아브라함을 그리하셨다면 우리에게도 역시 그러하실 것이다. 하나님은 아브라함 스타트 라인에 동일하게 우리를 세우시는 분이시다.

5. 이신칭의(以信稱義)가 내게로 왔다.

아브람이 여호와를 믿으니
여호와께서 이를 그의 의로 여기시고(창15.6)

◎ 아브라함 : 이신칭의(以信稱義)와 행적들

- 12.1-3 - 부르심(소명)
  - ① 12.10 : 애굽行(기근을 피하려고)
  - ② 12.13 : 아내를 누이라 속임
  - ③ 13.14 : '친척' 을 떠나지 않고 롯과 동행(12.1 참조)
- 15.6 - 이신칭의(以信稱義)
  - ④ 16.3 : 첩 하갈을 통해 아들 이스마엘을 얻음
  - ⑤ 17.17-18 : 아들 약속 비웃음("이스마엘이나")

- 17.23-24 - 할례(행위)
  - ⑥ 20.1 : 그랄行(약속의 땅의 떠남)
  - ⑦ 20.2 : 아내를 누이라 또 속임
- 22.1-19 : 아들 이삭을 희생 제사

아브라함의 일생을 창세기 15장 6절이 선언하고 있는 이신칭의(以信稱義)를 중심에 놓고 -로마서 4장에서 바울이 구원의 복음을 설명할 때 아브라함이 실증으로 등장한다는 점에서 이것은 그의 생애에서 가장 중요한 사건 중 하나다.- 정리해 보면 흥미로운 점들이 몇 가지 발견된다.

첫째, 하나님의 부르심 때부터 이신칭의(以信稱義)의 은혜를 입을 때까지의 생애(①②③)를 보면 행위론적 수준에는 항상 함량 미달이었다. 결국 이신칭의(以信稱義)는 아브라함이 잘나고, 똑똑하고, 노력하고, 땀 흘리고, 댓가를 지불하고, 그 결과 준비가 되었기에 얻게 된 것이 아니다. 이 은혜의 선물을 받기엔 자격 없는 사람이었음에도 불구하고 "아브람이 여호와를 믿으니 여호와께서 이를 그의 의로 여기"(15.6)신 것이다.

둘째, 더 놀라운 것은 이신칭의(以信稱義) 이후에도 이전의 실수와 수준이 그대로 반복되고 있다(④⑤⑥⑦). 이점은 좀 충격이다. 이로 보건대 인간(아브라함은 물론 '나' 도)은 하나님의 언약의 지속을 전혀 보장할 수 없다. 그래서 양자 사이에는 늘 하나의 '긴장'이 흐른다. 인간이 하나님의 언약을 파기했다 할지라도 인간 편에서 그 관계를 결코 다시 만들 수는 없다는 점에서 그렇다.

따라서 언약의 계속성은 오직 하나님의 은혜(사랑)에 기초를 두고 있다.

셋째, 할례(행위)를 통해 칭의(稱義)가 온 게 아니라 선(先) 칭의(稱義), 후(後) 할례다(히11.8-19; 창15.6 ⇨ 17.9-27 참조). 따라서 칭의(稱義)의 은혜는 '행위'(할례)를 통해서 인간이 하나님과의 관계를 맺을 수 있다는 생각을 불식시킨다. 아브라함을 봐도 그가 한 일은 하나님의 '은혜'의 선택(선물)에 대한 '믿음'의 반응뿐이었다(6; 수24.2,14-15). 따라서 구약의 백성들이 '행위'로 구원받았다는 생각은 절대로 성경의 지지를 받지 못한다.

아브라함은 하나님의 은혜로 성숙하고 성장해 가는 사람이었다. 부르심이나 칭의(稱義)의 순간에 완성까지 이른 게 아니다. 이것이 우리 역시 칭의(稱義)는 물론 그 전후가 다 하나님의 은혜일 수밖에 없는 이유다. 아직 답지 않아도 의롭다 하시고, 그 신분에 걸맞은 수준으로 만들어 가시는 하나님의 열심 안에 숨 쉬는 사랑에 다시금 무릎을 꿇는다.

6. 아브라함만 같아여라!

내가 네게 큰 복을 주고 네 씨가 크게 번성하여
하늘의 별과 같고 바닷가의 모래와 같게 하리니
네 씨가 그 대적의 성문을 차지하리라(창22.17)

창세기 22장에는 아브라함이 독자(獨子) 이삭을 번제로 드리라는 하나님의 명령에 순종하는 말씀이 들어있다. 어느 때부터 이삭은 자신의 '출생 비밀'을 부모로부터 듣고 알게 되었을 것이 분명하다. 또한 하나님과의 풍성한 교제를 나누며 살아가는 부모들의 신앙에서 -아버지 아브라함이 하나님께 제사를 드리는 것을 자주 목격했을 것이다.- 하나님의 은총 안에 자신 또한 감히 반항할 수 없는 자로 부르심을 받았다는 사실을 언젠가부터 깨닫기 시작했을 것이다.

이삭은 어려서부터 순하고 예쁜 어린양이 제물이 되어 죽는 제사(예배)를 통해 아버지 아브라함으로부터 하나님을 배우고 알아갔다. 그런데 놀랍게도 이번에는 양이 아닌 이삭 자신이 결박을 당한다(창22.9b). 재미난 것은 이삭은 번제에 쓸 나무를 지고 모리아산을 오를 정도로 장성했고 아브라함은 나이 많아 늙어서 기력이 쇠약해 있던 때임을 주목할 필요가 있다. 그런데 순순히 아버지에게 결박당하는 이삭, 이상하지 않은가. 그렇다면 이삭에게도 아버지를 통해 계승된 하나님을 향한 믿음이 있었음이 분명하다.

이처럼 이들 부자(父子)에게는 하나님보다 더 귀한 것이 없었다. 이것이 말이 아닌 행동으로 확인되는 순간이었다. 오직 하나님의 명령만이 최고의 가치가 있으며, 이를 순종하는 것만이 자신들이 할 수 있는 유일한 선택이라는 것을 누구보다 이들 부자(父子)는 알고 있었던 것이다. 참으로 그 아버지에 그 아들이다. 이것이야말로 우리가 늘 기도하고 기대하는 부전자전(父傳子傳)이다.

하나님이 친히 여러 차례에 걸쳐 축복하셨으나 소명부터 오늘까지 약 40여 년이나 되는 세월에 주신 약속의 성취(결과)는 아직 독자(獨子) 이삭뿐이다. 그렇다면 "하늘의 별과 같고 바닷가의 모래와 같게 하리"라는 축복은 소설 같아 보인다. 아브라함은 생전에 이 축복(약속)이 이루지는 것을 경험하지 못했기에 더 그런 생각이 든다. 하지만 아브라함은 그럼에도 불구하고 흔들리지 않는다. 더 믿음에 견고하게 세워질 뿐이다. 비록 저 먼 미래에 성취될 약속(축복)임에도 불구하고 말이다.

아브라함은 하나님이 주신 칭의(稱義, 창15.1-7)의 은혜에 응답하는 생애를 살았다. 다시 말하면, 하나님은 22장에서 순종(행위)을 보시고 나서야 아브라함을 축복하신 것이 아니다. 축복은 이미 소명에서부터 선명하게 흘러왔다.

아브라함은 창세기 15장 7절의 칭의에 부끄럽지 않게 살았음을 22장에서 아들마저 하나님의 명령대로 번제로 드리는 순종으로 확증한다. 동시에 하나님은 그를 부르실 때 하신 말씀(언약)에 변함없이 신실하심을 이번에도 확인하고 계신다. 아브라함은 마침내 하나님보다 귀한 것이 없음을 온 몸과 마음과 삶으로 하나님께 올려드린다. 하나님은 이 아브라함을 보시며 얼마나 흡족해 하셨을까. 믿음과 순종과 충성과 하나님을 사랑하는 것이 목숨보다 중요함을 다시금 생각하게 하는 말씀이다.

7. 벧엘을 기억하라!

우리가 일어나 벧엘로 올라가자 내 환난 날에 내게 응답하시며
내가 가는 길에서 나와 함께 하신 하나님께
내가 거기서 제단을 쌓으려 하노라 하매(창35.3)

◎ **야곱의 추억**(창세기 28-35장)

벧엘(28장) : 망명길(피난길)에서의 서원

숙곳(33장) : 머뭇거림

벧엘(35장) : 하나님께 단을 쌓으라!

야곱은 형의 낯을 피하여 어머니의 고향 밧단아람(외삼촌 라반

의 집)으로 가는 길에 벧엘에서 하나님을 만나고 세 가지 서원을 드린다(창28.11-22). 그리고 파란만장한 밧단아람의 생활에서 마침내 거부가 되어 아내들과 자식들과 모든 재산을 이끌고 고향으로 돌아오는 중 얍복 나루터에서 천사(하나님)와 씨름하다 이스라엘이라는 새 이름을 얻고(창32.24-32) 형 에서와 극적으로 화해하게 된다.

하지만 벧엘을 거쳐 고향(아버지 이삭)이 아닌 숙곳에 정착하고(창33.17-20), 결과적으로 그곳에서 딸 디나가 그만 강간을 당한다. 이에 야곱의 아들들은 하나님의 언약 안에 들어오는 거룩한 통로인 할례를 복수의 수단으로 삼는 참혹한 불신앙적 혼돈을 맞는다(창34.1-31). 결과적으로 그곳에서 자업자득(自業自得)이라는 큰 화를 만난 셈이다.

이러한 때에 하나님이 벧엘로 올라가서 창세기 28장의 서원을 지키라 명하신다(창35.1). 일이 여기까지 이르도록 야곱의 가족들(가정)은 아직 이방 신상을 버리지 않았고(창35.2), 야곱은 사랑하는 아내 라헬이 임신하여 여행을 재촉하기가 힘들어서인지는 모르겠으나(창35.16-20) 어떻든 벧엘을 거쳐 아버지께로 가는 길을 멈추고 있을 바로 그때에 하나님은 야곱에게 나타나셔서 벧엘로 올라가라 명하신 것이다.

비로소 야곱은 새롭게 결단하기에 이른다. 이것이 오늘 묵상에 들어있는 야곱의 고백이다. 좀 늦은 감이 없지는 않지만, 마침내 야곱은 벧엘로 올라가기로 결정한다. 참 많은 대가를 지불한 이후다. 사실 하나님이 앞서 찾아오셔서 말씀하시며 그를 몰아가시고 계심에도 불구하고 이제야 벧엘로 올라가겠다고 하는 야곱을 보며 좀 측은하다는 생각이 든다.

이 야곱 앞에 서서 나 역시 야곱처럼 뒤로 미뤄놓은 서원(비전, 기도, 약속)은 혹시 없는지 곰곰이 묵상하게 된다. 내가 가야 할 벧엘은 무엇이고, 또 어디이며, 야곱에게 늘 앞서 찾아오사 말씀해 주셨듯이 나의 벧엘에 이르는 길에 하나님은 내게 무엇을 말씀하시는지, 난 과연 그 음성을 듣고 있는 것인지, 이런저런 생각이 든다.

내 인생에서 다시 올라가야 할 벧엘은 어디일까?

8. 요셉에게 인생을 묻다(1).

간수장은 그의 손에 맡긴 것은 무엇이든지 살펴보지 아니하였으니
이는 여호와께서 요셉과 함께 하심이라
여호와께서 그를 범사에 형통하게 하셨더라(창39.23)

◎ **요셉연보 1**(창세기 37-40장)

- 출생(30.22-25) – 야곱이 마침내 고향으로 돌아갈 뜻을 정함
- 17세(37.2,28) – 애굽의 보디발에게 종으로 팔림

○ 28세(40.1, 41.1) – 바로의 술 맡은 관원장의 꿈을 해몽

...

○ 110세(50.22,26) – 죽음

요셉의 110년 인생 가운데 중요한 나이는 17세와 30세, 그리고 39세다. 17세는 하나님이 요셉에게 장차 그의 인생을 견인할 위대한 꿈을 주신 나이지만, 유감스럽게도 그것 때문에 형들의 표적이 되어 애굽의 노예로 팔려가는 때다. 독자인 우리는 요셉의 전 생애가 늘 재방송이기 때문에 이어지는 그의 생애를 다 알고 묵상에 들어가지만 창세기의 요셉은 생생한 생방송이던 그런 인생 시간표였다.

오늘 묵상 창세기 39장은 그로부터 10년여 세월이 지난, 그러나 그의 나이 28세가 되기 조금 전인 그런 시기다. 문제는 그가 10여 년 전에 꾸게 되었던 꿈과는 어떤 연관(연속성)도 찾아볼 수 없는 그런 삶을 살아가고 있다는 점이다. 하지만 성경의 시각은 좀 다르다. 그게 면면히 흐르고 있는 곳이 바로 창세기 39장이다.

◎ 요셉행전(39.1-23) : 하나님은 임마누엘이지만 요셉은 바닥이다.

○ 2a절_여호와께서 요셉과 함께 하시므로
그가 형통한 자가 되어

○ 3절_그의 주인이 여호와께서 그와 함께 하심을 보며
또 여호와께서 그의 범사에 형통하게 하심을 보았더라

○ 5b절_여호와께서 요셉을 위하여
그 애굽 사람의 집에 복을 내리시므로

○ 9b절_그런즉 내가 어찌 이 큰 악을 행하여
하나님께 죄를 지으리이까

○ 20b-21a절_요셉이 옥에 갇혔으나,
여호와께서 요셉과 함께 하시고

○ 23b절_이는 여호와께서 요셉과 함께 하심이라
여호와께서 그를 범사에 형통하게 하셨더라.

요셉에게서 놀라는 것은 시계 제로상황에서도 하나님 앞에서 있다는 점이다. 17세에 꾼 꿈과 어디 하나 연결될 조각구름 하나 없음에도 말이다. 오히려 다른 사람들에게 하나님을 증거하고(3,9,21), 역시 다른 사람들에게 축복의 통로로(5) 견고하게 서 있다. 노예와 감옥의 죄수에게 형통이라는 게 무슨 의미가 있을까 싶을 때임에도 말이다.

하나님을 이용해서 뭔가 자신의 꿈과 야망을 이루기에 혈안이 되어 신앙까지 동원하는 삼류인생들이 판치는 때에 요셉이

커 보이는 이유는 뭘까? 그는 그 흔한 복수를 꿈꾸는 중국 무술영화처럼 살지도 않는다. 하나님과 사람 앞에, 동시에 자기 자신에게 부끄럽지 않은 흔들림 없는 삶을 견지한다. 인생 막장에서 말이다. 나는 과연 요셉처럼 살 수 있을까?

9. 요셉에게 인생을 묻다(2).

요셉은 무성한 가지 곧 샘 곁의 무성한 가지라
그 가지가 담을 넘었도다(창49.22)

◎ 요셉연보 2(창세기 41-50장)

- 30세(41.1,46) - 바로의 꿈을 해몽하고 애굽의 총리가 됨
- 39세(45.6; 41.29-30 참조) - 흉년 2년에 형들에게 자신을 알림
- 39세(46.29) - 아버지 이스라엘과 만남
- 110세(50.22,26) - 죽음
- 담을 넘는 인생(창49.22, 50.25, 출13.19, 수24.32) - 유언의 성취

바로의 떡 굽는 관원장의 꿈 해몽 후 2년이 지났고, 바로의 꿈 해몽을 하고 애굽의 총리가 된 요셉의 나이가 30세인 점을 정리해 보면 요셉행전의 한 토막인 파란만장한 13년의 기나긴

고독이 조금은 정리가 된다. 하지만 17세의 소년으로서 애굽의 노예가 된 후 13년이라는 요셉 시간표는 이상하리만큼 평화롭다. 핵심은 요셉의 결코 흔들림 없음 때문이다.

보통 중국영화의 프레임을 보면, 두 세력 간에 혈투 중 노인이 젖먹이 어린아이를 포대기에 싸 업고 구사일생으로 살아 담을 넘는다. 그리고 장면이 바뀌고 그 어린아이가 성인으로 자라 -그야말로 날아다니며- 흰 수염의 도인에게 무술 수업을 받는다. 또 얼마간 시간이 흘러 마침내 도인의 입에서 한마디가 선포된다 : "하산하거라!" 그러면 그 청년은 수 십 년전 자기 가문(세력)을 초토화한 쪽을 찾아가 복수(싹쓸이)를 하는 동시에 안개가 내리는 길을 따라 뒷모습으로 사라지고 자막이 흐르면서 영화는 끝이 난다.

왜 갑자기 중국 무술영화인가. 요셉은 이런 식의 영화에도 걸리지 않는다는 것을 기억하기 위함이다. 그는 13년 전이나, 그리고 2년 전이나 한결같이 하나님의 꿈을 해몽할 수 있는 건강한 자로 서 있다. 13년의 질고 속에도 그 흔한 원망이나, 복수의 한을 품지도 않는다. 오직 영육(靈肉) 간 전인적으로 건강하게 30년 인생의 다리를 건너 바로의 꿈 앞에, 아니 하나님 앞에 서 있다.

그리고 선(先) 7년 풍년, 후(後) 7년 흉년의 꿈 해몽대로(41.29-30,53) 애굽은 물론 온 지면에 기근이 진행중이던 때, 흉년 2년인 해에, 그러니까 요셉의 나이 39세에 마침내 형들에게 자신의 정체를 드러내고 아버지 야곱을 비롯해 온 식구와 극적인 만남을 갖게 된다. 이처럼 고향의 호적(戶籍)에 사망신고가 된 지 22년이 흐른 어느 날 죽었던 아들이 다시 살아났으니 실로 야곱가문의 충격과 놀람은 상상을 초월할 것 아니겠는가.

오늘 묵상은, 그리고 다시 수 십 년이 지난 후 아버지 야곱이 임종을 앞에 두고 '후일에 당할 일'(예언, 유언, 축복, 기도 ; 49.1) 중 요셉을 향한 유언(22-26) 중 한 대목이다.

아버지는 요셉을 가리켜 담을 넘어선 인생이었음을 추억한다. 그렇다. 그는 꿈을 꾸던 17세 소년의 가지에서 애굽의 노예와 죄수의 담을 넘고 마침내 애굽의 총리가 되고, 명가(名家)의 뿌리 자체를 애굽으로 넘게 하더니, 후엔 증조부 아브라함 언약(창15.1-21)을 성취하는 민족을 이루어 마침내 애굽의 담을 넘어 가나안에 이르고 만다.

심장이 멈출 만큼 놀라운 것은 요셉이 자기 실력으로 담을 넘었다고 생각하지 않는 아버지의 통찰력이다. 여호와의 샘에 뿌리를 내렸을 때, -그러니까 그 샘이 마르지 않는 한- 요셉은 공급되는 은혜의 샘을 통해 담을 넘어서게 되었던 것이다. 내 알량한 샘을 붙들고 있는 한, -그 샘이 말라버릴 때- 바로 그때 내 인생의 가지는 거기까지다. 그래, 하나님의 샘이 답이다.

10. JOSEPH, 육체의 한계를 넘다!

당신들은 나를 해하려 하였으나 하나님은 그것을 선으로 바꾸사
오늘과 같이 많은 백성의 생명을 구원하게 하시려 하셨나니(창50.20)

야곱의 11째 아들 요셉(Joseph)이 아버지 야곱의 장례식을 치른 후에, 그의 나이 17세에 시작된 고난일기(창37.2, 41.2, 45.6 참조)가 오늘 묵상의 배경이다. 형들은 드디어 동생의 복수가 시작될지도 모른다는 두려움과 공포 때문에 또 하나의 거짓말(창50.15-18)을 하고, 이를 들은 요셉이 통곡한 후에 토해 낸 고백이다. 놀라운 것은 이 간증(창50.19-21)에는 요셉 자신의 전 생애가 요약되어 있고, 동시에 그 무엇보다 자기 인생 안에 들어있는 하나님의 계획하심이라는 섭리를 다음 몇 가지로 촘촘하게 통찰하고 있다는 점이다.

첫째, "당신들은 나를 해하려 하였"다는 회상이다. 요셉은 17세 때의 비밀을 기억하고 있다(창37.1-11). 실망스러운 것은 영적(靈的) 전성기를 구가하는 아버지(창32.22-32)도 아들을 향한 하나님의 꿈을 보호해 주지 못했고, 더욱 형들은 무참하고 잔인하게 하나님의 꿈의 가지를 꺾어 버린다. 아버지까지 속인 거짓말은 20년 이상이나 비밀이었고, 그 사이 아버지는 아무것도 요셉에게 해 준 게 없다. 독자들에게는 재방송이지만 생방송을

살고 있는 야곱과 요셉, 그리고 형들에게는 요셉의 생존과 꿈이 이루어져 가는 과정은 철저하게 비밀이다.

둘째, "하나님은 그것을 선으로 바꾸사" 요셉의 가지가 담을 넘어서게 하셨다(창49.22). 요셉은 그 인고의 13년을 하나님께 죄를 범하지 않는 삶으로 하나님의 선(善)의 편에 견고하게 서 있었다. 영적 전성기를 살아가면서 영육(靈肉)간에 모든 것을 다 가졌던 아버지 야곱을 통해 필요한 것을 다 공급받으며 살았던 형들과 동생 베냐민과는 달리 아무것도 아버지로부터 받지 못했지만 –독자에겐 요셉이 살아있지만 아버지에게 요셉은 그의 나이 17세에 이미 죽었다.– 그들과 비교할 수 없는 하나님의 은총 안에서 성장해 간다.

셋째, 22년 전에 이미 죽은 줄로 알았던 그가 그의 나이 39세 애굽의 총리가 되어 아버지와 온 가족들 앞에 극적으로 등장한다(창45.6). 그 후 70–75명이 하나님으로 말미암아 요셉을 통해 애굽이라는 자궁에 심기고(창46.27, 신10.22, 행7.14), 아버지 야곱이 눈을 감을 때는 마침내 "오늘과 같이 많은 백성의 생명을 구원하게 하시려"는 〈아브라함언약〉(창15.12–21)을 성취하는 가지로 쓰임을 아는 놀라운 영적 통찰 앞에 서있다.

역시 요셉이다. 구속사의 거시적 족보는 아브라함 ⇨ 이삭 ⇨ 야곱 ⇨ 유다로 이어지지만 최소한 창세기에서만은 유다의 자리에 요셉이 자리하고 있음을 간과하지 않을 수 없을 만큼 요셉의 자리는 확고하다. 앞서 묵상했듯이 17세에 죽은 줄 알았기에 그가 39세가 되었을 때 다시 만나기까지 그 안에 들어

있는 22년 동안 아버지 야곱이 요셉을 위해 한 일이 아무것도 없다는 점 -물론 아들이 17세가 되도록 한 일이라는 게 낳은 것과 기른 것밖에 없지만-, 요셉의 일생에서 가장 중요한 징검다리 중 하나인 꿈을 꿀 때도 아버지 야곱이 한 일이 없다는 점 -꿈은 하나님이 요셉에게 꾸게 하신 것이다.- 에서 39년의 요셉 인생에 아버지가 한 일이 없음이 독자들로서는 매우 당혹스러운 부분이라 하지 않을 수 없다.

이것이 영육(靈肉)간에 전인적(全人的)으로 건강한 요셉의 빛나는 모습이다. 17세에 하나님이 꾸게 하신 꿈 하나 붙들고 110년(창50.26)을 살아온 요셉! 육신은 애굽에 장사 지내게 되지만 언젠가 아브라함과의 언약이 성취되는 그날에 자신의 해골을 약속의 땅에까지 담을 넘게 하라는 유언을 할 정도로 하나님의 섭리와 계획 앞에 훌쩍 담을 넘는 가지로 평생을 살았다. 그 요셉이 오늘 묵상을 통해 내게로 왔다.

출 애 굽 기

1. 십계명을 지킴으로 사랑을 보이라!

나를 사랑하고 내 계명을 지키는 자에게는
천 대까지 은혜를 베푸느니라(출20.6)

◎ 제2계명(출20.4-6)

"날아다니는 것이나 걸어 다니는 것이나 헤엄쳐 다니는 것이나, 크기와 모양과 형상이 어떠하든지, 신상들을 새겨 만들지 마라. 그것들에게 절하거나 그것들을 섬기지 마라. 나는 하나님 너희 하나님이며, 몹시도 질투하는 하나님이다. 나를 미워하는 사람에게는, 내가 그들의 죄를 자녀들에게 넘겨줄 뿐 아니라, 3-4대 자손에 이르기까지 그 죄를 벌할 것이다. 그러나 나를 사랑하고 내 계명을 지키는 사람에게는, 내가 천대에 이르기까지 한결같은 성실로 대한다."(피터슨(E H. Peterson)의 [메시지 구약|모세오경](The Message: The Old Testament Books of Moses)

오늘 묵상은 십계명 중 비교적 긴 제2계명에 들어있는 말씀이다. 이와 관련하여 하나님은 두 종류의 사람을 보고 계신다. 먼저 '나를 미워하는 사람'으로 하나님의 계명을 지키지 않는 죄인이다. 그리고 '나를 사랑하고 내 계명을 지키는 사람'이다. 전자에게는 3-4대 후손에까지 죄를 벌하실 것을, 후자에게는 1,000대에 이르도록 은혜를 베푸실 것을 말씀하신다.

그럼 하나님을 사랑한다는 것은 무엇을 두고 하시는 말씀인가? 하나님이 주인으로 계시기에 결코 자신을 위하여 우상을 만드는 일에 빠지지 않는 사람이다. 그는 하늘과 땅과 물속에 있는 그 어떤 형상도 만들지 않는 사람이다. 만들지 않을 뿐만 아니라 그것들에게 절하거나 섬기지 않는 사람이다. 오직 하나님만을 섬기고, 사랑하고, 예배하는 사람이다. 이처럼 하나님을 사랑하는 것은 우상을 어떤 형편에서도 가까이하지 않는 것을 뜻한다.

하나님은 이렇듯 우상숭배에 빠지지 않고 하나님을 사랑하고 계명(말씀, 율법, 언약)을 지키는 자에게 은혜를 약속하신다. 특별히 십계명 중에 보복(보응)과 은혜(5,6)가 함께 나오는 유일한 계명이 제2계명이다. 출애굽기 20장에서 십계명이 주어지고 곧바로 우상 금지명령(22-23)이 다시 강조되고 있는 걸 보더라도 이 일은 이스라엘의 근본을 흔들 수 있을 만한 폭발력을 가지고 있는 문제였음이 틀림없다.

하나님을 보이는 우상(형상)으로, 그것도 인간이 만들어 낸다는 것은 조물주(造物主, 창조주)가 인간에 의해 인조물(人造物)로 전락하는 꼴이 되는 우스꽝스러운 일이다. 하나님을 인조신(人造神)으로 전락시켜 놓고서 거기에 절하며 섬기는 모습, 이는 하나님의 질투를 촉발하는 죄다(5). 그러니 그가 받을 형벌은 불을 보듯 뻔한 것은 자명하다.

사실 제1계명처럼 하나님 외에는 다른 신이 없음에도 인간에 의해 만들어진 인조신(人造神)에 불과한 형상을 마치 하나님인 양 섬기고 예배한다는 것은 참 신이신 하나님 입장에서 볼 때 가소로운 일이고 하나님을 망령되이 일컫는 패역한 행위이다.

때문에 이럴 가능성이 충분히 열려있는 상황에서, 그럼에도 오직 하나님을 사랑하고 이를 당신의 말씀을 준행하는 것으로 우상숭배의 죄를 이기는 자를 대(代)를 이어 축복하시겠다 선언하고 계시는 것이다.

하나님을 감히 보이는 형상으로 만들어서, 그것에 절하고, 그것을 섬기는 것은 하나님의 분노에 기름을 붓는 죄(罪)다. 애굽이 아닌 가나안에서 이 일이 일어나는 것은 인간이 만들어낸 거짓 신을 앞세워 하나님의 통치를 거부하는 패륜이다. 다른 그 어떤 죄보다 회복 불능의 죄가 하나님을 밀어내고 그 자리에 대용품을 올려놓는 행위다.

2. 말씀대로가 희망이다.

너희가 내게 대하여 제사장 나라가 되며 거룩한 백성이 되리라
너는 이 말을 이스라엘 자손에게 전할지니라(출19.6)

◎ 출애굽 시간표

- 출12.2,18_ 1월 14–21일 : 유월절
- 출15.22_ 홍해 건넌 후 3일 : 마라의 쓴물
- 출16.1_ 2월 15일 : 만나와 메추라기
- 출19.1_ 3월 : 시내광야 호렙산(시내산)에 도착

A 모세가 하나님의 산에 올라가니(3a)

X 산상언약 : 하나님의 약속("내가 … 되리라.", 4–6)

① 소유(특별한 보배)

② 제사장 나라

③ 거룩한 민족

A' 모세가 내려와서(7a)

이스라엘은 르비딤을 떠나 시내광야 시내산 앞에 장막을 쳤다(출17.1, 19.2). 시내산, 곧 호렙산은 모세에게 있어 결코 빼놓을 수 없는 성지(聖地)다. 왜냐하면 그는 그곳에서 하나님을 만났기 때문이다(출3.1–). 애굽에서 광야를 지나(출1.1–13.16 ⇨ 13.17–18.27) 출애굽이라는 하나님의 구원을 맛본 두 달여의 시간들 안에는

참 많은 이야기들이 들어있다(출애굽 시간표 참조). 출애굽의 영광과는 전혀 어울리지 않는 불평(출14.10-12, 15.22-26, 16.1-3, 17.1-6)이 불협화음처럼 교차하면서 만들어낸 광야행진곡은 그야말로 어디로 흐를지, 어떤 멜로디를 만들어낼지 예측하기가 불가능할 정도다.

이런 무질서를 그대로 안고서 이스라엘은 마침내 시내산 앞에 서 있다(출19.1-3a). 모세는 이스라엘에게서 지난날, 그러니까 호렙산에서 하나님을 만나기 이전 자신의 모습을 보는 듯했을지도 모른다. 하지만 하나님을 만난 순간 그는 거기서 80년이라는 세월 안에 들어있는 못남과 추함을 다 버렸다.

그 후 짧지 않은 시간 동안 그가 겪은 무수한 소용돌이 속에서도 그는 하나님을 향한 열망과 그리움, 그리고 그분이 맡기신 사명(사역)에 대한 순종, 이 모든 것들로부터 어느 것 하나 궤도를 이탈해 본 적이 없었다.

이것이 시내산을 올라가는 모세의 모습이다. 그러자 하나님은 앞서 3장에서 모세와 시작하신 복된 관계를 이제 온 이스라엘과 함께 이루고 싶어 하심을 토로하신다.

물론 이 일은 이스라엘이 애굽에 있을 때부터 지난 몇 달의 광야생활까지 이미 진행형이다(출19.4). 하지만 이제 시내산언약을 통해서 이를 더욱 풍성하게 하시겠다고 말씀하신다.

이를 위해 이스라엘에게 요구되는 것은 매우 간결하다 : "너희가 내 말을 잘 듣고 내 언약을 지키면 …"(출19.5a) 여기서 "잘 듣고"는 '진정으로 확실히 잘 들으면'(강조)이다. 하나님은 지금 이스라엘이 보여준 광야생활(출13.17-18.27)의 모습으로는 곤란하다 하신다.

그렇다면 이제부터 펼쳐질 시내산언약 이후의 생활(출19.1-)은 그 이전과 달라야 한다. 그러려면 온 마음을 다해 진심으로 하나님의 말씀(언약)을 들어야 한다. 이것이 하나님의 목표다(출19.5-6; 벧전2.9-10 참조).

레 위 기

1. 주의 보혈을 통해 하나님 품으로!

육체의 생명은 피에 있음이라 내가 이 피를 너희에게 주어
제단에 뿌려 너희의 생명을 위하여 속죄하게 하였나니
생명이 피에 있으므로 피가 죄를 속하느니라(레17.11)

◎ 구약의 속죄

레위기 16장의 대속죄일 규례가 거의 피의 예식에 관한 것이므로 피와 관련된 주제를 17장에서 다루는 것은 자연스럽다. 그 가운데 오늘 묵상은 피 먹는 것을 금하는 규례(10-12)에 들어있는 말씀이다. 피는 생명 그 자체를 상징하지만, 속죄의 피로 사용했으므로 제사의 피는 죄를 속하는 신성(거룩)한 액체를 의미하기 때문에 구약은 피를 중시한다(레17.11).

○ 모든 산 동물은 너희의 먹을 것이 될지라 채소 같이 내가 이것을 다 너희에게 주노라. 그러나 고기를 그 생명 되는 피째 먹지 말 것이니라. 내가 반드시 너희의 피 곧 너희의 생명의 피를 찾으리니 짐승이면 그 짐승에게서, 사람이나 사람의 형제면 그에게서 그의 생명을 찾으리라. 다른 사람의 피를 흘리면 그 사

람의 피도 흘릴 것이니 이는 하나님이 자기 형상대로 사람을 지으셨음이니라(창9.3-6)

○ 네가 번제를 드릴 때에는 그 고기와 피를 네 하나님 여호와의 제단에 드릴 것이요 네 제물의 피는 네 하나님 여호와의 제단 위에 붓고 그 고기는 먹을지니라(신12.27)

○ 염소와 황소의 피와 및 암송아지의 재를 부정한 자에게 뿌려 그 육체를 정결하게 하여 거룩하게 하거든(히9.13)

◎ 신약의 속죄

신약이 변함없이 동물의 피의 속죄를 붙들게 된다면 그리스도의 대속의 복음은 무의미하고 불필요하다. 하지만 변함없이 속죄의 주권은 하나님("내가", 레17.11)께 있고, 예수님은 율법을 완전하게 하려 육신을 입고 이 땅에 오셔서 자신을 대속을 완성하는 어린양으로 드린다. 이로써 불완전한 구약의 속죄가 마침내 완전한 그리스도의 속죄로 완성되었다.

○ 예수께서 이르시되 내가 진실로 진실로 너희에게 이르노니 인자의 살을 먹지 아니하고 인자의 피를 마시지 아니하면 너희 속에 생명이 없느니라. 내 살을 먹고 내 피를 마시는 자는 영생을 가졌고 마지막 날에 내가 그를 다시 살리리니. … 내 피는 참된 음료로다. 내 살을 먹고 내 피를 마시는 자는 내 안에 거하

고 나도 그의 안에 거하나니(요6.53-56)

- 그러면 이제 우리가 그의 피로 말미암아 의롭다 하심을 받았으니 더욱 그로 말미암아 진노하심에서 구원을 받을 것이니(롬5.9)

- 우리는 그리스도 안에서 그의 은혜의 풍성함을 따라 그의 피로 말미암아 속량 곧 죄 사함을 받았느니라(엡1.7)

- 염소와 송아지의 피로 하지 아니하고 오직 자기의 피로 영원한 속죄를 이루사 단번에 성소에 들어가셨느니라. 하물며 영원하신 성령으로 말미암아 흠 없는 자기를 하나님께 드린 그리스도의 피가 어찌 너희 양심을 죽은 행실에서 깨끗하게 하고 살아 계신 하나님을 섬기게 하지 못하겠느냐(히9.12,14)

- 그가 빛 가운데 계신 것 같이 우리도 빛 가운데 행하면 우리가 서로 사귐이 있고 그 아들 예수의 피가 우리를 모든 죄에서 깨끗하게 하실 것이요(요일1.7)

2. 신법대로(神法大路)

너희는 내 법도를 따르며 내 규례를 지켜 그대로 행하라
나는 너희의 하나님 여호와이니라(레18.4)

큰 녀석이 유치원에 다닐 때 네 식구가 태국여행을 다녀온 적이 있었다. 파타야(Pattaya)에서 그냥 물에 던져도 둥둥 뜰만큼 장비를 하고 물놀이를 시작했는데 그 강렬한 태양 아래서 물 한 방울 적시지 않고 모래사장에 앉아 있다가 돌아온 기억이 새롭다. 생각한 바가 있어, 돌아오자마자 휘트니스 수영반에 등록을 시키고 기다렸다. 풀에 들어가기까지 1주일이 걸렸고, 2주째에 첨벙첨벙을 시작으로 물과 친해지기 시작했다. 그리고 네 가지 수영법(水泳法)대로 배우고 익히면서 6학년 때까지 다른 어떤 운동보다 수영을 즐겼다.

옛날 시골 냇가에서 그냥 터득한 소위 '맘대로 영법'(A)과 전문코치에게서 원리와 단계를 따라 배운 '법대로 영법'(B)은 처음엔 그리 차이가 나 보이지 않을 수 있다. 어차피 영법(泳法)대로 가르치고 배웠어도 그게 몸에 익숙해지려면 어느 정도의 시간이 필요하기 때문이다. 나중에 알게 되지만 그것은 영법에 문제가 있어서 수영이 잘 안 되는 건 아니다. 무엇보다 법대로 하려면 모든 것을 거기에 맞춰야 한다. 법대로가 자연스럽게 되

기까지는 일단 자신의 생각이나 경험, 그리고 익숙함을 고집할 순 없다. 만일 내 맘대로 하겠다면 법대로는 처음부터 불가능하다.

하나님의 법대로 따르겠다는 결정과 그에 따른 시작은 그래서 대단한 결정이다. 최소한 내가복음(제5복음서)을 따라 살지 않겠다는 선언이 전제되기 때문이다. "하나님의 법대로"(B) 살아도 "세상의 법대로"(A)와 별 차이가 나 보이지 않을 때, 그때가 중요하다. 옛 법인 '맘대로 영법'으로 돌아가면 개구리 수영으로 고착되는 것이고, 영법에 자신을 맞추는 '법대로 영법'으로 다지면 점점 물이 더 편하고, 쉽고, 자연스럽고, 그만큼 힘도 덜 들면서 어느 순간 자기 것이 되어 익숙하게 된다.

지금 하나님이 당신의 규례대로(規例大路)를 따라 행하라고 명하시는 말씀이 그러하다. 하나님은 내게 꼭 맞는 맞춤형 법대로 인도하고 싶어 하신다. 그게 다 나를 위한 것이라는데 특별한 가치가 있다. 하지만 수영처럼 첫술에 배부를 순 없다. 효과나 성과도 기대와는 달리 보이지 않을 수 있다. 그럼에도 하나님의 신법대로(神法大路)를 따라 나설 수 있다는 것, 이것이 오늘 이 부르심 안에 들어있는 하나님의 말씀이다. 결국 하나님의 법대로에 자신을 맞추는 것은 하나님에 대한 신뢰와 순종, 그분에 대한 믿음과 경외함과 긴밀하게 연결되어 있다.

사실 레위기 18장은 이스라엘이 지켜야 할 성(SEX) 도덕에 관한 말씀이다. 무엇보다 애굽과 가나안 원주민의 악습과 달라야 하며(1-5), 근친상간 금지(6-18)는 물론 이방 성문화의 도입을 금지하고(19-23), 만일 이를 어길 시 이스라엘 백성 중에서 끊어질 것을 엄중 경고하고 있다(24-30). 성생활마저도 하나님의 말씀대로여야 함을 깨닫는 말씀이다.

오늘 하나님은 이 말씀으로 나와 눈을 마주치신다 : “그래, 오늘도 나를 믿고 나의 법도대로 따라와 보렴!”

이제 초등학교에 입학을 할 막내는 2층 침대에서 내 품으로 한 번의 주저함도 없이 뛰어내려 안긴다. 그래, 나도 오늘 주님의 말씀대로 순종해 보자. 그게 훨씬 더 자연스럽고 편하고, 익숙한 것이 되도록 온몸과 맘으로 하나님의 말씀대로를 행복하게 따라 해 보자.

3. 이웃 사랑하기

원수를 갚지 말며 동포를 원망하지 말며 네 이웃 사랑하기를
네 자신과 같이 사랑하라 나는 여호와이니라(레19.18)

레위기 19장은 하나님과의 관계에서(1-8), 이어서 사회생활에 따른 규범들에 대해 비교적 소상하게 제시한다(9-37). 그 가운

데 오늘 묵상 단락(17-18)은 이웃 사랑하기에 대한 지침이다. 이를 피터슨(E H. Peterson)의 [메시지 구약|모세오경](The Message: The Old Testament Books of Moses)으로 읽어보자 : "마음 속으로 네 이웃을 미워하지 마라. 그에게 잘못이 있으면, 그것을 밝히 드러내라. 그러지 않으면, 나도 그 잘못의 공범자가 된다. 네 동족에게 복수할 기회를 노리거나 원한을 품지 마라. 네 이웃을 네 자신처럼 사랑하여라. 나는 하나님이다."

'네 동족'이라 함은 이스라엘 백성공동체를 두고 한 표현이다. 이를 21세기 버전으로 바꿔보면 천상공동체의 동일한 신분으로 부르심을 입은 그리스도인을 가리킨다고 할 수 있다. 그렇다면 한 공동체(교회) 안에서 믿음생활을 하는 성도들끼리 복수를 하거나 원한이라는 악한 감정을 품지 말라는 의미다. 뿐만 아니라 좀 더 넓게 '네 이웃'을 사랑하라는 복음이 그대로 출애굽 백성들에게 선포되고 있는 셈이다.

특별히 오늘 묵상은 놀랍게도 바울복음으로 그대로 전달되고 있다 : "아무에게도 악을 악으로 갚지 말고 모든 사람 앞에서 선한 일을 도모하라. 할 수 있거든 너희로서는 모든 사람과 더불어 화목하라. 내 사랑하는 자들아 너희가 친히 원수를 갚지 말고 하나님의 진노하심에 맡기라 기록되었으되 원수 갚는 것이 내게 있으니 내가 갚으리라고 주께서 말씀하시니라." (롬12.17-19)

하나님은 이스라엘이 늘 형제와 이웃을 하나님 당신의 마음으로 대하고 살아가기를 부탁하신다. 우리 부모가 그렇지 않은가. 형제들 사이에 서로 우애하고, 존중하고, 화목하게 지내는 것을 기대한다는 점에서 그렇다. 다 같이 한 분 하나님을 섬기는 동등한 언약백성이며, 하늘에 시민권을 가진 나그네 인생 여정이기에 그렇다.

하나님은 구약과 신약을 통틀어 늘 '이웃사랑'을 부탁하시며, 그렇게 살아가는 자들을 찾으시는 분이시다. 이웃에게 어떤 잘못이 있을 때 미워하는 방식으로 접근하지 말고, 그 잘못을 드러내어야 동일한 죄의 소용돌이 속에 빠지게 되지 않는다는 점을 강조하신다(17). 죄가 기회를 타서 또 다른 죄의 씨앗이 될 수 있기 때문이다.

자기 자신을 사랑하듯 이웃을 사랑하며 살 수 있을까. 끼어드는 차 하나에도 인색하면서, 조금도 손해 보려는 마음조차 없으면서, 상식적으로 이해하기 힘든 기질의 사람은 아예 마음 밖으로 밀어내 버리면서, 다른 사람의 허물과 실수에 대해선 인색하면서, 감히 이웃사랑의 공공성을 말할 자격이 내게 있단 말인가.

난 정말 이웃을 사랑하며 살고 있는지, 늘 그렇듯 오늘도 말씀 앞에 고개를 들기가 민망함을 고백한다. 이렇듯 형편없는 자인 것을 아시면서도 주님은 내게 이웃사랑에 성공하기를 내 마음과 영혼을 만지시며 격려해 주신다.

4. 거룩의 담을 허는 자들이 있다.

너희는 스스로 깨끗하게 하여 거룩할지어다
나는 너희의 하나님 여호와이니라(레20.7)

◎ 우상숭배의 죄(레20.1-7)
① 사람 제사(1-5)
② 무속 제사(6-7)

하나님께서 모세를 통해 지금 말씀으로 언급하시는 것들은 앞으로 미래의 이스라엘 안에서도 일어날 수 있는 것들이다. 하나님은 지금의 영광과 은혜가 멈추거나 저들의 관심에서 멀어지게 되면 기필코 이런 죄악들이 독버섯처럼 이스라엘 백성들을 강타하게 될 것을 미리 아시고서 미래에 일어날 일들을 망원경으로 끌어당겨 보여주고 계신다.

오늘 묵상은 6절과 한 단락이다. 이스라엘 백성됨이라는 하나님의 공동체로부터 끊어지게 되는 이유가 6절에 소개되고, 어떻게 사는 것이 언약공동체의 일원에서 끊어지지(떨어져 나가지) 않는 길인가를 7절에서 이야기해 주는 방식이다. 이렇듯 6절과 7절은 자연스럽게 서로 맞물린다.

하나님은 이스라엘이 거룩하기를 원하신다. 하지만 죄는 늘

이 거룩을 좀먹듯 약화시키고 또한 악화시킨다. 소위 악화가 양화를 구축하듯 인간의 죄악은 하나님의 거룩을 위협한다. 그만큼 죄는 사탄적이며 마귀적이다. 하나님은 당신을 섬기는 신앙을 떠나 신접한 자와 박수와 같은 이단(異端)을 음란하듯 따르는 자들을 진노하신다. 그 진노의 끝은 이스라엘 언약공동체의 일원에서 제외되는 것이다. 그만큼 하나님은 하나님이 아닌 다른 신들을 기웃거림으로써 하나님의 이름을 망령되이 일컫는 것을 싫어하시며 진노하시는 분이시다.

- 너희는 신접한 자와 박수를 믿지 말며 그들을 추종하여 스스로 더럽히지 말라 나는 너희 하나님 여호와니라(레19.31)

- 남자나 여자가 접신하거나 박수무당이 되거든 반드시 죽일지니 곧 돌로 그를 치라 그들의 피가 자기들에게로 돌아가리라(레 20.27)

- 진언자나 신접자나 박수나 초혼자를 너희 가운데에 용납하지 말라(신18.11)

거룩은 하나님의 속성이다. 하나님은 우리를 당신의 속성 가운데 초대하신다. 문제는 이것으로부터 서서히 그러나 분명하게 멀어지게 하는 것이 생각보다 가까이에 있다는 점이다. 세상은 늘 빠른 속도로 하나님을 떠나 그분의 진노와 심판을 쌓고 있다. 창세기부터 지금까지 세상은 늘 하나님을 대적해 왔다. 이렇듯 새롭지 않기 때문에 당연하듯 무감각해 질 수 있는 것이 이단이다.

5. 말씀대로! 소출대로!!

너희는 내 규례를 행하며 내 법도를 지켜 행하라 그리하면
너희가 그 땅에 안전하게 거주할 것이라(레25.18)

◎ 희년에 관한 규정(레25.8-55)

① 희년계산법(8-12)

② 기업 되는 땅을 소유주에게 반납(13-17)

③ 안식년 대처법(18-22)

④ 토지환원법(23-34)

⑤ 이자경감법(35-38)

⑥ 노예환원법(39-55)

오늘 묵상 단락 '안식년 대처법'(③)은 좀 더 큰 단락인 레위기 25장 〈희년에 관한 규정〉(8-55) 안에 들어있다. 한편 희년은

안식년이 7번 지난 그 다음 해인 50년의 대속죄일로부터 1년이 다(①). 그렇다면 희년을 맞는 바로 앞 해인 안식년(49년)과 희년(50년)에 안식년 규례대로 경작을 하지 못하게 되는 관계로 2년 동안 휴경기에 들어감으로써 의식주(衣食住)에 대한 염려가 생기는 것은 당연한 흐름이라 할 수 있다(20).

그래서 하나님은 오늘 말씀 단락을 통해 희년이 되는 해가 있는 앞 안식년 전해인 "여섯째 해에 내 복을 너희에게 주어 그 소출이 3년 동안 쓰기에 족하게 하리라."(21) 하시면서, 동시에 "땅은 그것의 열매를 내리니 너희가 배불리 먹고 거기 안전하게 거주하리라."(19) 거듭 언약하신다. 이렇게 해서 오늘 묵상 18절은 그 의미가 밝히 드러난 셈이다.

하나님은 모세를 통해서 안식년과 희년의 규례와 법도를 "지켜 행하라!" 명하신다. 이스라엘은 의식주를 걱정해야 할 게 아니다. 이들이 진정으로 걱정하고 염려해야 하는 것은 2년의 '농사 못함(없음)'에도 불구하고 안식년과 희년은 물론 그 다음 해까지 -희년이기에 역시 농사를 쉬었으니까 희년이 든 때에는 총 3년이나 농사가 없다.- 하나님께서 의식주를 책임지신다는 것을 믿는 믿음이 없음에 대해 두려워해야 한다.

이렇듯 미래의 약속으로 주어진 가나안은 하나님의 언약을 준수(순종, 믿음)하는 것과 불가불 연동되어 있다. 하나님은 이 희년(안식년) 언약을 준행하면 가나안에서 안전하게 거주하게 될 것이라 말씀하신다. 삶은 보이는 곡식(양식)이 전부는 아니다. 따라서 보이지 않는 양식이 중요하며 그게 결국 보이는 삶을 결정한다는 것을 아는 것, 이것이 안식년과 희년이 단지 절기로 끝나지 않는 길이다. 지금 하나님이 기대하시는 것은 이것이다.

한 가지 특이한 것은 이스라엘이 하나님의 말씀에 순종하면 어떻게 된 게 자연(토지)도 하나님의 법을 따르게 된다는 점이다. 그렇다면 땅의 문제이기 이전에 사람의 문제라는 뜻 아닌가.

아담 이후 자연 역시 하나님의 저주 아래 놓이게 되었고, 그래서 자연이 인간의 삶을 끌고 가는 것이 아니라 오히려 그 반대임을 다시금 기억하게 된다.

'피조물의 탄식'(롬8.19-22 참조)이 이 경우일까. 문득 이 땅의 남과 북을 생각해 본다. 중국과 러시아에 가까운 곳은 많이 양보해 기온과 환경은 그렇다 치고, 남쪽과 가까운 북한 땅들의 탄식 말이다.

내가 하나님의 말씀에 순종하며 살면 영혼이 없는 땅들도 하나님의 말씀대로 움직인다는 말씀 앞에 나 한 사람의 순종과 믿음의 용량을 묵상으로 품어본다.

민 수 기

1. 그들(10 정탐군) vs 그(갈렙)

그러나 내 종 갈렙은 그 마음이 그들과 달라서
나를 온전히 따랐은즉 그가 갔던 땅으로 내가 그를 인도하여 들이리니
그의 자손이 그 땅을 차지하리라(민14.24)

◎ 12 정탐군 평가서(민14.20-35)

A 그들(10 정탐군, 22-23,27-29,32-35)

- ○ 보고서도(22)
- ○ 보지 못할 것이요 … 보지 못하리라(23)

⇔

B 여호수아 & 갈렙(24,30)

- ○ 인도하여 들이리니(24)

약속의 땅을 정탐한 이야기는 민수기 13-14장에 비교적 자세히 소개된다. 정탐군들의 정탐보고서는 매우 실망스러운 것이었고, 급기야 이스라엘은 애굽으로 돌아가자고 제안한다(민13.1-14.4). 마침내 이스라엘은 하나님과의 분리를 요구하는 최악의 배반이라는 깃발을 든다. 마침내 불평은 절정으로 치단

는다(민14.5-10).

이에 하나님은 이스라엘을 진멸하고자 하시지만 모세의 중보기도로 이 선언은 취하된다(민14.11-25). 사실 가나안을 거부하는 행위는 일파만파의 파괴력을 지닌 폭탄이다. 가나안은 이미 아브라함을 통해 약속된 언약의 땅이다(창12.7, 15.7-21 참조). 이 땅은 영적 군사들인 이스라엘이 영적전쟁(靈的戰爭)을 통해 정복해야 할 땅이다.

그런데 하나님의 왕국이 성취될 날을 앞두고 느닷없이 하나님의 통치와 다스림을 받아야 할 그 나라의 백성들이 그 땅을 차지하는 것을 거부하고 있으니 하나님의 진노는 불을 보듯 뻔하다.

하나님은 이 문제를 과연 어떻게 풀어가실 것인가? 파국인가? 아니면 또다시 타락한 신부로 돌아가 버린 자기 백성을 품고 갈 것인가?

그 사이에 모세의 중보기도가 절묘하게 자리하고(민14.13-19), 하나님은 용서와 죄의 값을 치르게 하는 심판이라는 양날의 검을 사용하신다(민14.20-25). 오늘 묵상은 바로 이 사이에 위치한다. 결국 하나님은 4번의 경고(민14.29,32,33,35)와 함께 형벌 대신 광야의 40년 방랑을 선언하신다(민14.26-38).

그럼 무엇이 갈렙을 이처럼 하나님 앞에 서게 했을까? 오늘 묵상은 이 점을 마치 담담하게 진술이라도 하는 것처럼 전해준다.

먼저 갈렙의 마음이 그들과, 즉 다른 10명의 정탐군들과 달랐다. 같은 시간에, 같은 장소에서, 같은 것을 보았고 경험했다. 그런데 그것을 받아들이는 '마음'이 달랐다. 그는 건성으로, 불신앙으로, 세상적인 눈으로, 사람의 마음으로 보지도 않았다. 이미 언약으로 약속되었으나 아직 성취되어진 것은 아니지만 이를 명하신 분이 하나님이심을 누구보다 알고 믿고 그분의 마음을 받아들인 자로서 보았던 것이다.

또한 하나님을 믿는 믿음 안에서 온전히 따랐다. 하나님이 주신 믿음과 그분의 마음을 가지고 보았을 때 가나안을 정복하는 것은 결코 두려움일 수 없었다.

한편 바울의 통찰처럼 홍해를 건넌 것이 세례이고(고전10.1-2), 스데반의 설교에 있듯 이후에 이스라엘은 광야교회에 있었다면(행7.38), 그렇다면 가나안은 하나님의 통치 안에 있는 구원이라고 이해 해도 큰 무리가 없다.

그렇다면 지금 갈렙은 이처럼 이루어져 가는 하나님의 나라를 바라보고 믿었던 것이다. 나는 과연 갈렙처럼 다른 정탐군들과 달라서 하나님을 온전히 따랐다고 하나님이 평가해 주실까? 나는 이렇게 그 땅을 향해 가고 있는 순례자인가?

2. 반석에서 물이 솟아나는 것보다 중요한 것은?

모세가 그의 손을 들어 그의 지팡이로 반석을 두 번 치니
물이 많이 솟아나오므로 회중과 그들의 짐승이 마시니라(민20.11)

◎ 므리바 사건(민20.1-13) : 광야 40년("첫째 달에", 1a)

A 여호와 : "지팡이를 가지고 … 너희는 반석에게 명령하여 물을 내라."(8a)

B 모세 : "모세가 그의 손을 들어 그의 지팡이로 반석을 두 번 치니"(11a)

C 여호와 : "나를 믿지 아니하고 … 내 거룩함을 나타내지 아니한 고로"(12a)

오늘 말씀에 대한 시편 기자의 묵상이 절묘하다 : "그들이 또 므리바 물에서 여호와를 노하시게 하였으므로 그들 때문에 재난이 모세에게 이르렀나니, 이는 그들이 그의 뜻을 거역함으로 말미암아 모세가 그의 입술로 망령되이 말하였음이로다."(시106.32-33) 흥미로운 것은 "또 므리바 물에서"라는 시편 기자의 통찰이다. 이스라엘은 출애굽 직후로 올라가 보면, 그러니까 출애굽 초기에 이미 므리바에서 물에 대한 불평을 했었다(출17.1-7 참조).

지금 민수기 20장은 "첫째 달에"(1a)에서 알 수 있듯이 -미리암이 죽고(1), 넉 달 후에 아론이 죽는 것(22-24; 33.38-39 참조)을 통해 광야시간표를 정리

해 보면- 마침내 광야 40년이 마무리되고 가나안 입성을 앞에 둔 시점이다. 놀라운 것은 광야교회(행7.38)의 시작과 끝이 이렇듯 불평을 심어 불신앙의 열매를 거두고 있는 것에 큰 변화가 없어 보인다는 점이다.

더 놀라운 것은 모세의 태도다. 38년 전 출애굽기에서는 "너는 그 반석을 치라!"(출17.6a)고 명하셨으나 오늘 묵상 단락에서 하나님은 모세에게 "지팡이를 가지고 … 너희는 반석에게 명령하여 물을 내라."(8a; A) 하셨다. 그런데 모세는 하나님의 명령과 달리 "모세가 그의 손을 들어 그의 지팡이로 반석을 두 번 치"(11a; B)는 것으로 반응한다. 더욱이 "우리가 너희를 위하여 이 반석에서 물을 내랴!"(10b)는 말 속에 들어있는 모세의 언행(태도와 감정)이다.

하나님께서 문제를 삼으신 것은 "물이 많이 솟아나오"는 결과가 아니라 모세와 아론 "너희가 나를 믿지 아니하고 이스라엘 자손의 목전에서 내 거룩함을 나타내지 아니한"(12a; C) 부분이다. 물이 나온 결과만 놓고 볼 때 대단한 사건이라 하지 아니할 수 없다. 그러나 하나님의 생각은 전혀 달랐다. 이 부분이 오늘 묵상 안에서 분명히 드러나야 할 대목이다.

사람들은 반석에서 물이 터진 결과만 주목하고 환호한다. 소위 "꿩 잡는 게 매다."는 식이다. 과정이야 어찌 되었건 결과만 그럴듯하면 된다는 인본적인 시각이 많은 사람을 지배하고 있다는 얘기다. 하지만 하나님은 동의하지 않으신다. 결과가 좋다고 모든 것이 용서되거나 없었던 것으로 유야무야(有耶無耶)

되지도 않는다. 오히려 당신이 중요시한 것에 대해 분명하게 짚고 넘어가신다.

모세는 40년의 광야생활이 끝나갈 때까지 옛 성품(옛 생각, 옛 습관, 옛 사람)을 해결하지 못한 이스라엘 백성들과는 달라야 했다. 그는 하나님의 거룩함을 나타내어야 할 영적(靈的) 지도자로서의 거룩한 책임과 사명을 간과해서는 안 되는 사람이기에 그렇다. 이것이 지도자에게 요구되는 좀 더 높은 차원의 책임이다. 일이 되는 것도 중요하고, 가시적인 결과와 성과가 드러나는 것도 중요하다. 하지만 하나님을 남기고, 보여주고, 드러내고, 높이는 것은 다른 그 무엇보다 더 중요하다. 다들 마실 물이 없다고 아우성이어도(3-5), "물이 많이 솟아나오므로"(11)에 취해 있을 때에도 모세는 언제나 그래야 한다. 어찌 모세만 그러하겠는가.

3. 오늘 우리에게 서원은 무엇인가?

사람이 여호와께 서원하였거나 결심하고 서약하였으면
깨뜨리지 말고 그가 입으로 말한 대로 다 이행할 것이니라(민30.2)

서원은 오늘을 사는 우리에게도 뜨거운 주제 가운데 하나다. 구약의 서원 가운데 대표적인 것이 야곱의 '벧엘서원'이다(창28.20-22). 흥미로운 것은 후에 하나님이 이를 기억하고 계셨다는 점이다(창31.13). 물론 야곱이 이 서원 때문에 인생이 바뀐 것은 아니고 이미 그가 태어나기도 전에 수태고지(창25.22-23)를 통해 하나님이 야곱을 택하신 것이 우선한다. 한편 모세의 율법에서 서원은 하나님과 사람 사이의 중요한 언약으로 자리하게 된다.

특별히 한나의 서원(삼상1.11,21)이 인상적인 것은 하나님이 그녀의 서원기도를 받으시고 태의 문을 여사 사무엘을 허락하신 부분이다. 서원은 이처럼 성경의 분명한 지지를 받고 있는 신앙의 덕목 중 하나다. 신명기와 전도서 말씀을 봐도 이 메시지는 매우 선명하다.

- 네 하나님 여호와께 서원하거든 갚기를 더디하지 말라 네 하나님 여호와께서 반드시 그것을 네게 요구하시리니 더디면 그것이 네게 죄가 될 것이라. 네가 서원하지 아니하였으면 무죄하리라 그러나, 네 입으로 말한 것은 그대로 실행하도록 유의하라 무릇 자원한 예물은 네 하나님 여호와께 네가 서원하여 입으로 언약한 대로 행할지니라(신23.21-23)

- 네가 하나님께 서원하였거든 갚기를 더디게 하지 말라 하나님은 우매한 자들을 기뻐하지 아니하시나니 서원한 것을 갚으라. 서

원하고 갚지 아니하는 것보다 서원하지 아니하는 것이 더 나으니, 네 입으로 네 육체가 범죄하게 하지 말라 사자 앞에서 내가 서원한 것이 실수라고 말하지 말라 어찌 하나님께서 네 목소리로 말미암아 진노하사 네 손으로 한 것을 멸하시게 하랴(전5.4-6)

그럼에도 불구하고 자원적 성격이 더 분명한 서원은, 그것이 원칙대로 하나님께 드려진 것이라 할지라도 돌이킬 수 없는 부메랑(자충수)이 될 가능성이 충분하다는 점이다. 그 대표적인 예가 입다의 서원이다(삿11.30-). 사사 입다는 암몬과의 전쟁에서 승리하고 돌아올 때 가장 먼저 영접을 나온 자를 번제로 드리겠다고 서원하였고, 공교롭게도 그의 외동딸이 영접을 나오게 된다. 이 뜨거운 이야기는 지금도 토론 중이다.

어떻든 이것은 연약한 인간이 하나님의 이름으로 범할 수 있는 또 다른 죄를 낳은 악순환이 될 수 있다. 예수님께서 심각하게 지적하신 '고르반'(막7.11)이라는 사람의 전통을 지키기 위해 "네 부모를 공경하라 하고 또 아버지나 어머니를 모욕하는 자는 죽임을 당하리라."(막7.10; 출20.12, 신5.16, 출21.17, 레20.9 참조)는 말씀을 져버린 것처럼 말이다.

한국교회는 지금도 어느 정도 그렇지만 우리 부모세대에서 특별히, ① 자식 중 ○○○를 목회자로 드린다는, ② 이 병(문제)을 해결해 주시면 ○○○하겠다는 이런 류의 서원들이 많았다. 지금도 그것이 서원인 줄도 모르고 하나님께 고백되어지는 것들이 많다는 것 또한 현실이다. 때문에 "오늘 우리에게 서원은 무엇인가?"라는 질문은 여전히 유효하다.

따라서 하나님(성경)을 아는 바른 지식이 중요하다. 하나님을 이용해서 결국 자기 목적(배)을 채우려고 거래하듯 조건을 붙인 것이라면 이는 입다와 같은 올무에 걸려들 수 있다. 우리에게 있어 중요한 것은 거룩하고도 영적인 '나실인'(Nazirite)적 서원이다. 나의 유익과 사사로운 목적 성취가 아닌 그분을 높이고 영광스럽게 하는 하늘에 속한 소망과 비전이 말이다. 그러므로 신앙고백(사도신경)과 예배(영적 제사)만큼 더 거룩하고 영적인 서원이 또 있을까.

4. 주는 나의 도피성이시다.

너희는 너희가 거주하는 땅 곧 내가 거주하는 땅을 더럽히지 말라
나 여호와는 이스라엘 자손 중에 있음이니라(민35.34)

◎ 도피성(9-34) : 가나안을 성결하게 유지하라!

요단 동편 3개 : 베셀, 길르앗 라못, 골란(신4:43)

요단 서편 3개 : 헤브론, 세겜, 게데스

오늘 묵상은 피 흘림에 관한 규례(30-34), 즉 우발적으로 살인을 한 이스라엘 자손들에게 피의 보복이라는 악순환의 고리를 끊고, 비의도적인 살인자라 할지라도 그의 생명을 보존케 할 목적으로 세워질 도피성 제도에 들어있는 말씀이다. 이처럼 도피성은 하나님이 임재하신 땅을 더럽히지 않으면서 동시에 사람을 살리는 곳이기도 하다.

여기서 한 가지 좀 더 짚고 넘어가야 할 것이 '피'다. 이 피는 이중적인 의미가 있는데 먼저 속죄의 대가로 지불되어 정결을 가져오는 피다. 이는 제사를 통해서, 그리고 궁극적으로는 예수 그리스도의 대속을 통해 완성된다. 다른 하나는 피는 땅을 더럽힘으로써 거룩을 무너뜨리고 죄의 오염을 가져온다(민35.33). 그래서 하나님은 지금 그 방지책으로 도피성을 명하고 계신다.

그러나 고의로 살인죄를 범한 살인자는 이 도피성의 보호에 해당되지 않는다(민33.31). 그는 이미 이스라엘은 물론 하나님이 거주하는 땅을 더럽혔기 때문이다.

이렇듯 살인은 하나님의 땅을 더럽히는 행위가 되고, 결국 그 자신 역시 죽음으로 그 값을 지불해야 하기 때문에 결과적으로 이 명령은 이러한 보복이 없는 사회(땅)가 되기를 원하는 하나님의 마음을 읽어낼 수 있는 하나의 지침이 되기도 한다.

이스라엘과 하나님이 거주하는 땅이 정결함을 잃어버리고 더럽게 되는 것은 도덕과 윤리적인 면에서만 그리되는 것이 아니다. 생명을 하나님의 의도와 목적과 다르게 취급하는 것에서, 즉 죄에 대한 값(책임)을 물을 수 있는 권리와 주도권을 사람이 결정할 수도 있다는 경우가 허락되고 있지 않다는 의미에서 받아야 한다. 비록 그가 결과적으로 볼 때 살인을 행했다고 하더라도 그것이 비의도적이자 우발적인 살인일 경우에 그 사람의 생명을 죽음에 처하게 하는 것은 하나님의 뜻이 아니라는 것으로 해석될 수 있다.

하나님은 그 사람의 생명을 도피성을 통해 보호하시는 분이시다. 세상은 그를 살인자라 손가락질하면서 정죄한다 할지라도 하나님은 그의 생명의 도피성이 되어 주신다. 이게 은혜다.

하나님 앞에 부끄러울 일이 있을 때 우리가 달려갈 곳은 우리의 영원한 도피성 되시는 주 예수 그리스도시다. 그분은 당신이 영원하고 유일하신 도피성이심을 믿고 그를 향해 달려가 피할 때 당신의 온 몸으로 받아주신 분이시다. 나의 비의도적이고 우발적인 행위가 의(義)가 아니라 도피성이신 그분이 의(義)다.

신 명 기

1. 신수성가(神手成家)

네 하나님 여호와는 소멸하는 불이시요
질투하시는 하나님이시니라(신4.24)

◎ '아름다운 땅' vs 우상숭배(신4.22-28)

① '소멸' 하는 불이시요(24)

② 너희의 날이 길지 못하고 '전멸' 될 것이니라(26b)

③ 여러 민족 중에 '흩으실 것' 이요(27a)

이스라엘은 가나안(아름다운 땅, 약속의 땅)에서 하나님께서 세우신 언약을, 특별히 지금 얘기되고 있는 "너를 위하여 새긴 우상을 만들지 말고"(출20.4-6)로 시작되는 제2계명을 잊어버릴 가능성이 많다(23a). 만약 그렇게 된다면 그것은 이제까지의 모든 것을 소멸하게 할 것이며, 또한 질투하시는 하나님의 그물에 걸려드는 것이 될 것이다(24). 이 말씀이 지금 광야의 이스라엘에게는 예고편이지만 오늘 우리에게는 다 실행되고 집행된 완결편이라는 점, 시사하는 바가 크다.

이로 보건대 인간은 하찮은 나무 조각에 불과한 형상 때문에 하나님을 잃을 가능성이 충분한 존재다. 인간은 자신의 필요에 따라 신(神)까지도 만들어 낼 수 있고, 만들어진 신을 섬길 수도 있으며, 이렇듯 자신들이 마음대로 조정하고 부릴 수 있는 인조신(人造神)을 통해 범신론(다신론)의 시대를 열어왔다. 하나님이 인간을 피조물로 창조했으나 이제 그 인간이 신을 만드는 시대를 꿈꾸고 있다니 이를 어찌 받아들여야 할지 난감하다. 이게 우상숭배 안에 들어있는 신처럼 되려는 인간의 원초적 죄의 본질이다(창3.5).

다시 그분 앞에 고개를 숙인다. 나는 언제나 하나님을 '잊어버려서'(23) 문제다. '그러나'(29) 하나님은 그런 못나고 부족한 자임에도 '잊지 아니하시리라'(31)는 언약을 오래 참으심으로 붙드신다.

내 잘나서 목숨이 붙어 있는 게 아니고 순전히 하나님의 자비하신 사랑 때문이다. 배은망덕(背恩忘德)도 유분수지, 이건 기분 내키는 대로 손바닥 뒤집으며 사는데도 내 코에 호흡이 붙어있다. 그러고도 나 잘났다 생각하며 산다. 이스라엘을 욕할 것도 없이 나의 자화상이 그렇다는 얘기다. 아무리 생각해도 내가 살아있다는 것은 기적이고, 그 기적은 늘 하나님 때문이다.

신기하기도 하고, 정신이 번쩍 나도록 놀랍기도 한 것은 하나님은 나를 태우시지 않으시고 나의 죄를 소멸하시는 불이시다는 사실이다(24). 그래서 용케도 불 가운데 찾아오신 하나님 앞에서도 이렇게 살아있다(33). 살아있을 뿐만 아니라 하나님은 변함없이 나의 하나님 아버지시다.

때로는 집 나가 돌아온 탕자인 '돌탕'처럼(눅15.11-24), 필요하다 싶으면 집 안의 탕자인 '집탕'처럼(눅15.25-32) 적절하게 줄타기를 하며 살아도 하나님은 언제나 나의 아버지시다.

이러면 버릇만 나빠질 텐데, 그걸 아시면서도 한번도 아버지이심을 포기하신 적이 없으시다. 가나안을 애굽과 광야처럼 만들 것이라는 것을 다 아시면서도 약속을 지키신다. 얼마나 멋진 하나님이신가.

하나님은 당신만을 사랑해야 할 내가 하나님이 아닌 쪽으로 몸과 마음을 줄 때 견디지 못하여 하실 만큼 질투하시는 하나님이시다.

무엇보다 우상숭배는 그 모든 것을 흔적 없이 소멸하는 불로 찾아오신다. 이스라엘은 종종 이처럼 하나님을 대면했던 적이 있다. 그만큼 그분은 당신만을 섬기며, 사랑하며, 예배하며, 가까이하기를 원하시는 분이시다.

2. 네 부모를 공경하라!

너는 네 하나님 여호와께서 명령한 대로 네 부모를 공경하라
그리하면 네 하나님 여호와가 네게 준 땅에서
네 생명이 길고 복을 누리리라(신5.16)

◎ **십계명**(신5.1-21)

서언(1-6)

A 대신계명(代神誡命, 7-15) : 1-4계명

B 대인계명(代人誡命, 16-21) : 5-10계명

모세는 신명기 5장에서 호렙산(시내산) 언약을 '오늘'(1), 그러니까 "오늘 여기 살아 있는 우리 곧 우리와 세우신 것이라."(3)는 독특한 신학적 입장을 견지한다. 시내산 언약을 맺었던 첫 당사자들은 이미 광야에서 다 죽었는데 말이다. 이는 언약(하나님의 말씀)이 신명기 5장의 오늘뿐만 아니라 지금 묵상하고 있는 '오늘'까지 연속적일 수 있는 이유다. 모세는 지금 40년을 망원경으로 끌어당겨서 오늘이라는 앵글에 담아 요단 저편 가나안에 투사시킨다. 그러니까 미래의 가나안은 이 언약이 성취되는 오늘 안에 그려지고 있다.

이 율법을 광야에서 받았지만 그러나 이것이 꽃피우고 열매 맺어야 할 곳은 가나안이다. 이것을 누구보다 정확하게 알고

있는 모세인지라 이 언약의 말씀을 온 [광야교회](행7.38)가 '오늘' 바로 '나'에게 하시는 말씀으로 받기를 염원하고 있는 것이다. 그렇다면 다시 수천년이 지난 지금의 독자들 역시 이 말씀을 읽고 들을 때 "오늘 나에게 주시는 말씀"으로 받아야 하지 않을까. 이제는 내가 '오늘' 하나님의 말씀 앞에 시내산 언약을 받았던 이스라엘 백성(교회)들처럼 서게 되었다. 따라서 이 십계명은 오늘 이 말씀을 읽는 "나"와도 세우신 언약이다.

한편 하나님과의 수직적인 관계(A, 1-4계명)는 언제나 사람과의 수평적인 관계(B, 5-10계명)와 같이 간다. A가 건강하다면 B 역시 자연스럽게 드러난다. 하나님을 사랑하는 자(A)가 어떻게 이웃을 사랑하는 자(B)로 살아가지 않을 수 있겠는가.

무엇보다 인륜(人倫)의 첫 계명이 부모 공경이다(16). 성경의 효(孝)에 대한 가르침은 공자(孔子)보다 앞선 시대를 산 모세에게서, 또한 세상의 다른 어떤 철학들보다 앞선다. 보이는 부모를 사랑하지 않고 보이지 않는 하나님을 사랑한다 할 수 있을까 : "누구든지 자기 친족 특히 자기 가족을 돌보지 아니하면 믿음을 배반한 자요 불신자보다 더 악한 자니라."(딤전5.8)

사실 하나님이 주신 땅에서 장수하고 복을 누리기 위해서 부모 공경을 하는 건 아니다. 이것은 놀부 심보다. 오히려 부모에게 효도하면 결과적으로 하나님이 그런 복을 약속하신 것으로 받는 것이 옳다. 가나안은 이 약속의 말씀이 성취되고 실행되어야 할 곳이다. 세상에 살지만 세상에 속한 자가 아닌 하나님 나라의 가르침을 따라 살아가는 오늘, 이 말씀이 부모에게 자식들이, 또한 자식들이 부모에게 이 말씀을 그대로 준행하는 복이 있기를 기도한다. 부모 공경은 구호가 아니라 삶이다.

3. SHEMA, 자녀를 깨운다.

오늘 내가 네게 명하는 이 말씀을 너는 마음에 새기고
네 자녀에게 부지런히 가르치며 집에 앉았을 때에든지
길을 갈 때에든지 누워 있을 때에든지 일어날 때에든지
이 말씀을 강론할 것이며(신6.6-7)

신명기 6장에 "이스라엘아 들으라!"(4a)로 시작되는 '쉐마'("들으라!", 4-9)는 모세시대 이후부터 지금까지 변함없이 내려오는 이스라엘 교육의 핵심 가치다. 한편 이는 "건너가서 얻을 땅에서 행할 것"(1b)으로 주어졌다는 점에서 소위 가나안 헌법(매뉴얼)이라고도 할 수 있다. 가나안은 하나님의 말씀으로 가득 넘쳐야, 그래야만 하나님이 아닌 것으로 이미 채워져 있는 세속도시를 하나님의 통치와 주권이 행사되는 거룩한 땅으로 만들 수 있다.

모세는 신론(神論, 4)과 신학적 인간론(人間論, 5)을 "마음에 새기고, 네 자녀에게 부지런히 가르치며 집 … 길 … 누워 있을 때 … 일어날 때 … 손목 … 미간 … 집 문설주와 바깥 문에" 기록하고 또한 가르칠 것을 명한다(6-9). 그러니까 삶의 일거수일투족 전체가 하나님의 말씀에서 시작되고 마쳐지기를 열망한 것이다. 이것만이 가나안의 약속이라는 꿈이 현실로 되는, 또한 그 날이 단편(短篇)이 아닌 영원한 장편(長篇, 장구, 2b)이 될 수 있는 길이다.

가나안은 말씀만이 숨 쉬고, 뿌려지고, 자라고, 열매 맺는 곳이어야 한다. 애굽을 옮겨 놓은 곳이거나, 광야를 복습하는 그런 곳이어서는 안 된다. 애굽으로부터 완전히 돌아섬으로써 옛사람의 모습은 그리스도의 피로 다 씻어 정결케 되어야 하고, 그렇게 된 모습으로 성령 안에서 하나님의 집으로 지어져 가야 한다. 이것이 이루어질 때까지 하나님의 말씀을 들어야 한다. 가나안의 희망은 끊임없이 말씀을 듣고, 그래서 가나안 토착문화(죄의 쓴뿌리)가 엄습해 들어오지 못하도록 말씀의 강력한 진지를 구축할 때 가능하기 때문이다.

하나님이 꿈꾸신 가나안이 부모가 자녀에게 부지런히 가르치지 못한 죄 때문에 결국 황무지가 되게 할 순 없다. 가나안으로 발걸음을 옮길수록 하나님의 말씀으로가 아니면 더 이상 한 걸음도 앞으로 나아갈 수 없이 무능(無能)하고 초라한 인생임을 절감하며 살아간다. 그렇기 때문에 내 의(義)와 그럴 듯함이 가나안을 풍성하게 할 수 있으리라는 환상은 빨리 버릴수록 좋다.

오늘도 하나님은 쉐마(들으라!)를 내 영혼의 창에 들려주신다. 아직도 "들으라!(Shema!)" 하시는 것으로 나에게 기회를 주시고, 그것만큼 인내하시고 기다리시는 하나님이 난 좋다. 하나님이 나를 포기하지 않으시고 오늘도 말씀하시듯 나 역시 그 하나님을 섬기며, 내 안에 이루어질, 그리고 조금이나마 이루어진 가나안을 가나안 되게 하는 이 거룩한 소명을 주님 앞에 서는 그 날까지 감당해 볼 작정이다.

말씀이 내 영혼에 들려지는 한 이 일은 계속될 것을 알기에 희망은 충분하다. 말씀이 내 영혼에 둥지를 내리고 찬란한 생명으로 잉태되는 꿈, 이게 내 안에 이루어진 가나안을 살맛 나게 만든다.

놀라운 것은 이 명령이 부모에게 주어진 소명이다는 점이다(7a). 먼저 부모가 하나님의 사람으로 건강하게 세워지고, 그래서 가정이 말씀의 기초 위에 든든하게 세워진다면 가나안 공동체는 모세의 모든 염려를 이슬처럼 사라지게 할 것이다.

쉐마는 자녀를 가르칠 부모의 자격과 조건에 별 관심이 없다. 부모가 하나님의 말씀을 자녀에게 가르치는 것이면 된다. 하나님은 지금도 쉐마가 가정과 자녀의 소망인 것을 믿고 묵묵히 이 약속을 준행하는 자와 그 자녀를 통해 일하시는 분이시다. 난 이 진리를 믿는다.

4. 광야교회

네 하나님 여호와께서 이 사십년 동안에 네게 광야 길을
걷게 하신 것을 기억하라 이는 너를 낮추시며 너를 시험하사
네 마음이 어떠한지 그 명령을 지키는지
지키지 않는지 알려 하심이라(신8.2)

순교자 스데반은 그의 설교에서 이스라엘의 40년 광야생활에 대해 "우리 조상들과 함께 광야 교회에 있었고"(행7.38a)라고 말한다. 그러니까 40년 광야 길이 [광야교회]였다는 것이다. 이는 참으로 경이롭고도 놀라운 통찰이다. 한편 이것은 홍해 건너기를 "모세에게 속하여 다 구름과 바다에서 세례를 받고"(고전10.2)로 본, 즉 '홍해를 건넌 것은 세례다.'는 바울의 통찰과 일맥상통하다. 그렇다면 광야는 이제 막 세례를 통해 새롭게 태어난 하나님의 백성을 성장하고 성숙하게 하는 하나님의 학교였다는 뜻이다.

1주일이면 들어가 얻을 수 있는 가나안을 40년 후에 주신 것은 그 안에 이미 하나님의 깊은 섭리와 목적이 들어 있음을 깨닫게 한다. 우리네 인생길에도 당장 있었으면 좋을 것 같은 것들이 어디 한둘인가? 하지만 봄에 땅을 뚫고 올라온 한 송이 국화도 가을에 꽃피우려면 봄부터 소쩍새가 울어야 하고, 여름의 천둥 · 번개와 모진 비바람을 온몸으로 받아내고 또 견

디어 내야 한다. 그렇다면 하물며 하나님의 섭리 안에 있는 인생이랴.

40년이라는 광야학교는 그런 의미에서 하나님이 우리를 훈련하시는 하나님의 학교, 즉 광야교회다. 소중한 것일수록 그것을 감당할 만한 자격과 준비가 필요하다. 하나님은 그 기간 동안 우리를 당신의 저울에 달아 보시면서 시험(test)하신다. 그리고 그 안에서 우리를 겸손하도록 만들며 빚어 가신다. 약속의 땅 가나안은 하나님의 법과 명령을 따라 세워져야 하는 곳이기에 그렇다.

그러므로 하나님의 응답이 생각보다 긴 시간이 걸리는 것처럼 느껴진다면 그것을 감당할 준비가 더 필요하다는 하나님의 사인(sign)을 읽어낼 수 있어야 한다. 어린아이에게 연필을 깎는 칼이 주어지기까지 더 많은 시간과 연습이 필요한 것처럼 말이다.

하나님이 이미(already) 가나안을 주시기로 언약하셨으나 아직(not yet) 그곳에 이르지 않게 하신, 바로 그 사이에 넣어주신 40년이라는 긴 시간은 그런 의미에서 그들(우리)을 이에 걸맞은 사람으로 빚어 가시는 더 깊은 차원의 사랑이라는 것을 믿어야 한다.

하나님은 우리가 진정으로 당신을 사랑하고 신뢰하는지를 종종 시험하시는 분이시다. 가장 소중한 것이 나중에 화근이 되어 오히려 그것이 우리를 찌르고 무너지게 만드는 것이 되는 것을 원치 않으시기 때문이다.

세 아들을 양육하면서 종종 내가 저들을 위해 해 줄 수 있는 것이 점점 줄어든다는 것을 절감해 간다. 하지만 당장 좋아 보이는 결과 때문에 내가 대신해 준다면 얼마 가지 못해 녀석들은 바보가 되어 버릴 것이다. 내게도 하나님의 광야학교가 필요하듯 사랑하는 아들들에게도 광야교회와 광야학교는 필수 코스다.

하지만 밀물과 썰물이 교차하는 세상과 마주 선 삶의 접점에서 무슨 힘으로, 어떻게 이 험한 세상을 역류하며 살아갈 수 있을까? 놀랍게도 "네 하나님 여호와께서"에서 알 수 있듯이 광야학교의 교장이 하나님이시다. 하나님이 우리 인생 행로의 키(key)를 잡고 계신 주인이시다. 그 분은 당신의 말씀을 교재로 광야학교를 통과해 가도록 인도해 가신다.

그렇다. 광야교회의 소망은 하나님이시다. 내게도 이 광야학교에 입학하도록 허락해 주신 주님을 찬양한다. 내게도 하나님으로부터 난 광야 길이 있기에 안심이다.

5. 광야에도 하나님의 사랑은 충분하다.

이 사십년 동안에 네 의복이 해어지지 아니하였고
네 발이 부르트지 아니하였느니라(신8.4)

◎ 이스라엘 : 광야에서 가나안까지

- 갈대아인의 우르(창11.31) : 아브라함(75세까지, 창12.4)
- 가나안(창12.5,7) : 아브라함, 이삭, 야곱(요셉 37세까지)
  ⇨ 애굽 400년 예고(창15.12-15,) : 야곱과 12아들의 후손들
- 入애굽(창46.1-34) : 요셉의 나이 39세 때에
- 出애굽(출12.37-42) ⇨ 홍해 도하(출14.21-31) ⇨ 가나안?
- 광야 40년(신8.1-10) : 광야교회(행7.38)
- 가나안(창15.16-21, 수1.1-)

오늘 묵상은 출애굽과 가나안 사이에 든 이스라엘 백성들의 40년 광야사를 추억하는 한 장면이다. 이 역사를 잠시 조망해 보자.

하나님은 아브라함을 택하여 부르시사 가나안(약속의 땅)으로 인도하시면서 앞으로 400년 동안 이방의 객이 될 것을 예고하신다. 결과적으로 요셉은 다른 가족들(부모와 형제들)보다 먼저 애굽에 들어가고, 그가 애굽에 들어간 지 22년 (창37.2, 41.29-30,46, 45.6) 후에 온 식구들이 애굽으로 이주하여 모세와 함께 출애굽

을 할 때는 장정만 60만(총 200만)인 민족을 이루어 가나안에 들어가게 된다.

오늘 묵상과 더불어 생각해 보아야 할 것은 가나안으로 들어가기 전에 40년이라는 광야생활, 즉 광야교회라는 하나의 징검다리가 놓여진 부분이다. 이를 어떻게 이해하고 해석하느냐가 애굽-광야-가나안으로 이어지도록 하신 하나님의 섭리(계획)와 이스라엘을 이해하는 데 중요하다.

출애굽을 하여 가나안으로 들어가는 길은 불과 일 주일 정도면 충분했다. 그런데 왜 하나님은 40년이라는 시간을 애굽은 아니지만 그렇다고 가나안이라고도 할 수 없는 그런 광야에 40년 씩이나 두셨을까.

물론 40년은 정탐군들이 정탐한 날 수인 40일의 하루를 1년으로 친 40년으로서 정탐 보고를 듣고 하나님을 원망한 20세 이상의 모든 백성이 광야에서 소멸되어 죽는 기간이다(민14.20-38 참조). 놀라운 것은 이 기간에 20세 미만은 60세에 이르게 되는 그런 때이기도 하다. 참으로 역설적인 것은 광야에서 죽은 자들에게서 태어난 자녀 세대는 가나안에 들어간다는 점이다.

그런 의미에서 광야는 불신앙 세대를 심판하기도 하지만 동시에 가나안의 주역들이 태어나고 자라는 소망의 씨앗이기도 하다. 그래서 스데반은 이를 '광야교회'(행7.38)라 묵상했는지도 모르겠다.

한쪽에서는 장례식이, 또 다른 집에서는 생명의 태어남에 따른 축하와 축복이 공존하는 광야! 죄에 대해 공의의 채찍을 드심으로 심판하시는 하나님이시지만, 동시에 약속의 성취로 가득 채워질 가나안의 영광을 준비하시는 사랑과 소망의 하나님! 이 두 사이에서 끝나가는 광야생활과 다가오는 가나안행전을 품고 있는 이스라엘!

그러고 보니 죄의 값이 집행되고 있으나 모든 것이 풍요롭고 부족함 없는 그 광야를 나 역시 지금 이렇게 통과해가고 있음을 생각하니 가슴이 막 뛴다. 내 광야도 희망이다.

6. 다 너를 위하여라는 거, 아니?

내가 오늘 네 행복을 위하여 네게 명하는
여호와의 명령과 규례를 지킬 것이 아니냐(신10.13)

이스라엘의 불순종의 광야사(曠野史)를 다룬 9장의 연속이다. 9장에서 모세는 "목이 곧은 백성"(6b,13b)이요 하나님을 거역(7,23,24)한 이스라엘을 향한 하나님의 격노하심(7,8,18,22)에 대해 호렙산에서부터 가데스바네아까지의 역사적 증거(민11,13,14장 참조)를 하나 둘 제시했었다. 그럼에도 불구하고 다시 만든 두 돌판(언약판)을 통해 언약을 회복하신 하나님 은혜를 회고함으로써 이스라엘의 희망은 오직 하나님께 있음을 분명히 한다(신10.1-11).

그리고 오늘 묵상 단락이다 : "이스라엘아 네 하나님 여호와께서 네게 요구하시는 것이 무엇이냐?"(12a) 결국 하나님께서 이 '요구'(12)를 통해서 이스라엘(나)에게 다음과 같은 은총을 준비하고 계신다(13).

문제는 이것이다. 멀리 갈 것도 없이 과연 나는 하나님의 요구를 바르고 정확하게 듣고 있느냐 하는 점이다. 하나님이 요구하시는 [가나안행전](12, 7-8장)은 결국 "네 행복을 위하여"(13)라는 결과가 되어 돌아온다. 하나님을 사랑하며 산다면 그 다음은 하나님이 다 책임지시겠다는 뜻이다. 지금 걸어가는 40년이라는 광야교회(행7.38)의 긴 나그네 생활이라는 고생과 고난과 고통으로 드러나는 표면적 모습은 하나님의 이면적 계획하심, 즉 "네 행복을 위하여" 지불해야 할 대가라 하신다.

하나님은 마땅히 내게 요구하실 수 있는 분이시다. 가나안을 주실 것이고(7.1, 8.1), 그뿐 아니라 그걸 누리며 살도록 필요한 모든 것을 공급해 주실 것이다(6.10-11, 7.13-15, 8.2-18). 그야말로 영육(靈肉)의 모든 양식을 다 주신 것이다(마6.33, 요삼1.2). 그러시면서 하나님은 이스라엘에게 진심을 요구하신다. 진짜 마음에서부터 우러나오는 경외와 말씀을 준행하는 삶을 말이다.

하나님은 지금 내 마음을 보고 계신다. 나의 언행이 무엇으로 말미암아 겉으로 나타나고 있는가를 보시는 중이다. 사람은 속일 수 있고, 세상은 두 얼굴을 가지고도 살 수 있다. 들키지 않으면 말이다. 하지만 하나님께는 그럴 수 없다. 자식이 부모의 눈을 속일 수 없듯이 나 역시 하나님 아버지를 속일 순 없다. 하나님까지 눈멀게 할 수 있다는 완악하고 사악한 착각이 죄(罪)다. 그걸 모르니까 하나님 앞에서 천연덕스럽게 건방을 떠는 것이다. 그게 멸망으로 가는 다리인 줄도 모르고...

하나님이 이스라엘(나)에게 명하는 '명령과 규례'는 무겁고 힘든, 그래서 감당할 수 없는 게 아니다. 예수님의 말씀이 생각난다 : "수고하고 무거운 짐 진 자들아 다 내게로 오라 내가 너희를 쉬게 하리라. 나는 마음이 온유하고 겸손하니 나의 멍에를 메고 내게 배우라 그리하면 너희 마음이 쉼을 얻으리니, 이는 내 멍에는 쉽고 내 짐은 가벼움이라 하시니라."(마11.28-30)

하나님이 축복의 씨앗을 나를 위해 내 영혼의 뜨락에 심으신 것인데 아직 그 열매가 보이지 않으니까, 오히려 비바람과 천둥 번개를 맞으며 비틀거리는 현재만 보이니까, 당장 그게 어렵고 힘들게만 느껴지니까, 하나님이 날 사랑하지 않는다고 내 마음대로 생각하고 만다. 하지만 그럼에도 불구하고 가을은 어느날 풍성함으로 그 모습을 드러내듯, 우리네 인생살이 역시 때가 차면 하나님이 그리신 복되고 영광스런 모습이 드러나게 된다. 이것이 고난과 고통 속에서도 하나님만을 바라보아야 하는 이유다.

7. 가나안 조감도

너희가 건너가서 차지할 땅은 산과 골짜기가 있어서 하늘에서 내리는
비를 흡수하는 땅이요 네 하나님 여호와께서 돌보아 주시는 땅이라
연초부터 연말까지 네 하나님 여호와의 눈이
항상 그 위에 있느니라(신11.11-12)

◎ 애굽 vs 가나안(11.8-12) : "같지 아니하니"

A 애굽(10) : 발로 물대기

X "같지 아니하니"(10a)

B 가나안 : 약속

후손에게 주리라고 하신 땅(9)

건너가서 차지할 땅(8b,10a,11a)

하늘에서 내리는 비를 흡수하는 땅(11b)

여호와께서 돌보아 주시는 땅(12a)

모세는 다시 과거를 통해서 미래를 본다(1-7 ⇨ 8-32). 오늘 묵상 단락(8-12)은 "그러므로 … 그리하면"이라는 구조이면서 동시에 좀 더 확장된 단락으로 보면 축복과 저주라는 이중주로 되어있다(8-15 ⇨ 16-17). 복과 저주는 매우 선명하다. 이스라엘은 지금 이 모든 것을 기억해야만 한다(2a). 또한 미래의 날에, 그러니까 약속의 땅을 얻게 될 때에 복과 저주의 이중주를 연주

해야 한다(29-32). 이로써 열조(9; 창15.12-21 참조) ⇨ 애굽(3) ⇨ 홍해(4) ⇨ 광야(5) ⇨ 가나안이 하나의 이야기로 통합된다. 그렇다면 하나님이 하시는 일에 -이를 말씀으로 듣고 있다.- 이스라엘이 어떻게 응답할 것인가?

출애굽 1.5-2 세대는 애굽에서 광야까지 "여호와의 행하신 이 모든 큰 일을 목도하였"(7)던 자들이다. 이들은 지금 '그러므로'(8a)를 따라 살아야 한다는 설교를 듣고 있다. 그래야만 '그리하면'(8b-)으로 주어지는 축복을 얻을 수 있다는 말씀을 말이다. 이처럼 복은 내가 만들어 가는 것이 아니라 받는 것이고, 거기에는 분명한 이유가 있다. 하지만 더 중요한 진리는 가나안은 하나님의 은혜로 주어지는 복이다는 점이다.

그렇다면 은혜로 말미암아 값없이 얻은 가나안을 가나안 되게 하는 일은 하나님의 말씀을 준행하는 순종에 있다(1,8a,18-20,27,32). 다시 쉐마가 반복되면서 강조되고 있음이 흥미로운 이유가 여기에 있다(18-20, 6:4-9 참조). 그럼 "네가 나온 애굽 땅과 같지 아니하"리라 말씀하신 은혜로 얻게 될 가나안은 어떤 땅인가?

먼저 애굽 땅은 "파종한 후에 발로 물을 대기를 채소밭에 댐과 같이 하였"(10b)던 땅이다. 하지만 가나안은 하늘에서 내리는 비를 흡수하는 땅이다. 그러니까 사람에 의한 관개 시설에 의존해서 유지되는 애굽과 달리 하나님이 다스리시고 통치하시고 돌보아 주시는 땅이란 뜻이다. 이로써 이스라엘 백성들이

‘그러므로’(8a)에 서 있다면 가나안에 들어가는 이스라엘 백성들은 물론이고 가나안 땅까지 ‘그리하면’(8b-)의 은혜 안에 있게 될 것이다.

특별히 “연초부터 연말까지 네 하나님 여호와의 눈이 항상 그 위에 있느니라.”(12b)는 말씀이 눈에 들어온다. 하나님은 순종하는 백성들에게 항상 그 얼굴을 향하여 드시는 분이시다. 우리의 인생 여정에도 “연초부터 연말까지” 말씀을 듣고 순종하는 삶을 살아드린다면, 이스라엘처럼 우리 또한 좁게는 현재는 물론이고 넓게는 미래까지도 변함없이 함께 하실 하나님의 은혜와 축복을 기대할 수 있을 것이다.

8. 가난한 자는 복이 있나니!

땅에는 언제든지 가난한 자가 그치지 아니하겠으므로
내가 네게 명령하여 이르노니 너는 반드시 네 땅 안에 네 형제 중
곤란한 자와 궁핍한 자에게 네 손을 펼지니라(신15.11)

약속의 땅 가나안에서 행해야 할 안식년 규례(신15.1-18)는 첫째, 가난한 형제의 채무를 면제하고 그가 쓸 것을 꾸어 주어야 한다(1-11, A). 둘째, 가난하여 팔린 동족을 자유하게 하고, 이때

공수(空手)가 아니라 후히 주어야 한다(12-18, B). 특별한 것은 가난한 '동족'(12)일지라도 '이웃'(2)이요 '형제'(2,3,7,9,11)라 부르심으로써 이스라엘과 동일하다 하신다. 즉, 가난해도 성도다. 이처럼 하나님의 마음이 따뜻하게 흐르는 곳이 가나안이다.

좀 더 들어가 보면, 하나님이 다스리시는 신앙공동체(가나안, 교회)는 사람의 빈부(貧富)가 아니라 하나님의 은혜에 의한 자녀라는 신분을 더 우선해야 한다. 하나님은 이스라엘 백성들이 부한 자와 가난한 자로 살아가고 있음을 부인하지 않으신다. 가나안임에도 말이다. 즉, 젖과 꿀이 흐르는 약속의 땅에서 살아갈지라도 필연적으로 가난한 자들과 공존하며 살아간다고 말씀하신다. 가나안임에도 그럴 수 있다는 점, 이를 신약으로 바꾸면 성도(하나님의 자녀)일지라도 빈부(貧富)의 문제는 있다는 의미다.

많이 생각하게 하는 주제지만, A(1-11) 안에 든 규례처럼 행하며 살아도 가난한 자가 근본적으로 해결되는 것은 아니다(11a). 그렇다면 하나님이 의도하신 것은 무엇일까? 그것은 가난한 자들과의 공존(共存)과 공생(共生)과 상생(相生)이다. 하나님은 부자들의 것을 모아서 가난한 자들이 근본적으로 가난을 모르고 살 수 있도록 만들라 하지 않으셨다. 하나님은 제도(구조, 복지, 분배)에 의한 인위적인 평준화를 말씀하시지 않으셨다. 하나님은 채권자(債權者, 부자)와 채무자(債務者, 가난한 이웃)가 함께 공존과 공생과 상생하는, 그래서 받은 복을 다른 이웃과 함께 나누며 사는 세상(교회)을 원하신다. 이것이 성경적 분배의 원리다.

동그라미선교회(KDMF)를 통해 육아원(보육원)과 시설아동들을 위해 사역을 하던 80-90년대가 요즘 종종 내 안에 다시 꿈틀거리곤 한다. 이젠 이미 사회(교회)의 일원이 되어 가정을 이룬 이들과 그들의 자녀를 위한 서비스 쪽으로 사역의 방향이 조금은 달라지겠지만 입양사역(KAM)과 함께 내 안에 심겨진 사역의 씨앗이다.

사실 유럽교회는 가난을 포함한 복지문제를 국가가 맡는 쪽으로 이동하면서 급속한 쇠퇴의 길을 걸었다. 물론 교회가 보건복지부는 아니지만 그럼에도 하나님은 이 문제를 신앙공동체에게 맡기셨다는 점을 한국교회는 더 겸손히 주목해야 할 필요가 있다.

동시에 내가 할 수 있는 일도, 혹은 해야 할 일도 '교회가 하겠지'라는 식으로 모른 체하는 것 역시 불순종이다.

신앙의 성숙을 볼 수 있는 한 단면 중 하나가 그 사람 곁에 누가 있는가를 보는 것이다. 아래쪽을 향해 관계를 맺는 사람이 가난한 자를 향한 하나님의 말씀과 그분의 마음을 따라 살아가는 자다. 그것이 곧 하나님께 하는 것이니까 : "너희가 여기 내 형제 중에 지극히 작은 자 하나에게 한 것이 곧 내게 한 것이니라."(마25.40)

9. 절기에 하나님이 드러나게 하라!

각 사람이 네 하나님 여호와께서 주신 복을 따라
그 힘대로 드릴지니라(신16.17)

◎ 이스라엘의 3대 절기(신16.1-17)

① 유월절(1-8) : 출12.1-20, 레23.4-8

② 칠칠절(맥추절, 9-12) : 출34.22, 레23.15-21

③ 초막절(13-17) : 레23.33-43

초막절(Feast of Tabernacles)은 가을 추수를 한 후에 지키는 감사절이다. 이때는 노동이 금지되었고, 첫 날과 팔일에는 안식하며 성회로 모였으며, 그 사이 7일 동안 화제를 드렸다. 특별히 이 절기 때 이스라엘은 광야 40년을 기억하면서 7일 동안 초막에서 의식주(衣食住)를 해결해야 했다. 풍요는 종종 하나님을 잊게 만들기 때문에 온전히 기뻐하고 감사가 서야 할 자리에서 그것과 대비되는 과거의 고난을 기억하라 하신다.

사실 감사해야 할 때에는 마치 자신의 힘으로 만든 것처럼 하나님 없이 혼자 기뻐하는 것으로, 그리고 고통과 실패의 자리에서는 하나님을 기억하기는 하지만 오히려 불평과 원망으로만 기억하는, 아직 남아있는 이런 알량한 모습을 경계하시려는 하나님의 깊은 의도하심이 이 절기를 명령하신 목적이 아닌가 싶다. 감사의 주인이 주님이심을 기억하는 것이 우리를 지탱하는 신앙의 기초여야 한다. 무엇보다 감사하는 쪽으로 한 해를 인도하셨다는 것만큼 큰 메시지가 또 있을까.

한편 초막절은 한 해의 추수를 마무리하는 절기라는 점에서 오늘날의 추수감사절에 해당한다. 감사할 제목을 주신 분은 하나님이시기에 마땅히 하나님께 감사해야 한다. 지극히 당연한 것이지만 이스라엘은 늘 감사의 대상을 잊고, 잃어버리고, 바꾸어 버리곤 하였다. 이것은 하나님이 가장 싫어하시는 일이고, 때문에 모세는 가나안의 영광을 하나님께 돌려 드릴 것을 권고하고 있는 것이다.

역시 가난한 자들과 함께 이 절기의 복을 나누어야 함을 주목해야 한다. 가나안에 들어갔지만 모두가 다 추수의 기쁨과 복을 받는 것은 아니다. 가나안에도 여전히 주의 이름으로 돌봐야 할 가난한 이웃들이 있다. 복을 나눌 수 있는 대상은 가나안에도 있다. 때문에 나 혼자 잘 먹고 잘살라고 주신 것이 아님을 잊지 말자. 나에게 더 많이 맡기신 것은 그것을 통해 먼저 하나님께 감사하고, 또 이웃으로 더불어 함께 그것을 나누라 하신 뜻이 들어 있다.

초막절이 추수감사절이면서, 동시에 광야생활을 기억함으로 초막에서 칠 일을 거해야 하는 이유도 마찬가지다. 하나님이 주신 이 풍성한 감사는 출애굽이 아니었다면, 또한 한시도 안심할 수 없는 광야생활을 끝내주시지 않으셨다면 불가능한 일이다.

가나안이 주어질 수 있는 것도, 장막절을 지킬 수 있는 것도 다 하나님이 이루신 유월절의 은총 때문이다. 결국 이 모든 절기들은 다 하나님의 은혜 때문에 가능한 것이고, 그래서 하나님을 향한 감사가 기본이다.

이 은혜를 무엇으로 보답할꼬. 중요한 것은 받은 "복을 따라 그 힘대로" 절기를 지키는 것에 있다(16a,17). 이를 오늘에 적용하면, 특별히 신앙(교회) 공동체 안에서 받은 바 은혜를 가난한 사람들과 함께 나누는 것이다(11,14). 내 삶의 무대를 가나안이게 하셨다면 내 삶 역시 가나안스러워야 한다. 이것이 절기에 요구하시는 하나님의 마음이다.

10. 서원(誓願) 실행하기

네 하나님 여호와께 서원하거든 갚기를 더디하지 말라
네 하나님 여호와께서 반드시 그것을 네게 요구하시리니
더디면 그것이 네게 죄가 될 것이라(신23.21)

신명기 23장 후반부는 사람과 사람 사이의 규례, 특별히 주로 사회적 약자들을 배려하고 사랑할 것에 대한 명령이다(15-16,19-20,24-25). 그런데 특이하게도 이 단락 안에 하나님과의 관계에서의 서원(誓願)에 대한 준수 명령이 들어 있다(21-23). 아마도 그렇다면 하나님께 서원한 것 때문에 이웃에 대한 사랑을 간과하든지, 아니면 그 역(逆)이든지 이 둘은 불가불 동일한 교훈을 요구하고 있는 것 같다.

하나님은 언제나 사회적 약자들을 배려하시고, 따뜻한 사랑으로 그들을 품으신다. 그것이 사람 사이의 신분이든(15-16), 경제적이고(19-20,24-25), 윤리적이든(17-18), 또한 하나님과의 관계에서 비롯된 약속이든(21-23) 간에 거기에는 분명한 원칙과 기준이 있다. 하나님은 그것이 비록 부(富, 19-20,24-25)일지라도 가난한 자를 희생 삼아 이룬 것이라면, 또한 불의한 제물이라면(18), 하나님까지 속여 가면서 이룬 것이라면(21-23) 그것은 아무런 가치가 없는 무익한 것이라 하신다.

하나님의 이름을 팔아먹어서도 안 된다(21-23). 사람과의 관계에서 해야 할 것이 있고, 동시에 그것을 다른 사람과 비교할 수 없을 만큼 잘하고 있다 할지라도 하나님께 해야 할 의무와 명령까지를 무력하게 하는 것이어서는 안된다. 종종 이런 경우에 그 결정과 선택의 주도권을 자신이 쥐는 경우가 많다. 반대로 자신의 상태와 처지가 사회적 약자의 위치(신분)에 있을 경우에도 마찬가지다.

사람이든, 하나님이든 마땅히 해야 할 것을 결정하고 집행하는 일의 주도권을 이런 식으로 행사하는 경우가 많다. 구제하고 이웃을 사랑하는 일들을 해야 함에도 내 처지(채무, 실직, 자녀교육 등)가 어려우니 그건 내 문제 해결한 후로 미루는 경우다. 또는 부모를 공경해야 함에도 "고르반 곧 하나님께 드림이 되었다"는 식으로 사는, -이때 그가 말만 한 것으로 멈추고 있어도 그만이다- 경우다(막7.9-13 참조).

하나님은 오늘 사람에게 해야 할 일이 있고, 당신에게 해야 할 일이 있음을 분명히 하신다. 특별히 서원은 필연적 규례가 아니라 선택(자원)적 규례다. 하지 않아도 된다는 뜻이다. 그러나 자원(自願)한 서원이라면 그것은 이미 하나님께 약속한 것이고, 그 약속은 그대로 실행해야 한다. 하나님을 핑계로 사람에게 해야 할 것을 하지 않는 것도 문제지만, 사람이 이유가 되어 하나님께 서원한 것이 지켜지지 않는 것도 죄(罪)다. 이 둘에 공히 실족하지 않아야 한다.

내가 주께 서원한 것은 어떤 것들인가? 약정한 건축헌금이 있고, 평생 하나님의 종으로 일하다가 은퇴하는 것이고, 한 아내의 남편으로서의 의무와 책임을 다하는 것이고, 세계선교에 대한 거룩한 부담이고, 입양과 입양사역을 섬기는 것이고, 말씀묵상(QT)을 더 많은 사람들에게 전파하는 것이고, 전도자로 사는 것이고, 모친(母親)처럼 고아와 가난한 자들을 돌보고 섬기는 것, 등등이다. 다시금 하나님께 서원한 대로 실행하며 살 것을 주님 향해 묵상에 담아 올려드린다.

11. 순종방정식

네가 네 하나님 여호와의 말씀을 청종하면
이 모든 복이 네게 임하며 네게 이르리니(신28.2)

◎ 신명기 28장의 두 지평 : 축복 vs 저주

① 하나님의 말씀을 순종할 때 따르는 축복(1-14) : 오늘(1,13,14)

② 하나님의 말씀의 불순종에 따른 저주(15-68) : 오늘(15)

출애굽 이후 광야행전 40년이 거의 끝나갈 무렵이 가까운 신명기 마지막 부분이 오늘 묵상이다. 이미(already) 약속으로 받았지만 아직(not yet) 들어가 얻은 것이 아닌 꿈의 땅 가나안! 그런데 이 내일(미래)의 가나안은 오늘(현재)을 어떻게, 무엇으로 사는가와 불가분의 관계가 있다. 물론 정복전쟁 이미지가 분명하지만 그럼에도 가나안이 이런 식으로 얻어진다고 하니 좀 의아스럽기까지 하다.

사실 가나안은 이미 멸해야 할 일곱 족속이 선점한 땅이다(창15.12-21). 따라서 모든 것이 준비되어 있는, 그래서 들어가기만 하면 그 순간 파라다이스가 되는 그런 곳이 아니다. 따라서 그 땅을 덮고 있는 어둠의 죄악들(27.15-26)을 씻어내고 하나님의 꿈이 성취되는 땅으로 회복시켜야 할 사명의 땅이기도 하다.

그런데 이 일은 지금, 즉 날마다(오늘) 말씀하시는 그분의 명령을 따라 순종할 때 비로소 가능하다. 이렇듯 순종은 축복을 낳는 씨앗과 같다. 그렇게 살아가는 오늘이 순종으로 드러나고, 그것이 결국 축복으로 열매 맺어지게 된다.

순종의 복(福, ①)과 불순종의 화(禍, ②)라는 방정식은 40년의 광야생활이라는 비싼 수업료를 지불하고서 배운 값비싼 비밀이다.

하나님은 지금 불순종이라는 쓰라린 [광야방정식]이 다시 가나안에서 발아(發芽)되지 않기를 말씀하신다. 그 싹을 이곳 광야에서 완전히 자르고 가나안에서는 비연속적이기를 기대하신다. 그래서 오늘이 중요하고 순종이 핵심인 이 말씀을 모세는 다시금 강조하고 있는 것이다(신7.12-24 참조).

만일 불순종의 씨앗을 가나안에 뿌린다면 젖과 꿀이 흐르는 약속의 땅이라 할지라도 그곳에서 저주의 열매를 거두게 될 것이라는 것을 분명히 하신다. 이스라엘은 이미 이 둘(축복 vs 저주)을 광야교회(행7.38) 40년을 통해 생생하게 경험했다. 이제 남은 것은 하나님의 말씀에 대한 바른 응답과 복된 선택이다. 광야의 반복이 아니어야 하기 때문이다.

그래야만 오늘 안에 내일을 담아낼 수 있고, 내일 안에서 살아 숨 쉬는 오늘을 볼 수 있다. 이것은 분리되어 있지 않고 광야(현재)에서 가나안(미래)까지 전 역사의 여정 안에 변함없이 일하시는 하나님의 방식이다. 오늘을 보면 내일이 예측되는 이유가 여기에 있다. 오늘의 행복과 축복이 내일은 저주와 고통이 되지 않는 길을 제시하시는 하나님의 마음을 본다.

한편 가나안에서 누리고 얻게 될 복은 구체적이고 현실적이다. 바람처럼 존재하기는 하나 손엔 잡히지 않는 그런 실체 없는 허상이 아니다. 우리가 좀 정리해야 할 것은, 복을 내가 만들어 갈 수 있다고 할 때가 소위 문제가 되는 기복주의(祈福主義)다. 하지만 복은 하나님께로부터 온다는 것은 포기할 수 없는 진리다. 하나님만이 복의 근원이시기 때문이다.

12. 오늘 안에 내일이 있다.

네가 들어와도 복을 받고 나가도 복을 받을 것이니라(신28.6)

◎ 순종과 불순종(신28.1-68) : 복과 저주

순종의 열매는 축복이다(1-14).

불순종의 열매는 저주다(15-68).

미래의 가나안을 보여주던 모세의 망원경이 잠시 내려가고 다시 '오늘'(1a,13b,14a,15)을 들여다보는 쪽으로 숨 고르기를 하는 분위기다. 찬란하고 영광스럽지만 아직 꿈인 미래(가나안)가 신기루처럼 되지 않으려면 어떻게 해야 할까. 가나안은 오늘을 어떻게, 그리고 무엇으로 사는가와 불가분의 관계에 있다. 신명기 28장은 그런 의미에서 축복(1-14)과 저주(15-68)를 선택하는 것은 미래가 아니라 바로 '오늘'(1a,13b,14a,15)의 문제임을 분명히 한다. 오늘이 내일의 씨앗이기 때문에 그렇다.

따라서 말씀을 받고 있는 바로 지금이 중요하다. 모세는 미래의 희망에 부풀어 현재를 아무렇게나 살아도 되지 않을까라는 인간의 연약함을 결코 용납하지 않으시겠다는 하나님의 강력한 의지를 '오늘'이라는 그릇에 담아낸다. 뒤집어 보면 이스라엘에게 있어서 내일(가나안)은 희망임과 동시에 그만큼 걱정과 염려의 땅이기도 하다. 예수 안에 들어와 살아가는 우리의 오늘과 어찌 그리 비슷한지...

그래서 이미 영원한 영생을 선물로 받았지만, 그럼에도 오늘을 성도답게 살아야 하는 긴장 속에 있는 것 아닌가. 가나안이 하나님의 희망대로 되려면 이스라엘이 '오늘'을 무엇으로 언행(言行) 하며 살아야 하는가를 생각해 보는 묵상이다. 바로 그 오늘을 순종으로 만들 것인가, 아니면 불순종으로 만들 것인가는 전적으로 이스라엘의 몫이다. 동시에 선택에 따른 책임 역시 그들이 맡아야 한다. 오늘의 선택이 영원을 좌우할 만큼 파괴력이 있다.

신명기 28장이 요구하는 순종은 크게 두 가지다. 하나는 하나님께 들은바 말씀을 지켜 행하는 순종이다(1a,2a,13b,14a). 그리고 다른 하나는 하나님 외에 다른 신을 따라 섬기지 아니하는 신앙이다(14b).

이처럼 살면 모든 민족 위에 뛰어난 복을(1,8-10,13), 토지 소산의 풍성한 복을(3-6,11-12), 승리의 복을(7) 각각 약속하신다. 이스라엘이 오늘 순종의 씨앗을 심으면 하나님은 축복의 열매를 맺는 내일을 선물로 주실 것이다.

모두가 다 "들어와도 … 나가도"의 복(福)을 받고 싶고, 그걸 기대하며 살아간다. 한강대교 다리 밑에서 살기 위한 역사적 사명을 띠고 이 땅에 태어난 사람은 없다. 그럼에도 현실은 그렇게 살아가는 사람들이 없는 게 아니다. 이게 긴장이고, 약간의 두려움 앞에 나를 서게 만드는 대목이다.

"하나님 여호와의 말씀을 삼가 듣고 내가 오늘 네게 명령하는 그의 모든 명령을 지켜 행하면"(신28.1a)이라는 답을 '오늘' 받았으니 안심이다.

하나님 앞에서까지 꼼수를 부리려는 못난 죄의 근성을 축복이 예고된 오늘의 땅에서 제거해 내는 것, 이것이 오늘이라는 삶 안에 채워져야 할 보이지 않는 영역이다. 말씀 안에서 오늘을 보게 하셔서 감사하다. 이젠 내가 응답할 차례다.

13. 형통은 언약의 미래다.

그런즉 너희는 이 언약의 말씀을 지켜 행하라
그리하면 너희가 하는 모든 일이 형통하리라(신29.9)

◎ 언약의 경사도(신29.1-15)

하나님 vs 이스라엘(언약 백성 & 교회)

⇨ 과거 1[아브라함언약] : 아브라함과 이삭과 야곱(13, 창15.12-21)

⇨ 과거 2[시내산언약] : 애굽(2-4)과 광야(5-9)

⇨ 현재[모압언약] : 오늘(10-12,15a, 민26.1-4,63-65)

⇨ 미래[새언약] : 함께 여기 있지 아니하는 자(14,15b)

모압언약(신29.1-30.20)은 출애굽 1세대(광야세대, 옛 세대; 출애굽 1년 3월)와 맺은 시내산언약(출19.1-24.18)과는 달리 광야생활의 마무리 시기(출애굽 40년 11월)에 마침내 가나안의 주역이 될 새 세대(출애굽 2세대, 가나안 1세대)와 새롭게 맺은 언약이다. 모세는 여기서 가나안에 들어갈 가나안 1세대(출애굽할 때 20세 미만에서부터 광야 40년 동안에 태어난 세대)로 하여금 시내산언약을 회상(기억)토록 할 뿐만 아니라 보다 더 깊은 순종을 요구하는 내용들을 통해 언약을 새롭게 갱신하고 있다.

모세는 만일 가나안의 새 세대 역시 광야의 옛 세대처럼 하나님의 말씀(언약)을 버리고 불순종의 역사를 만들어간다면 궁극적으로 그들은 해체되고 열국 중에 끌려갈 것을 예고한다.

한편, 신명기 29장에서 새 언약에 참예한 자들이 백성의 지도자(10)와, 유아와 여자와 객(이방인)과 노예들까지 포함(11)된 것은, 하나님의 백성됨을 뜻하는 언약공동체에 속하게 되는 것은 '혈통'이 아닌 '언약'으로 이루어진다는 구속사적 의미가 들어 있다고 할 수 있다(12-15, 요1.12-13, 롬10.12, 골3.11 참조).

이것이 "이 언약과 맹세를 너희에게만 세우는 것이 아니라 … 오늘 우리와 함께 여기 있지 아니하는 자에게까지"(14,15b), 즉 미래에 그리스도와 맺게 될 미래의 새 언약의 백성인 교회까지, 그러니까 아브라함과 맺은 언약에서부터 지금 우리와 우리 후손들을 포함한 종말론적 언약 백성인 "세상 끝 날까지"(마28.20)와 "사마리아와 땅 끝까지"(행1.8)의 언약일 뿐만 아니라 이를 지키실 것임을 내다본 것이라 할 수 있다.

모세가 모압언약을 맺을 당시만 하더라도 나는 "오늘 우리와 함께 여기 있지 아니하는 자에게까지"(신29.15b)에 속한 미래의 언약공동체에 속할 자이면서, 또한 아직 태어나지도 않은 자였다. 그러나 그 미래가 오늘 현재가 되어 그리스도와 맺은 새언약공동체의 일원이 되었다.

그렇다면 앞서 생각한 것처럼 오늘 묵상(9) 역시도 당시 모세와 모압언약을 맺고 있는 사람들만이 아닌 오늘 나에게도 명령되고 있는 말씀이다.

만일 구약이 불필요하고 폐기된 언약이라면 성경은 66권이 아닌 27권의 신약만 성경으로 되어 있어야 한다. 하지만 성경 66권 말씀은 지금도 변함없이 유효한 하나님의 말씀이고, 그래서 "이 언약의 말씀을 지켜 행하라."(9a)는 말씀에 당연히 '아멘' 해야 한다.

그리하면 내가 "하는 모든 일이 형통하리라."(9b)는 말씀을 보너스로 받아 누릴 수 있다. 이렇듯 내일의 형통을 소망하며 오늘 내 심령에 한 그루의 언약을 심는다.

| 2부 |

역사서

•
•
•

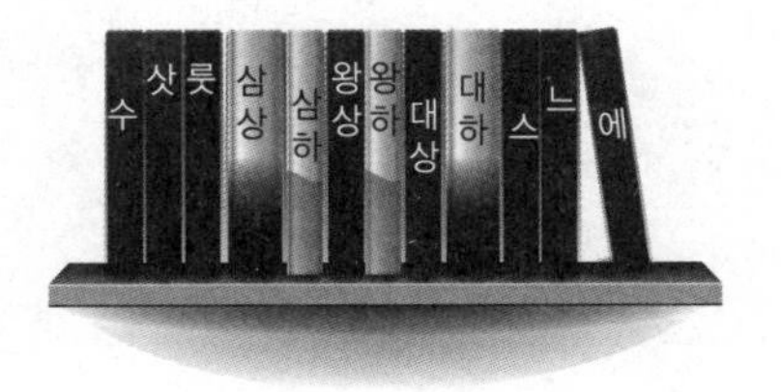

여 호 수 아

1. 병법책(兵法冊) vs 율법책(律法冊)

이 율법책을 네 입에서 떠나지 말게 하며
주야로 그것을 묵상하여 그 안에 기록된 대로 다 지켜 행하라
그리하면 네 길이 평탄하게 될 것이며 네가 형통하리라(수1.8)

◎ 하나님 vs. 여호수아(1-9)

A "내가 … 너와 함께 있을 것임이라"(5)

B "마음을 강하게 하라 담대히 하라"(6-7)

C "그리하면 어디로 가든지 형통하리니"(7)

D "이 율법책을 …"(8)

C′ "네가 형통하리라"(8)

B′ "마음을 강하게 하고 담대히 하라"(9)

A′ "여호와가 너와 함께 하느니라"(9)

모세를 이어 이스라엘의 지도자로 세움 받은 여호수아의 사명은 가나안 정복이다. 가나안은 그냥 들어가기만 하면 되는 땅이 아니라 전쟁을 통해 정복해야 할 사명의 땅이다. 앞서 모세는 마지막 유언(축복, 신33.1-29)에서도 당면한 정복과 전쟁에 대해 특별한 비책(秘策)을 남기지 않는다. 정복전쟁을 앞에 둔 이스라엘에게는 생각하기에 따라 당혹스럽기까지 한 대목이다.

놀랍게도 모세의 관심은 병법(兵法)에 있지 않았다. 정복전쟁을 앞둔 시점임을 주목할 수밖에 없다는 점에서 이건 전쟁을 할 의사가 전혀 없다고 밖에 해석되지 않는 부분이다. 그렇다면 하나님은 무엇에 관심이 있으신 것일까? 이것이 여호수아 1장에 선 이스라엘이나 독자들을 긴장하게 하는 초미의 관심사다. 그렇잖은가.

하지만 뜻밖에도 하나님은 병법책(兵法冊)이 아니라 율법책(律法冊)을 꺼내신다. 놀랍다. 결국 하나님은 모세가 옳았다고 하시는 것이고, 여호수아 너도 그렇게 생각하고 받아들여야만 모세를 잇는 지도자의 영성이라고 명하신 셈이다. 가나안 시대의 형통은 전쟁 영웅의 몫이 아니라 '율법책'(D)이다.

마침내 여호수아는 모세와 하나님의 기대대로 이어지는 여리고 작전에서 이를 그대로 순종에 담아낸다. 생각해 보라. 정복전쟁의 스타트인 여리고성을 정복하는 행진대열을!(전쟁대열이 아니라는 점이 핵심이다) 여호수아와 이스라엘은 하나님의 임재와 말씀에 순종하는 대열로 난공불락의 여리고를 멸망시킨다.

이렇듯 결과적으로 볼 때에도 모세의 유언은 맞았고, 여호수아의 순종이 옳았다. 이것이 하나님의 말씀이 다스리는 나라가 되기를 기대하신 여호수아를 향한 하나님의 꿈이다.

오늘도 병법책(兵法冊)이 아닌 율법책(律法冊)을 심비(心碑)에 새기라 하시는 주님 앞에 무릎을 꿇는다. 이를 떠나지 말게 하며, 항상 묵상하여 다 지켜 행하라 말씀하신다. 내가 늘 넘어지고 휘청거리는 것은 '그리하면' 이후다. '先 율법 後 형통'이 하나님의 감추어진 비책이자 병법이다.

세상은 병법만을 보지만 하나님은 병법은 감추고 그 위에 율법(律法)을, 그 중심에 '율법책'을 올려놓으셨다. 이 비밀이 크도다! 하나님이 내 안에 심어주신 보이지 않는 율법이 보이는 형통으로 이어지도록 오늘도 하나님의 말씀을 내 영혼과 몸에 믿음으로 심어본다.

2. 임마누엘로 하라!

내가 네게 명령한 것이 아니냐 강하고 담대하라
두려워하지 말며 놀라지 말라 네가 어디로 가든지
네 하나님 여호와가 너와 함께 하느니라 하시니라(수1.9)

하나님은 여호수아를 찾아오셨다. 〈광야교회〉(행7.38) 지도자 모세는 이미 하나님의 품으로 갔고, 이제 그를 이어 이스라엘을 향한 하나님의 소명(언약)인 가나안 정복전쟁을 앞두고 있는 여호수아! 역사는 〈신명기〉 35장이 아닌 새 이야기 〈여호수아〉 1장으로 이어짐으로써 새로운 지도자 여호수아의 등장을 공식적으로 알린다 : "여호와의 종 모세가 죽은 후에 여호와께서 모세의 수종자 눈의 아들 여호수아에게 말씀하여 이르시되"(수1.1)

하나님은 여호수아에게 "이제 너는 … 내가 … 이스라엘 자손에게 주는 땅으로 가라!"(수1.2) 명하신다. 문제는 이 명령(소명)을 받고 있는 여호수아를 있는 모습 그대로 드러내신다는 점이다. 놀라운 것은 하나님이 모세 이후를 맡긴 사람의 모습이 한마디로 '두려움'과 연동되고 있음이다. 이게 출애굽의 비전 성취인 가나안 정복전쟁을 이끌 지도자의 모습이란 말인가?

놀랍게도 그는 완벽하지 않다. 두려움의 문제를 극복한, 그래서 가나안 정복 정도는 아무런 갈등이나 고통 없이 연습 경기하듯 밀고 들어갈 그런 이미지는 아니라는 점에서 말이다. 과연 이런 정도의 수준을 가진 사람이 전쟁을 수행할 수 있을까? 전쟁을 앞둔 사령관이라면 칼과 창과 방패를 중심으로 한 병기를 점검하기 위함이어야 옳아 보이는데 그런 정황은 전혀 없다. 오히려 두려워하고 있다. 보이는 모세는 없어도 보이지 않는 하나님이 계심에도 불구하고...

하지만 하나님은 나의 생각과 기준을 가볍게 뛰어넘으신다. 하나님은 장수(명장)를 찾으신 게 아니었다. 하나님은 얼마나 전쟁에 필요한 기술과 경험과 전략을 가졌느냐에는 관심이 없으시다. 전쟁을 앞에 두고 있음에도 율법에 기록된 대로 다 지켜 행하라는 말씀이 핵심 메시지다. 전쟁 준비치고는 참으로 이상한 흐름이다.

하나님은 두려워할 수 있기에, 아니 이미 두려워하고 있기에 "두려워하지 말며 놀라지 말라!"는 말씀으로 여호수아를 심방하신다. 그렇다면 두려움은 책망을 받을 요소가 아니라 극복해야 할 문제다. 하나님은 두려움에 떠는 여호수아를 책망하거나 회개하라 하지 않으셨다. 그의 문제를 드러내시고, 그것을 극복하라고 용기를 주시는 분으로 여호수아를 찾아오신다. 결국 두려움의 문제를 해결하는 키(key)는 율법, 즉 말씀이다. 여호수아가 이미 모세에게 명하신 말씀을 가나안에 적용하기만 한다면 두려움의 문제만 극복되는 게 아니라 가나안을 향한 하나님의 말씀이 성취되는 것이다.

하나님은 여호수아를 임마누엘로 보호하시고, 여호수아는

두려워하지 말라는 하나님의 명령에 응답해야 한다. 그 사이에 든 핵심은 '율법책'인 하나님의 말씀이다. 말씀이 정복전쟁의 핵심이다. 군사력이나, 병사의 숫자에 가나안 정복전쟁의 승패가 있는 게 아니다. 이것이 우리가 날마다 치러가는 영적전쟁의 실상이다. 하나님과 말씀을 놓치면 두려움이라는 바이러스에 감염되어 말씀과 하나님 밖에서 요동치게 된다. 하나님은 두려움을 없게 한 후에 전쟁에 나서라 하지 않으신다. 두려움을 하나님과 말씀으로 먼저 정복하는 "임마누엘로 하라!" 고 명하신다. 그렇다면 우리 역시 이미 승리한 싸움을 하는 것 아닌가.

3. 기브온 구원하기

여호와께서 사람의 목소리를 들으신 이같은 날은
전에도 없었고 후에도 없었나니
이는 여호와께서 이스라엘을 위하여 싸우셨음이니라(수10.14)

기브온(수9.3-27 참조; A)과 아모리 족속의 다섯 왕들(예루살렘, 헤브론, 야르뭇, 라기스, 에글론, 수10.1-43; B)의 공통점은 이 두 그룹 모두가 다 완전정복의 대상인 가나안 원주민들이라는 점이다. 그런데 하나님은 이스라엘의 종이 되기로 결정한 기브온의 지혜로운 선택에 근거해 이 둘(A & B)에게 다른 기준을 적용하신다.

어찌 되었건 결과적으로 기브온은 자기 힘을 의지하지 않고 하나님을 경외함으로 겸손히 구원의 길을 택했고, 그 결과로 남부 산악지역의 아모리 족속 다섯 나라가 기브온에 대한 보복 공격을 감행하게 되었다. 이때 하나님은 기브온을 구원하시고, 아모리 연합군을 진멸하신다. 여기서 우리는 이스라엘에게 겸손하게 복종하고 들어온 자들을 돕는 것을 기뻐하시는 하나님의 마음을 엿보게 된다.

아마도 가나안 연합군은 자신들이 기브온을 치게 되면 수고하지 않고 '앓던 이'(수9장을 읽어보라)를 빼게 된 이스라엘이 시간을 지체하는 방법으로 자충수가 된 난제를 해결할 것으로 생각했던 것 같다. 하지만 저들이 간과한 것은 이미 이스라엘과 기브온은 하나가 된 신분(공동체)이라는 언약의 신실성이었다.

이스라엘 공동체에 입양된 9장의 기브온(A), 그 이후를 주목한다. 세상(B)은 이스라엘과 함께하는 자들을 멸하고 싶어 한다. 이것이 언제나 세상이 취하는 방식이다. 하지만 하나님(이스라엘)에게 기브온은 '언약'(구원)공동체' 안에 참여하게 된 이방인이라는 점에서 아모리와는 근본적으로 다르다. 출애굽 할 때부터 하나님은 이스라엘 공동체 안에 들어오기를 원하는 자들을 금하지 않으셨다. '중다한 잡족'(출12.38), 라합 가족(수6.22-25), 그리고 기브온 거민(수9.15)이 이 경우다.

이것이 광야교회(행7.38)에서 가나안교회로, 구약교회에서 신약교회로 이어지는 하나님의 백성됨의 독특성이다. 하나님은 당신의 은총 안에 들어와 살게 된 자들을 보호하시며, 지키시며, 인도하신다. 이 대목이 기브온(A)과 아모리(B)가 운명을 달리하는 이유다. 하나님은 지금도 그가 어떻게 교회(언약 공동체) 안에 들어오게 되었든지 상관없이 진정으로 하나님을 의지하는 자들에게 기브온 족속처럼 취급하시며 은혜를 베푸신다. 이걸 모르니 어리석게도 아모리 족속이 연합군까지 급조하여 기브온(이스라엘)을 공격해 오는 것이다. 패배할 수밖에 없음에도 죽겠다고 전쟁에 나오는 것, 이것이 아모리의 실체다.

그렇다면 기브온 거민이 이스라엘 언약공동체(가나안 공동체, 구원공동체)에 편입되는 것을 어떻게 보아야 하는가. 이것은 매우 중요한 질문 가운데 하나다. 언약공동체에 이스라엘 백성이 아닌 非 혈통 가운데 유입된 경우여서 그렇다(출12.38, 수6.22-25, 수9.15). 물론 신약은 이를 더욱 분명하게 밝히고 있다(요1.12-13 참조). 이것은 무엇을 말하는가.

하나님의 언약 백성됨은 소위 이스라엘이라는 '혈통'만으로 되는 것이 아니라고 하는 분명한 증거(sign)이다. 이로 보건대 언약의 백성됨에는 철저하게 하나님의 주권적 선택이자, 은총(은혜)의 사건이라는 구속사적 주제가 면면히 흐르고 있음을 간과할 수 없다. 이것이 아모리 연합군과 맞서 "여호와께서 이스라엘을 위하여 싸우"신 전쟁이 주는 영적 교훈이다. 누구보다 여호수아에게는 이처럼 일하시는 하나님을 아는 지식이 있었다.

4. 약간의 가드에서 골리앗이 나왔다.

이스라엘 자손의 땅에는 아낙 사람들이 하나도 남지 아니하였고
가사와 가드와 아스돗에만 남았더라(수11.22)

가나안 땅에 대한 약속의 시작은 아브라함 언약으로까지 올라간다(창15.7-21). 그리고 이 언약대로 430년이 끝나는 날에 장정만 60만 명인 -유아와 여자까지로 계산하면 약 2백만 명 쯤이다.- 민족을 이루어 출애굽을 한다(출12.37-42). 비유컨대 애굽이라는 자궁에서 시작된 요셉 한 사람(후손)이 민족을 이루어 약속의 땅으로 들어가게 되는 대장정이 출애굽대첩에서 가나안대첩까지가 보여주는 신학적 메시지다.

동시에 이것은 여호수아 1-11장에 기록된 정복전쟁이 갖는 메시지다. 오늘 묵상 단락의 "그 땅에 전쟁이 그쳤더라."(11.23b)는 종결선언에서도 이점은 분명하다. 하지만 완전정복(출23.33, 신7.6)을 명한 하나님의 명령이 그대로 집행되었을까? 유감스럽게도 그렇지 못했다.

문제는 여기에 대한 하나님의 경고다 : "그러므로 내가 또 말하기를 내가 그들을 너희 앞에서 쫓아내지 아니하리니 그들이 너희 옆구리에 가시가 될 것이며 그들의 신들이 너희에게 올무가 되리라 하였노라."(삿2.3; 민33.55, 수23.13 참조)

한편 이 경고대로 응답되는 불길한 징조들이 희미하게 사사기를 감싸고 있다. 급기야 왕정시대로 넘어간 후 사울왕과 이스라엘을 능멸하는 자가 바로 이 '약간' "남았더라"의 결과다. 즉 미완의 정복이 남긴 불신앙의 씨앗이 자란 열매가 나타난다. 무슨 말인가? 그게 바로 골리앗이다.

사무엘 기자는 온 이스라엘과 하나님의 이름을 모독하는 골리앗의 이력서를 이렇게 소개한다 : "블레셋 사람들의 진영에서 싸움을 돋우는 자가 왔는데 그의 이름은 골리앗이요 가드 사람이라 그의 키는 여섯 규빗 한 뼘이요."(삼상17.4)

약간 남겨놓았던 불신앙의 잔재인 가드에서 악의 축과 같은 골리앗이 나온다. 정복전쟁을 거의 완수한 때에 그 정도 남은 것은 별것 아니라 생각했을 수도 있다. 마치 우리 몸도 저항력이 있을 때에는 몸 안에 있는 바이러스 정도야 문제 될 리 없다고 생각하는 것처럼 말이다. 하지만 이런 죄악(불순종)의 악순환이 어찌 골리앗뿐이겠는가.

이것은 신약을 사는 우리에게도 여전히 유효한 진리요 교훈이다. 바울의 통찰(고전2.6-3.9)처럼 우리 역시 이미(already) '신령한 자'(고전2.15-16, 3.1a; 온전한, 성숙한 그리스도인)라는 거룩한 신분으로 부름 받았음에도 불구하고, 여전히 아직(not yet)도 육에 속한 사람(고전2.14; 자연인) ⇨ 육신에 속한 자(고전3.1b-3; 영적 어린아이)의 수준을 넘나들고 있다면 우리 역시 완전정복에 실패한 이스라엘과 다를 바 없다.

우리의 영혼 역시 성령충만하고 또 건강할 때는 육신에 속한 자(기질, 특성, 성향, 요인, 씨앗, 에너지)의 원인들이 별로 활동하지 못한다. 하지만 우리 몸이 그렇듯이 우리 영혼이 피곤하고, 지치고, 상처가 남으로 말미암아 죄가 강력하게 활동할 기회를 주게 되면 잠복해 있는 미성숙하고 미약하던 죄의 근성들이 왕성하게 활동하기 시작한다. 그 결과 돌이킬 수 없는 골리앗 같은 암(癌)으로 자라 어찌해 볼 수 없는 상황으로 치닫게 된다.

인간은 생각보다 강하지 않다. 희망은 내게서 시작되지 않는다. 그러므로 "그런즉 누구든지 그리스도 안에 있으면 새로운 피조물이라 이전 것은 지나갔으니 보라 새 것이 되었도다."(고후5.17)는 말씀처럼 죄의 씨앗과 결별하고 '새로운 피조물'로서 우리의 신분과 수준을 보호하고 유지해야 한다. 하나님 때문에, 그분의 능력으로 말미암을 때 강하기에 그렇다.

5. 오늘은 내일을 담는 그릇이다.

너희 중 한 사람이 천 명을 쫓으리니 이는 너희의 하나님 여호와 그가
너희에게 말씀하신 것 같이 너희를 위하여 싸우심이라(수23.10)

◎ 여호수아의 고별설교(수23.1-16)

현재 1(6-8) : 책임

과거(9a) ⇨ 현재(9b) ⇨ 미래(10)

현재 2(11-13) : 책임

여호수아의 긴 사역과 사명을 마무리 할 때가 되었다. 오늘의 '안식'(1, "이스라엘을 쉬게 하신") 이후가 내일까지 건강하게 이어지기 위해 이스라엘이 감당해야 할 책임은 하나님의 말씀을 '가까이' 하는 삶, 바로 거기서부터(6-8,11-13; 현재) 미래는 싹튼다. 여기에 대한 가장 분명한 간증은 바로 가나안 정복시대를 이끈 여호수아 자신이다(1-2).

여호수아가 회고하는 지난날 가나안 정복시대에 베푸신 하나님의 '은혜'(Gabe, 3-5)는 이스라엘의 '책임'(Aufgabe, 6-13) 있는 현재의 응답을 요구한다. 이제 이스라엘은 하나님의 은혜에 율법대로 순종하는 삶을 여호수아에게 그대로 이어받아야 할 시기가 되었다. 그리고 그 속에 열매들을 채워야만 한다. 이것이

현재의 책임 안에 있는 미래(10)의 약속이다. 오늘은 내일을 담는 그릇이기 때문이다.

이렇듯 현재는 또다시 미래의 거울이 되어 이스라엘을 비춘다. 미래는 철저히 이스라엘의 책임 있는 반응(응답) 속에 심겨져 있다. 이것이 오늘이라는 하나님의 은혜가 자동적으로 미래의 축복으로 보장되는 것이 아닌 이유다. 인간의 책임이 하나님의 은혜를 낳는 씨앗은 아닐지라도 하나님의 은혜는 인간의 책임과 불가분의 관계에 있다. 하나님의 은혜가 미래의 약속으로 끝나지 않게 하기 위해서는 인간의 책임과 응답이 얼마나 중요한가를 깨닫게 된다.

그렇다면 오늘의 '안식'이 가져다준 평안과 축복을 -그것은 이 순간 다시 과거가 된다.- 오늘이 연속인 미래에까지 계속되도록 할 수 있는 길이 있을까. 놀랍게도 여호수아는 군사적, 정치적, 경제적 준비와 능력이 미래의 행복을 보장한다는 시각을 가지고 있지 않았다. 그럼 무엇인가? 해답은 율법대로 행하기이며, 이방 민족과 그 신들과는 거리 두기다(6-7). 이를 한마디로 하면 "여호와께 가까이 하기"(8)다. 이것이 지금 이스라엘의 역사요 실존이니까(9).

그럼에도 이 현재에 요구되는 명령으로부터 "만일 돌아서서 너희 중에 남아 있는 이 민족들을 가까이 하"(12)기에 이른다면 미래는 지난 정복시대와 전혀 다른 국면으로 요동칠 것이다(12-16). 이처럼 하나님을 '가까이'(8) 할 것인가, 아니면 이방 민족들을 '가까이'(12) 할 것인가가 여호수아 이후 이스라엘의 운명을 가를 것이다.

이스라엘은 이미 미래의 답안지를 받은 셈이다(10). 미래는 이렇듯 율법대로 하나님을 가까이할 것인가에 달려있다. 이스라엘은 미지의 미래를 개척하는 운명이 아니라 순종을 통해 약속된 선물을 받기만 하면 된다. 이 어찌 이스라엘만의 축복이겠는가. 이스라엘에게 언약의 하나님을 따라가기만 하면 하나님이 친히 싸우실 것이라 말씀하신다. 이는 앞서 이미 출애굽과 홍해를 건널 때부터 들려주신 노래다(출14.13-14). 모세가 부르던 노래를 여호수아가 다시 회고한다. 그럼 이 노래는 이제 누가 부를 차례인가. 하나님의 반주는 시작되었다.

6. 오늘은 어제의 미래다.

그러므로 너희는 크게 힘써 모세의 율법 책에 기록된 것을 다 지켜 행하라
그것을 떠나 우로나 좌로나 치우치지 말라(수23.6)

◎ 여호수아의 고별사(수23.1-16) : 백성의 지도자들에게

A 하나님의 '은혜' (Gabe, 3-5)

B 이스라엘의 '책임' (Aufgabe, 6-13)

여호수아서 23-24장은 미래의 청사진을 믿음의 눈으로 보게 한다. 하지만 결정적인 위기(문제)는 이스라엘에게 아직 정복하지 못한 지역들을 정복하려는 의지가 없어 보인다는 점이다.

전쟁은 그쳤지만(11.23, 14.15), 그러나 여전히 정복하지 못한 지역은 남아 있었다(13.1-7). 이는 완전정복을 명하신 하나님의 명령을 정면으로 거역하는 것으로서 향후 가나안 시대 자체를 파국으로 몰고갈 수 있는 뇌관과도 같은 것이다.

이것이 생(生)의 마지막 앞에 서 있는 여호수아의 마음에 깊은 짐이 아닐 수 없었다. 이런 때에 여호수아는 약속의 땅에서 지켜야 할 언약과 충성을 내용으로 한 고별설교(告別說敎)를 선포한다. 여호수아는 유언에 가까운 고별사를 통해 가나안 정복은 하나님의 주권 가운데 이루어졌으며(1), 그러므로 말씀 순종(6)은 물론이고 통혼과 우상숭배(12,16)를 금함으로써 하나님의 진노를 피하라고 간곡한 유언을 남긴다.

'안식'(1) 이후가 건강하기 위해 이스라엘이 감당해야 할 책임은 하나님의 말씀을 따라 사는 삶, 바로 거기에서부터 시작된다. 여기에 대한 가장 분명한 간증은 바로 여호수아 자신이다. 그는 지난 광야교회(행7.38)를 살았을 때는 물론 모세의 뒤를 이어 이스라엘의 지도자로서 영광스럽고 찬란한 가나안 시대를 열었던 때까지 오직 말씀을 준행하고 섬기는 일에 전심전력(全心全力)하였다. 때문에 자신 있게 선포할 수 있는 것 아니겠는가.

오늘 묵상 말씀을 전후해 볼 때 하나님의 '은혜'(Gabe, 3-5)는 이스라엘의 '책임'(Aufgabe, 6-13)을 낳는다. 이제 이스라엘은 하나님의 은혜의 창고에 율법대로 순종하는 삶의 열매들을 채워야만 한다.

그런데 이는 이방 족속과의 통혼(通婚)을 금하는 명령과 그대로 연결되고 있다. 하나님을 '친근히'(8) 하는 것이 곧 그분을 사랑하는 것인데, 만일 이스라엘이 반대로 이방을 '친근히'(12) 하면 이스라엘은 멸절(13)될 것이다.

결국 현재는 과거의 연속이듯 미래 역시 오늘이 어떠하느냐에 달려있다. 그래서 여호수아 역시 지난날들을 회상하면서 미래를 바라보고 있지만 중요한 것은 바로 오늘이라는 현재다. 오늘은 어제와 내일을 동시에 읽어낼 수 있는 바로미터와 같기 때문이다.

오늘이 완전한 순종에 서 있지 않은 만큼 내일은 결코 긍정적으로만 예측할 수 없다는 점, 이것이 여호수아의 깊은 고민이다. 하나님만을 신앙하라는 여호수아의 설교가 들리는 듯하다.

7. 여호수아 선언서

만일 여호와를 섬기는 것이 너희에게 좋지 않게 보이거든
너희 조상들이 강 저쪽에서 섬기던 신들이든지
또는 너희가 거주하는 땅에 있는 아모리 족속의 신들이든지
너희가 섬길 자를 오늘 택하라
오직 나와 내 집은 여호와를 섬기겠노라 하니(수24.15)

가나안은 파라다이스가 아니다. 언제든지 '강 저쪽과 애굽에서 섬기던 신들'(14)은 물론 이스라엘이 '거주하는 땅에 있는 아모리 족속의 신들'(15)의 씨앗들이 우후죽순(雨後竹筍)처럼 자랄 수 있는 그런 땅이다. 결국 땅의 거룩이 이스라엘의 거룩을 자동적으로 보장하지 못하며, 지금 세겜에서의 이스라엘이 가나안에서의 이스라엘의 거룩을 항구적(연속적)으로 보장하지 못한다. 다시 말하면 가나안은 '광야교회'(행7.38)의 부스러기만으로 살 수 있는 그런 곳이 아니다. 이것이 여호수아가 인식하고 있는 미래의 가나안이다.

모세의 뒤를 이어 이스라엘의 지도자로서 이스라엘의 가나안 시대를 열었던 여호수아! 그도 마침내 역사의 무대에서 내려와야 할 때가 되었다. 하지만 오늘 묵상이 들어 있는 여호수아 24장의 전체 분위기는 그렇게 밝지 않다. 이것은 여호수아의 불신앙을 말하는 게 아니라 그가 바라보는 이스라엘의 영

적 기류에 대한 전망이 그리 낙관적이지 않다는 영적 통찰 때문에 그렇다.

마침내 여호수아는 유언과도 같은 메시지를 선포한다(1-13). 동시에 여호수아는 자신의 이름을 걸고 이스라엘의 결단을 촉구한다(14-15). 그 결과 이스라엘은 하나님을 섬기고 그에게 복종하겠다고 서약한다(16-). 이스라엘 백성은 마음을 다하여 그들의 언약의 주인(왕)이신 하나님을 섬기겠다고 언약을 맺는다.

마침내 저들은 아브라함처럼, 그리고 여호수아처럼 하나님을 섬기는 라인(line)에 설 것을 자신들의 신앙고백에 담아 여호수아의 설교에 응답한다. 이제 미래는 희망적인 쪽으로 움직이는 것처럼 보인다.

여호와를 버리지 않고 굳게 섬겼던 라인의 역사는 아브라함-이삭-야곱으로 이어지는 역사다. 그러나 出애굽의 영광을 얻었으나 하나님을 버린 라인인 '너희 열조', 즉 출애굽 세대(광야 1세대)는 다 광야에서 생을 끝내고 가나안에 들어오지 못했다. 바로 이러한 때에 출애굽 2세대(가나안 세대)는 어느 편에 설 것인가를 결정해야 했다.

"오직 나와 내 집은 여호와를 섬기겠노라."(15b)는 여호수아의 설교의 절정은 백성들의 마음을 사로잡기에 충분했다. 중간지대는 없다! 아브라함 라인이면 아브라함, 너희 열조 라인이면 열조이지 이것도 같고 저것도 같은 것은 없다. 따라서 언약을 지켰을 때는 복(福)이지만 만일 이를 깬다면 언약적 저주(19-20)가

기다리고 있는 것은 어찌 보면 당연하다.

이렇듯 여호수아의 마음은 절박하다. 모세는 여호수아를 세우지만 그러나 여호수아는 자신의 뒤를 이어 이스라엘이 하나님을 섬기도록 지도해 줄 후계자가 없다. 백성들은 지도자 없이 지금 그 땅에 남겨져 있다. 그만큼 지금 여호수아는 마치 벼랑 끝에 서 있는 사람처럼 보인다. 그런 그가 최종적으로 붙들고 있는 것, 그것이 바로 하나님을 섬기는 삶이라는데 오늘 말씀의 위대함이 숨 쉰다.

하나님만을 섬기며 사는 것, 이것이 가나안과 이스라엘의 희망이다. 다른 그 어떤 것도 미래의 평안과 행복을 보장하지 않는다. 그곳이 가나안일지라도 말이다. 지금 이 신앙이 이스라엘에게 전해지고 있다. 여호수아가 이스라엘에게 물려주는 고결한 유산, 우리 역시 결코 포기할 수 없는 영적 자산이다.

사 사 기

1. 가나안에서도 영적 성장은 멈출 수 있다.

유다가 … 가나안 족속을 쳐서
그 곳을 진멸하였으므로 … 므낫세가 … 주민들을 쫓아내지 못하매
가나안 족속이 결심하고 그 땅에 거주하였더니(삿1.17,27)

◎ 계속되는 정복전쟁(삿1.1-36)

A 승전가 : 승리도감(8.17-20,22-26,35b)

B 패전가 : 실패도감(19b,21b,27-36)

유다가 승리로(勝利路)로 올라가더니 단이 실패로(失敗路)로 내려가는 이야기! 이처럼 사사기 1장은 사사기 전체의 그림을 예감케 한다. 가나안 사람들이 결심하고 약속의 땅에 거하더니(27b, 29b), 이스라엘이 가나안 사람 가운데 거하다가(32), 급기야 '그 땅'의 주역(主役)이 역전되어 버리고 만다(34). 참으로 받아들이기 벅찬 역전패(逆轉敗)다. 이스라엘은 저들을 쫓아내지 못하기도 했지만, 후에는 쫓아내지 않았다.

쫓아내지 못한 이유의 핵심은 하나님의 언약에 대한 불순종이다. 다름 아닌 하나님의 말씀을 행하며 살아야 한다는, 그

러니까 하나님의 뜻을 가나안에 실현해야 한다는 명령에 대한 순종을 포기한 불신앙이 그 이유다. 이는 단순히 땅을 더 얻느냐, 덜 얻느냐의 영토 확장의 문제가 아니다. 하나님의 법이 가나안에 온전히 성취되어야 한다는 믿음을 포기한 것이다. 이처럼 이스라엘은 가나안을 하나님의 시각에서 보는 영적 통찰에 실패한다. 영적 암흑은 서서히, 그러나 분명하게 이스라엘 안으로 밀려들어 오고 있다. 과연 사사기는 어떻게 진행될 것인가.

정복하여 얻은 것도 있지만 -순종하며 살아가는 신앙적인 면도 있다- 동시에 쫓아내지 못하여 정복하지 못한 것들이 하나 둘 늘어가고 있다. 그러니까 순종(신앙)과 불순종(불신앙)이 함께 섞여 있는 '두 얼굴'의 모습, 이것이 이스라엘의 몰골이다. 이게 어찌 이스라엘뿐이랴.

이렇듯 언제든 가나안에서도 영적 성장은 멈출 수 있다. 가나안에 있다는 것은 자동적으로 승리를 보장하지 않는다는 뜻이다.

약속의 땅 가나안에서도 죄악의 꽃은 필 수 있다. 이스라엘(거룩)과 가나안(세상)의 경계선이 점차 무너지고 있다. 이것은 이스라엘의 책임이다. 이스라엘이 '멸하라!'는 하나님의 명령을 몰랐을 것이라고 생각해서는 안 된다. "가나안 사람이 결심하고 … 그 땅에 거하였더니."(27,35)라는 사사기 기자의 통찰을 만날 수 있다.

가나안에서도 영적 성장은 멈출 수 있다. 영적 성장이 멈추면 반드시 '대용품'을 찾게 되어 있다. 하나님이 아닌 다른 것으로부터 필요한 것들을 공급받게 되어 있다. 이스라엘은 역설적이게도 하나님이 아닌 적(敵) 가나안 사람들을 통해서, 그러니까 '적과의 동침'을 통해서 살아가는 법을 터득한다.

이것이 얼마나 큰 비극의 씨앗인지 아직 모르고 있는 듯하다. 화근은 훨씬 가까이에 있는데 말이다. 1장이 진행될수록 이 올무의 세력이 거대한 힘으로 자라게 될 것이라는 암시를 받는다. 오히려 가나안이 이스라엘을 쫓아내는 '기이한 역전'이 시작되고 있는 것이 그것이다.

'이미' 가나안에 들어왔으나 '아직' 가나안을 가나안 되게 만들지 못한 이스라엘, 가나안으로 하여금 가나안 되게 해야 할 거룩한 미션을 받았으나 가나안은 가나안대로, 이스라엘은 이스라엘대로 따로 놀게 하는 그것의 정체는 무엇인가. 무엇이 이스라엘로 하여금 영적 성장을 멈추게 만들었는가. 다시금 순종(신앙)과 불순종(불신앙)의 사이에 서서 사사기를 내려다본다.

2. 죄와 은혜, 그 쌍곡선

이스라엘 자손이 여호와께 부르짖으매
여호와께서 이스라엘 자손을 위하여 한 구원자를 세워 그들을 구원하게 하시니
그는 곧 갈렙의 아우 그나스의 아들 옷니엘이라(삿3.9)

◎ 사사기의 순환 싸이클(cycle, 3.7-12a)

① 이스라엘의 범죄(7; 패역, 우상숭배) : 행악
⇨ ② 하나님의 진노(8; 사람 막대기와 인생 채찍, 8년) : 심판
⇨ ③ 이스라엘의 부르짖음(9a) : 회개
⇨ ④ 하나님의 구원(9b-10) : 사사
⇨ ⑤ 한시적 평화(11) : 40년
⇨ ① 이스라엘의 재범죄(12a) : "또 악을 행하니라!"

애굽 ⇨ 광야 ⇨ 가나안으로 이어지는 이스라엘, 이들은 아브라함과 그의 후손들에게 언약 되었던 바로 그 약속의 땅에 들어왔다(창12.7, 15.12-21). 그런데 이 '안식'(rest)의 땅에 들어왔음에도 불구하고 계속적인 '非안식'(unrest)의 땅과 백성이 될 수 밖에 없다. 이게 왕정을 바라보는 사사기의 한계이자 반복적 악순환이라는 방황의 씨앗이다.

사사들의 구원이야기는 등장인물과 장소만 다를 뿐 기본적으로 동일한 이야기를 반복하고 있다. 한편 12명의 사사를 등

장시킴으로써 12지파가 공히 여호수아 이후의 가나안에서의 정복활동을 계속하고 있음을 의도적으로 말하고 하는 것이 특별하다.

죄는 악순환된다. 오늘 본문은 이것의 전형적인 모델이다. 악이 여호와의 목전에서 행해진다. 인생의 죄가 하나님 앞까지 왔다. 거룩을 잃으면 거룩하신 하나님 앞에서도 인생은 방자하게 행하게 되는데 문제는 그 결과 하나님을 잊어버린다. 잊어버릴 게 따로 있지, 어떻게 하나님을 잊어버릴까? 하나님이 서야 할 자리에 하나님이 아닌 것이 서면 그 순간부터 사람은 하나님을 잊게 되어 있다. 그리고 대용품의 인도를 따라가게 된다.

그러나 하나님은 이스라엘의 범죄를 그냥 묵과하지 않으시고 진노하신다. 죄 값은 8년 동안이나 지급된다. 이때야 비로소 이스라엘은 잊었던 하나님을 다시 기억한다. 이것이 하나님의 진노가 8년으로 종지할 수 있었던 이유이다. 흥미로운 것은 하나님이 이스라엘의 죄악을 그들이 회개하기 이전에 최종 집행으로 마무리하지 않으셨다는 점이다.

마침내 하나님은 이스라엘의 회개를 받으신다. 누구든지 회개하지 못할 죄인은 없다. 단지 회개하지 않은 죄인이 있을 뿐이다. 하나님은 회개하고 주께로 돌아오는 심령들을 맞아주신다.

마침내 사사 옷니엘을 세워 이스라엘을 '구산 채찍'의 손에서 구원하신다. 여기서 중요한 것은 하나님이 옷니엘에게 찾아오셨다는 점이다. 이로 보건대 사명(소명)은 땅에서 만들어지는 것이 아니라 하나님께로부터 주어지는 것이다.

유감스러운 것은 8년 심판의 교훈은 40년을 넘기지 못했다. 하나님의 은혜를 보답하고 거기에 응답하는 인생의 모습은 보이지 않고 '또' 악으로 치닫는다. 40년의 은혜와 축복도 하루 아침에 무너질 수 있다면 우리의 경건은 언제나 견고하게 자리할까?

하나님을 떠나면 그에게 기다리는 것은 하나님의 진노하심이라는 사실을 알면서도 죄악으로 나아가는 인간, 그것이 타락한 인간의 본성이다. 인간은 결코 의를 추구할, 거룩을 유지할, 하나님의 성품에 참여할 그런 위인이 못 된다. 죄를 지어 죄인이 아니라 죄인이기에 죄를 행하기 때문이다.

룻 기

1. 出모압기

룻이 이르되 내게 어머니를 떠나며 어머니를 따르지 말고 돌아가라
강권하지 마옵소서 어머니께서 가시는 곳에 나도 가고
어머니께서 머무시는 곳에서 나도 머물겠나이다 어머니의 백성이
나의 백성이 되고 어머니의 하나님이 나의 하나님이 되시리니
어머니께서 죽으시는 곳에서 나도 죽어 거기 묻힐 것이라
만일 내가 죽는 일 외에 어머니를 떠나면 여호와께서 내게 벌을 내리시고
더 내리시기를 원하나이다 하는지라(룻1.16-17)

◎ 모압에서 베들레헴으로의 귀향(1.6-19)

Naomi(시모 나오미) : "너희 어머니의 집으로 돌아가라."(8,11)

Ruth(자부 룻) : "그를(시어머니) 붙좇았더라."(14)

N : "너도 너의 동서를 따라 돌아가라."(15)

R : 오늘 묵상(16-17)_出모압, 入베들레헴

나오미의 인생 전환점은 자신의 모압 10년이라는 과거와 결별하는 것이다(4). 그 기간 동안 남편은 땅에 묻고, 두 아들은 가슴에 묻었다(3,5). 그러기에 모압을 떠나며 지난 10년을 회고하는 나오미의 고백들은 "여호와의 손이 나를 치셨으므로"

(13b)를 정점으로 한 '어두운 추억들' 뿐이다. 나오미는 이제 마지막으로 다시는 기억하고 싶지 않은 '과거'(1-15), 바로 그것과의 결별을 시작한다.

모압을 뒤로 하고 베들레헴으로 향하는 나오미의 가슴은 천 갈래 만 갈래 만감(萬感)이 교차된다. 무엇보다 나오미는 모압의 잔재를 다시 베들레헴으로 가져갈 수 없다는 사실을 분명히 한다. 다시 시작하는 베들레헴은 모압의 재판(반복)이지 않기를 깨닫기까지 10년의 세월이 필요했다. 값비싼 수업료를 지불한 셈이다. 이렇듯 그녀는 지난 10년의 고통을 분명하게 고백함으로써 과거와의 단절을 시도하고 있는 것이다.

나오미의 회개를 하나님은 회복으로 이어가신다. 하나님은 모압의 잔재를 원하시지 않으셨다. 모압과 결별하는 것만이 나오미의 살길이다. 그런 맥락에서 나오미는 자신을 끝까지 따르겠다고 함께 베들레헴 귀향길에 나선 자부 룻에게 모압(인조신, 15)과 베들레헴(하나님, 6) 가운데 하나를 선택할 것을 명한다. 나를 따르려면 나처럼 모압과 완전히 결별하라(8,11,13-14). 이것이 룻을 향한 나오미의 최후통첩(最後通牒)이었다. 여기에 대한 룻의 태도(신앙고백)는 매우 특별하다. 우리는 룻에게서 시작된 하나님의 이야기의 빛을 보게 된다.

룻은 이렇게 해서 하나님의 이야기 안에 등장한다. 우리는 룻의 출현을 보면서 하나님이 마침내 무언가 새로운 일을 시작하셨다는 사실을 직감하게 된다. 나오미가 하나님의 긍휼과 자비하심을 입게 된 배후에는 룻을 훌륭한 믿음의 사람으로 양육한 사실 때문이다. 나오미는 모압 10년을 헛되이 살지는 않았다. 그는 며느리 룻을 전도하는 데 성공한다. 룻은 시어머니를 통해서 하나님을 알게 되었고, 룻에게 바른 신앙을 뿌리내리도록 할 정도로 나오미는 경건생활에 어느 정도 성공했다고 볼 수 있다.

모압에 있을지라도 그곳에서 하나님의 소리를 듣는, 다시 기억하고, 그 품을 향해 회개라는 대가를 기꺼이 지불하려는 사람, 그에게는 희망이 있다. 하나님은 모압에서 실패했지만 그러나 모든 것을 버려두고 다시 본향으로 귀향한 나오미를 결코 외면하지 않으셨다. 무엇보다 이 나오미와 함께한 룻은 희망의 또 다른 증거다.

2. 라합처럼, 나오미처럼, 룻처럼

여호와께서 네가 행한 일에 보답하시기를 원하며
이스라엘의 하나님 여호와께서 그의 날개 아래에 보호를 받으러 온
네게 온전한 상 주시기를 원하노라 하는지라(룻 2.12)

룻은 '이삭줍기'로 연명해야 할 하루살이 인생이었다(레19.9-10, 23.22). 그런데 이미 소천한 시아버지의 친족인 보아스라는 사

람의 밭에서 '우연히' 이삭을 줍게 된다. 하나님은 룻의 발걸음보다 한 걸음 더 앞서셨다. 놀라운 하나님의 섭리가 이미 시작된 것이다. 바로 이 부분에서 룻기의 역사는 서서히 반전(反轉)되기 시작한다.

보아스란 이름은 '민첩', '재빠름'이라는 뜻이다. 보아스는 가난한 사람들을 무시하거나, 괄시하지 않았다. 그는 가난한 자를 사랑으로 배려하는 일에 재빨랐다. 그의 이웃 사랑은 10년이 지나도록 한결같았다(1.4, 2.20 참조).

이로 보건대 그의 부(富)는 단순히 물질의 많음에 있지 않았다. 그는 주신 부를 적절하게 쓸 줄 알았던 영육(靈肉)이 모두 부요한 사람이다. 보아스는 이처럼 축복하신 하나님의 은총을 가난한 이웃 사람들에게 보답하는 사람으로 하나님 앞에서도 민첩했다.

보아스는 룻을 매우 정확하게 이해하고 있다. 보아스는 어떤 사람이길래 이처럼 사람을 읽어낼 수 있는가? 그가 오늘 묵상 단락(8-13) 같은 이야기를 주고 받을 수 있는 사람이 될 수 있었던 이유는 무엇일까? 이런 복되고 아름다운 신앙이 보아스에게 가능했던 이유는 어디에 있는가?

먼저, 보아스는 하나님을 사랑했기 때문이다. 죄 많은 우리 인생들을 십자가로 품으신 그리스도처럼 하나님의 은총을 보는 높이까지 성장해 있었기 때문이다. 그는 축복을 통해 하나님을 보았고, 동시에 이웃을 보았다.

사실 보아스는 살몬과 기생 라합(Rahab)의 가계에서 태어났다(마1.5 참조). 창녀인 라합은 이스라엘 백성들이 정복해야 할 땅인 여리고 성에 거주했으며, 두 정탐군을 숨겨 준 대가로 이스라엘의 보호를 받았다(수2.1-). 보아스는 이미 이런 외가(外家)로 흘러 왔던 탁월한 신앙교육을 받으며 자랐을 것이다. 목숨을 걸고 여리고 전투에서 살아남은 라합의 신앙이 보아스에게 그대로 흘러 왔을 것임에 틀림이 없다.

그렇다면 보아스는 룻이 모압이라는 이방의 여인이라는 것보다, 목숨 걸고 이스라엘 공동체의 일원이 되었던 룻의 신앙에서 라합의 신앙을 보았을 수 있다. 라합이 이스라엘과 살몬의 보호와 사랑을 받아서, 그리하여 자신이 오늘 그의 후손이 된 것처럼 자신의 가까운 친척 나오미의 뒤를 따라 아무 보장이 없는 베들레헴으로 찾아온 룻 또한 라합처럼 보호받아야 한다는 넓은 마음을 가졌다.

보아스는 살몬이 라합을 받아 들였던 것처럼, 자신 또한 이방인 룻을 받아들임으로 말미암아 하나님의 사랑에 보답하려는 차원 높은 신앙의 소유자였다. 보아스에게는 "종이나 자유인이나, 남자나 여자나, 다 그리스도 예수 안에서 하나"(갈3.28)라고 하는 복음이 있었다. 이처럼 복음은 모든 장벽을 뛰어넘는 능력이다.

우리는 세상에 대해서는 "이웃을 네 몸과 같이 사랑하라!"는 주님의 말씀을 따라 사랑해야 할 대상으로 삼는다. 그런데 정작 교회의 도움이 필요해서 곡식 베는 밭에 찾아온 이삭줍는 사람들(신앙공동체 안으로 들어온 사람들)에 대해서는 인색하거나 단호하기 그지없는 모습을 본다. 보아스를 보라. 그는 룻을 멸시하지 않았다. 하나님의 시각에서 이해하고 용납하는 마음이 있었기 때문이다.

사 무 엘 상

1. 엘리변주곡

사람이 사람에게 범죄하면 하나님이 심판하시려니와
만일 사람이 여호와께 범죄하면
누가 그를 위하여 간구하겠느냐(삼상2.25a)

사무엘상 2장은 사무엘 가문(家門)과 엘리 가문(家門)이 서로 교차하면서 메시지를 토해낸다. 흥미로운 것은 두 가문의 아들들 모두 -사무엘도 그랬다는 점은 좀 충격이다.- 자식은 부모 마음대로 되지 않는다(삼상2.12-17,22-25 vs 8.1-3). 이렇게 두 사람은 늙어가는 것과 함께 독자들로 하여금 더 이상 회복의 기대를 접게 한다(삼상2.22, 8.1,4 참조).

한편 엘리 제사장을 대신할 제사장은 당연히 사무엘일 것 같은데 그렇지도 않다. 출애굽 후 제사장은 아론 가문(家門)에서 나오는데(27), 엘리 이후에 사독 가문(家門)으로 제사장이 넘어간다(35). 사무엘하 2장의 뒷모습을 보면서 하나님은 당신의 마음과 생각을 따라 일할 자를 찾으시는 분이심이 우리의 마음판에 박히는 대목이다.

오늘 묵상은 아버지 엘리가 아들들의 악행을 두고 한 충고

다. 엘리는 범죄가 두 가지(사람에게 범죄 vs 여호와께 범죄)임을 분명히 알고 있고, 이를 자기 아들들에게 말로 가르친다. 핵심은 사람이 하나님께 범죄하면 하나님이 심판하신다는 선언이다. 제사장인 자신의 아들들이 하나님께 범죄하는 것을 알고, 듣고, 보고 있었던 아버지 엘리의 심정은 어떠했을까? 더욱 죄를 지적할 힘은 있었는지 모르나 그것을 중지시키고 돌이킬 능력은 없었던 엘리에게서 연민을 느낀다.

제사장으로도 안 된다. 자신이 아무리 당대의 영적 대부(代父)의 위치에 있다 하더라도 아들들의 죄를 보석(무마)할 수는 없다. 아버지로서 가문(아들)에 내려지는 하나님의 심판을 그대로 받을 수밖에 없는 자괴감은 또 어땠을까. 자신의 무능력을 한하고 탓했을 것이다. 그럴수록 사무엘상 2장은 묘한 대조를 이루며 진행된다. 자신의 장성한 아들들은 점점 몰락해 가고, 아이 사무엘은 "여호와와 사람들에게 은총을 더욱 받"(26)으며 점점 자라고 있고...

어찌 자식이 인력(人力)으로 되던가. 말로 하는 교육으로 전인적이고도 건강하게 자라준다면이야 가장 잘 자랄 수 있는 것이 목회자 가정의 자녀들이다. 하지만 신앙은 말로 되는 게 아니다. 자식들은 명령으로 자라지 않는다. 자녀들은 부모의 뒷모습을 보며 자란다. 제사장의 가정이 이처럼 망가질 수 있을까 싶을 정도로 엘리의 아들들이 추락하고 있어도 엘리는 이 일에 아무 힘 한번 쓰지 못하고 그대로 주저앉는다. 이렇게 점점 아들들은 아버지의 영적 영향력과 권위로부터 멀어지고 있었다.

어찌 보면 아버지의 무능력이다. 그래서 더 시리고 아프다.

자식들이 죄로 죽어가도 그냥 지켜볼 수밖에 없는 아버지 엘리의 초라함이... 물론 자기 죄 때문에 심판을 받는 것이기에 어쩔 수 없는 현실이긴 하지만 그래도 그 죄로부터 돌이키도록 끝까지 몸부림치는 게 부모의 몫인데... 회초리가 무서운 줄 아는 어릴 때, 사람이 아닌 하나님께 범죄한 기미(심증)나 물증이 눈에 들어올 때, 부모라면 사무엘과 아들들의 모습 정도는 분별(구별) 되었을 것이고 그랬으면 그 죄의 고리를 끊어줄 수도 있었을 텐데... 훈수하듯이 남 말하기는 쉬워도...

2. 골리앗대첩

다윗이 블레셋 사람에게 이르되 너는 칼과 단창으로 내게
나아 오거니와 나는 만군의 여호와의 이름 곧 네가 모욕하는
이스라엘 군대의 하나님의 이름으로 네게 나아가노라(삼상17.45)

다윗은 이새의 여덟 번째 아들이고(삼상16.10), 전쟁엔 위 세 형만 나갔다는 점을 고려해 볼 때 지금 골리앗대첩 시절의 다윗은 10대 소년이다(삼상17.12-13). 문제는 오늘까지 줄곧 아버지 이새도, 선지자 사무엘도, 형들도, 시대도, 사울왕도, 어쩜 하나

님도 그를 주목지 않았다는 점이다. 하지만 그는 이 무명(無名)의 변방기에 모든 것을 준비했다. 중요한 것은 왕이 되려는 준비가 아니라 단지 자신의 삶에 최선을 다한 것이다.

그는 소년이었고 양치는 목동이었다. 언제나 반복되는 생활의 연속이었지만 결코 적당히 해치우는 식으로 일하지 않았다. 물맷돌을 던져서 골리앗의 이마에 명중시키는 실력을 생각해 보자. 그는 무수한 연습을 했을 것이다. 시간만 나면 그는 목표물을 정해 놓고 물매를 던졌을 것이다. 처음에는 전혀 딴 방향으로 돌이 날아가서 떨어지곤 했을 것이다. 어느 때는 양의 머리에 맞아서 양이 뇌진탕으로 쓰러져 그날 밤 양고기를 먹는 행운(?)도 있었을 것이고, 오늘 식으로 말하면 TV 브라운관도 깨뜨렸을 것이고, 아마 돌이 자신의 머리도 종종 때렸을 것이다.

그렇게 하기를 하루, 한 달, 1년 …, 마침내 날아가는 새도 떨어뜨린 적도 있었을 것이고, 그의 고백에서처럼 "사자나 곰이 와서 양 떼에서 새끼를 물어가면 내가 따라가서 그것을 쳐죽"이는 일도 있었을 것이다(34-35). 그는 골리앗의 머리를 생각하면서 물매를 연습하지는 않았다. 그러나 결과적으로 그가 성실하게 준비했던 것이 때가 되매 쓰이는 도구가 되었던 것이다. 이것이 바로 '준비'가 갖는 최고의 맛이 아니겠는가?

당시는 나라를 세우는 무인의 시대였기에 예루살렘에서 사울王을 통해 등장하는 신흥 명문가문의 자식들에게서 이스라엘의 2대 왕이 세워질 것으로 보는 것이 상식이었다. 세상이 그러할 때 다윗은 예루살렘을 기웃거리는 게 아니라 아버지의 양을 지키는 목동으로 산다. 그 양들을 지킬 때 사자와 곰도 두렵지 않을 만큼 몸이 말을 듣도록 만들었다. 그는 홀로 있을 때 수금을 타며 하나님을 노래하고 예배자로 승리하며 살았다.

그리고 이번엔 골리앗이라는 표적이 완전무장을 하고 움직이며 달려오고 있고, 자신도 '세상의 이름' 골리앗을 향해 뛰지만 상관없다. 물매 불패가 아닌 "하나님의 이름"을 믿고 살아온 게 지금까지의 일상생활의 영성이었으니까. 자신의 실력을 믿지 않고 살아계신 하나님을 믿고 살아왔으니까. 그는 이번 실전 역시 지난날 물매를 던지던 연습처럼 감당한다.

준비된 자는 아름답다. 다윗은 골리앗이 두려웠던 것이 아니라 하나님의 이름 앞에 두려움이 없는 사람으로 자신을 준비했다. 그러니 골리앗 정도는 가벼운 상대다. 하나님은 그 다윗을 결코 모른다 하지 않으셨다. 다윗의 후예로 산다는 것은 무엇을 의미할까? 오늘도 내 마음의 손에 "여호와의 이름"을 들고 세상 앞에 서는 하루다.

그 이름의 명예를 걸고 사는 자는 내가 준비한 보이는 물매에 의존하지 않는다. 그 사람은 보이지 않는 하나님의 이름을 의지하여 세상 앞에 선다. '세상의 이름'이 작아 보이기 위해 이제는 나를 다윗스럽게 준비해야 할 때다. 하나님의 이름이 크고 위대함을 믿고 아는 사람은 세상의 이름이 얼마나 초라하고 볼품없는가를 또한 아는 자다. 다윗이 그러했다.

1. 다윗, 일상생활의 영성을 걷다.

다윗이 여호와께서 자기를 세우사 이스라엘 왕으로 삼으신 것과
그의 백성 이스라엘을 위하여 그 나라를 높이신 것을 알았더라(삼하5.12)

◎ **예루살렘 점령**(삼하5.6-16)

① 헤브론에서 예루살렘으로(6-10)

② 두로왕 히람(11-12)

예루살렘은 가나안 정복 초기부터 이미 가나안의 한 민족인 여부스 사람이 점령하고 있는 도시였고, 유다와 베냐민 지파가 정복을 시도했지만 아직 미정복으로 남아있는 그런 곳이었다(삿1.8,21 참조). 너무도 견고하고 강력한 요새였기 때문에 장애인들이 수비대를 맡을지라도 다윗의 공격을 막을 것이라고 호언할 정도였다(6).

생각해 보면 이스라엘 영토 안에 있었으나 이스라엘의 지배권이 아닌 여부스 사람의 통치 안에 있는 성읍이었으니 얼마나 눈엣가시였겠는가. 결국 여호수아 때부터 정복 명령이 성취되지 못한 곳을 다윗이 점령하므로 마침내 하나님의 명령을 이룬 셈이다. 아무

도 하지 못한 것을 다윗이 해냈으니, 그리고 훗날 그곳에 솔로몬 성전이 세워지게 되는 것으로 볼 때 이것(이곳)은 단순한 땅이나 지역 이상으로 발전해 가고 있음 또한 주목해 볼 만 하다.

이렇게 해서 여부스 사람이 물러가게 되고(①), 이어 두로왕 히람까지 다윗왕국에 우호적인 쪽으로 정치적 환경이 하나둘 다윗 쪽으로 점차 견고하게 이동해 온다(②). 바로 이런 분위기를 배경으로 해서 오늘 묵상이 위치하고 있다. 중요한 것은 이런 일련의 사건들과 상황들을 읽어내고 있는 다윗의 시각(자세, 태도)이다.

헤브론에서 예루살렘으로 통치의 무대가 바뀐 때에 두로왕 히람이 보여준 반응은 다윗왕가가 예루살렘에서 더욱 번성하고 있음을 보여준다. 이때 다윗은 이 모든 것을 자기 공로, 자기 실력, 자기 잘남, 자기 능력에 의해 이루어진 것으로 받아들이지 않는다. 그는 이 모든 일들을 하나님께서 이루신 것임을 분명히 한다.

자신을 둘러싼 환경과 상황들을 하나님 안에서 읽어낼 수 있는 실력(용량)은 누구에게나 자연스러운 것은 아니다. 시작은 하나님이고, 첫 단추는 겸손이고, 과정은 기도와 하나님의 인도하심에 대한 갈망과 믿음으로 진행되는 경우를 만나는 것은 그리 어렵지 않다. 하지만 결과 앞에 섰을 때, 그리고 그 결과 이후를 시작과 과정처럼 하나님으로 일관되게 유지해 가는 것을 만나는 것은 흔한 것은 아니다.

그래서 다윗의 시대적, 정치적, 신앙적(신학적), 상황적 자기 이해가 빛난다 : “다윗이 여호와께서 자기를 세우사 … 삼으신 것과 … 높이신 것을 알았더라.” 이런 능력은 어느 날 갑자기 만들어지는 것은 아니다. 지나온 다윗의 일생을 묵상해 보면 그는 목동의 자리에 있을 때부터 첫 번째 기름부음을 받기까지(삼상16.1-13), 그리고 사울의 칼을 피해 기나긴 도망자로 살아온 시간을 넘어 두 번째 기름부음을 받고 헤브론에서 유다 족속의 왕으로 7년 6개월을 다스리기까지(삼하2.1-11), 그리고 마침내 통일왕국 이스라엘 왕으로 세 번째 기름부음을 받아 예루살렘에서 33년을 다스리는 그 시작을 알리는 오늘 사무엘하 5장에 이르기까지 그는 한결같은 모습으로 하나님과 이스라엘 앞에 서 있었다. 이것이 지나온 생애와 그것의 연속인 오늘을 건강하게 읽어낼 수 있는 힘이었다.

2. 하나님의 마음에 합한 사람

네가 가는 모든 곳에서 내가 너와 함께 있어 네 모든 원수를
네 앞에서 멸하였은즉 땅에서 위대한 자들의 이름 같이
네 이름을 위대하게 만들어 주리라(삼하7.9)

하나님이 함께하시는 다윗왕국은 그야말로 전성기다. 이렇듯 하나님이 ‘평안히’(1) 하실 때에 다윗은 성전건축에 대한 비전을

품게 되고, 여기에 대한 응답이 사무엘하 7장이다. "다윗이 그것을 위하여 친 장막 가운데 그 준비한 자리에"(삼하6.17a) 둔, 즉 그 휘장 가운데 있는 법궤가 거할 집(성전)을 건축하려는 소원을 선지자 나단에게 말하게 되고, -하나님은 다윗의 마음(비전)을 기쁘게 받으셨다.- 하나님은 나단에게 이에 대한 말씀(약속)을 주신다(1-3 ⇨ 4-17). 이것이 영원한 다윗왕조를 핵심으로 하는 다윗언약이다.

하나님이 다윗을 주목하기 시작하신 것은 그가 아버지의 양을 지키는 목장에 있을 때였다(8b; 시78.70-72). 다윗의 간증을 직접 들어보자(삼상17.34-37). 그는 10대 소년으로서 아버지의 양을 지킬 때에 사자나 곰이 양 새끼를 습격해 오면 바로 따라가서 양을 건져낼 만큼 용기와 실력은 물론이고, 양들을 긍휼히 여기는 마음이 남달랐다. 그래서 하나님은 그 "다윗을 택하시되 양의 우리에서 취하시…사 그의 백성인 야곱, 그의 소유인 이스라엘을 기르게 하셨"(시78.70-71)다.

놀라운 것은 하나님의 평가(8), 시편의 찬송(시78.70-72), 다윗 자신의 간증(삼상17.34-37)이 동일한 멜로디라는 점이다. 이처럼 다윗은 자수성가(自手成家)가 아닌 신수성가(神手成家)의 사람이었다. 그는 놀부처럼 과정은 없고 결과만을 성공으로 만들기 위해 몸부림친 사람이 아니다. 이런 사사로운 목적을 위해 하나님을 가까이 한 게 아니다. 사무엘 기자도 "여호와께서 왕과 함께 계시니"(3), "내가 너와 함께 있어"(9a)임을 분명히 하고 있지 않은가.

그렇다. 다윗은 하나님이 함께하는 사람이었다. 하나님이 싸워 주셨고, 모든 원수를 멸하여 주셨고, 날마다 승전가(勝戰歌)를 부르게 만들어 주셨다. 어디 그뿐인가. 다윗의 이름을 온 천하에 위대하게 만들어 주시겠다 말씀하신다(9b). 자기 실력으로 자기 인생을 만들어가는 사람은 오래 못 간다. 그러나 하나님을 힘입어 일하는 사람은 언제나 하나님의 승리를 간증하며 산다.

오늘 묵상은 다윗의 고백이 아니라 다윗을 향한 하나님의 평가(코멘트)라는 점을 주목할 필요가 있다. 하나님은 지금 다윗의 인생 주도권을 당신이 잡고 계셨음을 말씀한다. 다윗이 믿었고, 다윗이 땀 흘렸고, 다윗이 싸웠고, 다윗이 전력투구했음에도 불구하고 하나님 당신이 함께했으며 하나님 자신이 다윗의 모든 적들을 물리치셨다고 말씀한다. 다시 정리하지만 이 선언은 다윗의 입에서가 아닌 하나님으로부터 선언되어지고 있는 말씀이다.

그런 의미에서 하나님의 영광을 가로채려는 것은 죄악이다. 신앙이 없으면 하나님을 믿고 신뢰하지 못하기 때문에 자신이 뭐든 해야 한다는 쪽이 강하다. 그래서 잘 되면 교만하고, 안 되면 낙심하고 포기한다. 하지만 신앙이 있으면서도 하나님의 함께 하심과 그분의 능력이 아닌 자기 실력과 힘으로 하겠다고 하는 것은 결국 자기 신앙이 자신을 이끌어가는 것과 다를 바 없다. 여기서 더 나가면 하나님까지 이용해서 결국 자기 뜻을 이루며 산다. 이게 다 망할 징조다.

다윗에게서 놀라는 것은 이런 징후가 보이지 않는다는 점이다. 하나님이 앞서시고, 자신은 그 뒤를 따라가는 삶을 산 게 다윗이다. 다윗에게는 자기 의와 자기 실력이라는 사람 냄새가 없다. 오히려 하나님 냄새만 있다. 그를 보면 하나님이 함께 한 사람의 호흡을 느끼게 된다. 어느 한순간이 아닌 목동의 자리에서부터 태평성대(太平聖代)를 구가하는 빛나는 왕관을 쓰고 있는 지금까지 한결같은 사람, 그가 다윗이다. 이 다윗을 하나님이 모른다 하실 수 있겠는가.

3. 다윗언약의 은혜가 오늘 내게로 왔다.

그는 내 이름을 위하여 집을 건축할 것이요
나는 그의 나라 왕위를 영원히 견고하게 하리라(삼하7.13)

◎ 다윗언약(삼하7.1-17) : '영원히'

A 다윗-나단-다윗(1-3)

B 하나님-나단-다윗(4-17)

사무엘하 7장은 구약의 다윗 텍스트 가운데 가장 중요한 주제 중 하나인 '다윗언약'을 기록하고 있는 장이다. 서론 격인 1절의 시작은 다윗의 마음이 가슴 찡하도록 전해진다는 점에서 눈물겹도록 감동이다. 하나님께서 태평성대(太平聖代)로 '평안히'(1) 살게 하시는 은혜의 때에 그의 마음의 중심이 하나님을 향해 집중(반응)되어 있음을 볼 때 그렇다.

하나님은 그의 진심을 보셨고, 그 밤에 선지자 나단에게 임하사 다윗에게 전해야 할 메시지인 소위 [다윗언약](B)을 친히 말씀하신다. 오늘 묵상은 바로 그 안에 들어있는 하나님의 말씀 중 한 절이다. 한편 이 중요한(중대한) 다윗언약이 정작 당사자인 다윗에게 하나님이 직접 말씀한 게 아니라 그 사이에 선지자 나단이 서 있음이 흥미롭다. 어떻든 하나님은 보통 당사자에게 직접 말씀하시는 분이시지만 이렇게 다른 사람을 통해서도 하시고자 하는 메시지를 전달하시는 경우도 있음을 새롭게 기억하게 하는 말씀이다.

먼저, 하나님은 다윗이 가진 성전건축의 꿈을 "내가 네 몸에서 날 네 씨를 네 뒤에 세워"(12b) 그가 아비(다윗)의 꿈을 이루게 하시겠다 하신다(13a). 아버지는 바라고(생각하고, 품고, 계획하고, 꿈꾸고), 하나님은 이를 아들에게서 허락하시고, 그래서 아들은 이를 이루는(성취하는, 실행하는) 구도다. 그러니까 하나님은 바로 그 아들을 다윗의 뒤를 잇는 이스라엘 왕에 변함없이 세우시겠다 하신다.

사실 현재형 [다윗언약]에서 볼 때 '네 몸에서 날 네 씨'는 아직 누구인지는 분명치 않다. 물론 이게 과거형 다윗언약이 되었을 때에 그가 솔로몬으로 드러나지만 아직은 그의 아들 모두가 후보군이다. 어쩌면 그래서 아들들 가운데 유력한 자들이 하나같이 하나님과는 다른 후계자의 꿈을 꾼 것인지도 모른다. 하지만 저들이 착각한 것은 "내가 … 세워"(12), 즉 하나님이 다윗왕국의 위(位)를 주권적으로 이끄신다는 것을 생각(신앙)하지 못한 부분이다.

성전건축은 물론 다윗의 뒤를 이어 이스라엘의 왕이 되는 것의 키(주도권)는 하나님께 있다. 그러므로 이 둘은 다 인간이 스스로의 힘과 노력과 애씀과 수고를 통해 만들어내는 것이 아니다. 이 일은 그렇게 만들어질 수도 없고, 그러려고 해서도 안 된다. 하나님이 다윗의 아들에게서 이 일을 이루시겠다고 해서 아무나, 자동적(기계적)으로 되는 게 아니다. 이제 이 일은 아버지처럼 하나님의 마음에 합한 자에게로 흘러갈 것이다. 아버지가 시작한 일은 이렇게 아들에게 흘러가는 것임을 다시금 곰곰이 마음 판에 각인하는 묵상이다.

둘째로, 하나님은 다윗왕국을 '영원히' 견고케 하시리라 약속하신다. 이것이 사울왕국과 다른 점이다(14-16). 물론 죄를 범하면 사람 막대기와 인생 채찍으로 징계하시지만 다윗가문에 약속하신 왕국의 역사를 단절시키시면서까지는 아니라 하신다. 참으로 놀라운 은혜다. 인간의 죄가 하나님의 은혜를 단절시키거나, 약화시키거나, 무효하게 할 수 없다. 이 형언할 수 없고 갚을 길 없는 다윗언약 안에 흐르는 이 은혜가 묵상을 따라 오늘 나에게도 왔다.

4. 다윗의 기도

이제 청하노니 종의 집에 복을 주사 주 앞에 영원히 있게 하옵소서
주 여호와께서 말씀하셨사오니 주의 종의 집이
영원히 복을 받게 하옵소서 하니라(삼하7.29)

◎ 다윗의 기도(삼하7.18-29)

다윗언약에 대한 화답(18-20) : 현재

회고(21-24) : 과거

소망(25-29) : 미래

"다윗이 그것을 위하여 친 장막 가운데 그 준비한 자리에"(삼하6.17a) 둔, 즉 그 휘장 가운데 있는 법궤가 거할 집(성전)을 건축하려는 소원을 선지자 나단에게 말하자 하나님이 나단에게 하신 말씀(약속)이 다윗왕조가 영원할 것을 핵심으로 하는 다윗언약이다(삼하7.4-17). 오늘 묵상은 다윗언약의 '영원성'(13,16)에 대한 하나님의 말씀을 다윗 역시 '영원히'(24,25,26,29) 있게 되기를 감사에 담아 하나님께 올려드리는 기도에 속한 부분이다.

흥미로운 것은 이 단락 안에 '영원히'(forever)라는 단어가 계속해서 강조되며 나온다는 점이다. 하나님 편에서의 언약도 영원할 것이지만, 그 언약 안에 있는 다윗왕가 역시 영원하게 되

기를 소망하는 다윗의 마음이 기도에 그대로 녹아있음을 본다. 그럼에도 불구하고 "만일 죄를 범하면 내가 사람의 매와 인생의 채찍으로 징계하"(삼하7.14b)겠지만 사울왕가처럼 당신의 은총을 빼앗지 않는 이 거룩한 긴장은 영원할 것이라 하신다.

다윗은 복(福)이 위로부터 하나님께로 말미암는다는 것을 알고, 믿고, 기도하고 있다. 무명의 목동이었던 자리에서부터 한 나라의 왕으로, 그것도 자신뿐 아니라 대대로 이어지는 왕가의 축복을 받고 있는 지금까지 변함없이 초심을 유지해 오고 있다. 어찌 보면 쉬워 보이는 것 같지만 어디 이게 마음 먹은 대로 자동적으로 되는 것이던가?

오직 하나님 앞에 영원히 있는 것을 꿈꾸는 다윗의 기도에 나 역시 마음을 담아 무릎을 꿇는다. 언젠가부터 난 "목사로 부르셨으니 감사합니다. 목사로 살다가, 목사로 은퇴하고, 목사로 죽어 주님 앞에 서게 하옵소서!"라는 기도를 종종 드리곤 한다. 나는 목사로 주 앞에 영원히 있게 하시기를 구하고 있는데 오늘 다윗의 기도에서 힌트를 얻어 내 뒤를 이어 자식과 그 자식의 대(代)에서도 "주의 종의 집이 영원히 복을 받게 하옵소서!"라는 기도를 더 드리게 된다. 내 모친이 두 아들 중 한 놈은 주의 종으로 쓰시기를 구했듯이 나 역시 세 아들 중 목회의 길을 이어가는 복을 허락하시기를 구하고 있다.

나는 다윗이 부럽다. 왕이 된 걸 두고 하는 말이 아니다. 하나님을 사랑하는 마음, 진심으로 그분 앞에 엎드리는 영혼의 진정성을 보면서 그렇다. 목동의 신분에서부터 왕의 자리에서 오늘 기도를 주님께 올려드리는 시간까지 하나님 앞에서 살아가는 그를 보며 더 그런 생각이 든다. 다윗처럼 어제(과거)가 오늘(현재)이 되고, 오늘이 내일(미래)이 되는 그런 일상생활의 영성을 다시금 다윗을 통해 주님께 기도로 올려드린다. 찬미예수!

5. 내가 드릴 찬송을 받으시옵소서.

여호와의 사심을 두고 나의 반석을 찬송하며
내 구원의 반석이신 하나님을 높일지로다(삼하22.47)

한 가지 짚고 넘어가야 할 것은 시편 18편과 사무엘하 22장은 표제어는 물론 내용 역시 거의 일치한다는 점이다 : "여호와께서 다윗을 그 모든 원수들의 손에서와 사울의 손에서 건져 주신 날에 다윗이 이 노래의 말로 여호와께 아뢰어 이르되"(시편의 표제어, 삼하22.1) 물론 이 둘은 구원의 하나님께 감사와 찬양을 올려 드리는 찬양시다.

참으로 긴 사울왕가와의 전쟁이자 보이지 않는 원수들과 치른 영적 전쟁이었다. 사무엘하 21장까지 끌고 온 이 긴 싸움을 자신의 실력이 아닌 하나님의 능력으로 승전가의 멜로디를 토해 낸다는 점, 그냥 간단히 넘길 주제가 아님을 명심할 필요가 있다. 싸움은 그치고 이제 남은 것은 이 승리의 영광을 누구에게 돌릴 것인가이다. 이것이 사무엘하 22장의 위치다.

다윗의 하나님은 찬송 받으실 하나님이시다(47,50-51). 그는 오랜 망명생활과 사울왕가와의 기약 없는 내전을 치러오면서 세파에 찌들어 버리지 않은, 승리자만이 토해 낼 수 있는 살아 있는 간증을 주께 올려드린다. 다윗은 사울왕가와의 전쟁에서 하나님을 붙들었고, 하나님은 그런 다윗을 지키셨다. 어떤 형편과 처지 속에서도 하나님을 잃어버리지 않은 사람, 하나님은 바로 그 사람 편에 서서 그의 결정과 이에 따른 삶이 옳았음을 밝히 드러내 주신다.

찬송은 당연히 승자(勝者)의 몫이다. 이 찬송의 무대에 서 있기까지 다윗의 달려온 인생행로(人生行路)를 잊을 수 있으랴. 하나님을 높이 찬양하는 다윗의 마음을 생각한다. 다윗은 안다. 원수들이 왜 포말처럼 사라졌는가를, 자신이 왜 승리하게 되었는가를, 왜 이방인들까지 하나님께 나아오게 되는가를, 다윗은 처음부터 끝까지 다 알고, 읽어내고, 깨닫고, 보고 있다. 승자의 찬송은 아무 대가(값) 없이 값싸게 얻어지는 게 아니다. 그래서 삶으로 연주해 낸 찬양이 가장 힘 있고 또한 값진 것이다. 지금 다윗이 그렇다.

찬송할 이유가 마치 개선장군(다윗)의 뒤를 잇는 군악대처럼 이어진다(48-49). "나를 원수들에게서 이끌어 내시며"(49a)라는 하나님의 능력을 고백하는 다윗 언어에서 하나님을 향한 다윗의 시각이 느껴진다. 다윗의 하나님은 당신의 능력의 오른손으로 그를 붙드시는 분이시다. 그는 생사(生死)의 무수한 갈림길에서 이처럼 지키시며 보호하시는 하나님을 만난 것이다. 동시에 이와 비례해서 비참하게 몰락해 가는 사울왕가(원수, 치는 자, 미워하는 자, 대적하는 자들, 강포한 자, 38,40,41,49)를 또한 생생하게 바라보았다.

이처럼 다윗은 하나님의 백성과 원수들 사이에서, 자기 백성들 편에서 일하시는 공의의 하나님을 보았다(41-49). 하나님의 반대편에 선 자들을 어떻게 심판하시며(41-43), 동시에 무명의 초라한 목동이었던 자신을 또한 어떻게 '모든 민족의 으뜸'(44)으로 삼으셨는가도 역시 보았다. 그 과정에서 더 놀라운 것은 '내가 알지 못하는 백성'들(이방인들, 44b,46)에게까지 하나님이 높임을 받으신 것이다. 이렇듯 다윗은 이미 종말론적인 하나님의 크신 일까지 바라보는 놀라운 고백을 자기 간증에 담아내고 있다. 참으로 놀라지 않을 수 없는 다윗의 영적 통찰이다.

나에게도 주께 올려 드려야 할 찬양이 있어야 한다. 가끔 생각나는, 기도할 때나 양념처럼 고백하는 그런 것 말고, 다윗처럼 기나긴 인생행전 안에 녹아 있는 긴 시간과 함께 숨 쉬는 그런 감사 말이다. 내 인생으로 고백 되어질 주께 드릴 찬송, 어디까지 왔을까?

열 왕 기 상

1. 예배자다운 삶으로 이어갈 수 있다면!

솔로몬이 이르되 주의 종 내 아버지 다윗이
성실과 공의와 정직한 마음으로 주와 함께 주 앞에서 행하므로
주께서 그에게 큰 은혜를 베푸셨고 주께서 또 그를 위하여
이 큰 은혜를 항상 주사 오늘과 같이
그의 자리에 앉을 아들을 그에게 주셨나이다(왕상3.6)

◎ 예배자(Worshiper) 솔로몬(왕상3.1-15)

누가 : 솔로몬

언제 : 성전을 아직 건축하지 아니하였으므로

어디서 : 기브온 산당에서

무엇을 : 1,000 번제를 드렸더니

Q 하나님 : "내가 네게 무엇을 줄꼬?"

A 솔로몬 : "주의 백성을 재판하여 선악을 분별하게 하옵소서!"

마침내 통일왕국은 다윗에서 솔로몬으로 이어지면서 더 견고해졌다(2.46b). 솔로몬은 통치 원년의 모습(3.1-3)을 포함하여 열왕기상 2장으로 견고해진 나라의 중심에 과연 누가, 어떻게, 무엇으로 그 내용을 채워야 할 것인가라는 보다 본질적인 과

업 앞에 서 있다. 하지만 솔로몬은 이미 견고해진 나라에 비해 여전히 기우뚱거리고 있다(3.1a).

사실 외적인 안정(2.5-46)을 기초로 하여 이를 내적으로 유지(2.1-4)하고 더 풍성하게 만들어 갈 솔로몬이지만 온전히 믿고 기대할 만한 핵심이 보이지 않는다는 점에서 걱정스러운 게 사실이다. 그것은 솔로몬 자신이 열왕기상 2장의 사람들에게는 율법을 엄격하게 적용했으나, 정작 그들의 희생 위에 '견고'(2.12,46)해진 나라를 맡은 왕 자신은 어찌 된 일인지 율법이 명하는 것을 거역하고 있음에서 그렇다(3.1a).

이게 솔로몬의 모습이다. 그러면서 동시에 "여호와를 사랑하고 그의 아버지 다윗의 법도를 행하였으나 산당에서 제사하며 분향하더라."(3.3)는 모습을 함께 공유하고 있으니 혼돈스럽다.

무슨 말인가? 타인에게는 율법을 강하게 적용하더니, 정작 자신은 율법을 어기면서, 또 한편으로는 하나님을 사랑하며 예배를 드리는 자리에 서 있음을 어찌 해석해야 할지 난감하다는 뜻이다. 과연 이 이중성이 솔로몬의 앞날에 어떤 쪽으로 작용할까?

어떻든 솔로몬은 하나님을 예배하는 일천 번제를 드린다. 여기 1,000은 하루에 한 마리씩 1천일 번제가 아니고 제물이 1천 마리인 제사를 드렸다는 뜻이다. 이를 하루에 다 드렸는지, 아니면 어느 정도의 기일이 필요했는지는 뭐라 정확히 단정할 수는 없다. 하지만 일천 번제가 드려진 날 밤에 하나님께서 솔로몬에게 나타나셨다(3.5b).

이때 솔로몬은 다윗의 하나님을 찬양함으로 응답한다(3.6). 양다리(예배 vs 율법 불순종)를 걸친 솔로몬임에도 불구하고 하나님은 솔로몬을 만나 주신다.

비록 부족한 면이 있어도, 온전치 못해도, 어설픈 삶의 조각들이 혼합되어 있어도, 그러니까 율법을 어기고 있음에도, 앞으로 이 문제가 솔로몬의 일생 전체를 파국으로 몰고 갈 것임에도 불구하고 말이다(3.1a).

솔로몬은 철저하게 아버지 다윗에 의해서만 설명될 수 있는 형편(수준)이다. 누구보다 이를 자신이 더 잘 알고 있다. 하나님이 왜 다윗에게 항상 이 큰 은혜를 베푸셨는지를 아들로서 경험적으로 보아 왔다.

그럼 이제 아버지를 설명하고 이야기하는 것에 머물러 있는 것이 아니라 솔로몬 자신에게서 역시 이 하나님이 간증 되도록 해야 한다.

2. 하늘에 팔을 들고, 주의 전에 무릎 꿇고

하나님이 참으로 땅에 거하시리이까
하늘과 하늘들의 하늘이라도 주를 용납하지 못하겠거든
하물며 내가 건축한 이 성전이오리이까(왕상8.27)

◎ 솔로몬의 성전봉헌과 기도(8.1-53)

① 성전으로 법궤를 옮김(1-13)

② 솔로몬의 성전 봉헌사(奉獻辭, 14-21)

③ 솔로몬의 기도(22-53)

법궤를 성전의 지성소에 안치하는 봉헌식(①)과 봉헌사(②)에 이어, 솔로몬은 이스라엘 온 회중이 보는 데서 주의 제단 앞에 서서 하늘을 향해 두 팔을 펴든다. 이렇게 시작된 기도는 어느 시점에서 무릎을 꿇고 마쳐진다(22,53). 오늘 묵상은 솔로몬의 봉헌기도(③) 가운데 들어 있다.

자신은 "온 마음으로 주의 앞에서 행하는 종"으로 살았을 뿐인데 하나님은 언약을 지키시며(24-26), 또한 은혜를 베푸셨다는 점을 분명히 한다(23). 이처럼 성전건축의 모든 영광을 주께로 돌려드린다(24). 그는 지금 하나님의 신실하심에 초점을 맞춘다. 결코 자신을 공치사(功致辭)로 교묘하게 포장하지 않는다. 성전을 건축했어도 여전히 자신은 '종'(청지기)이다. 그만큼 그는 하나님께 뭘 해 드렸다는 식으로 추락하지 않는다. 정말 하루 이틀도 아니고 20년 이상을 변함없이 이러기도 힘들다. 그는 나단의 예언(삼하7.1-17) ⇨ 아버지의 유언(왕상2.1-4) ⇨ 25절로 이어지는 영적 흐름을 좇아 아버지 다윗처럼(삼하7.18-29) 하나님의 신실성을 바라보는 기도를 드리고 있다. 빛나는 부전자전(父傳子傳)이다.

한 걸음 더 나아가, 솔로몬은 성전 안에 하나님을 제한하지 않는다. 그는 지금 성전보다 크신 분이신 하나님을 결코 놓치지 않는다. 한편 그의 기도는 아버지 다윗(24-26) ⇨ 종으로서의 자신(28-29) ⇨ 백성(30)을 품는다. 다윗의 하나님이 솔로몬의 하나님이 되시고, 솔로몬의 하나님이 이스라엘 백성의 하나님이 되시는, 그리고 기도에 응답하시는 하나님이 되심을 소망하며 간구한다. 이처럼 백성들까지를 기도로 품는 솔로몬의 마음이 참 귀하게 여겨진다. 이 모든 기도가 지금 성전에서 드려지고 있음을 주목하지 않을 수 없다.

한편 솔로몬은 기도를 누구에게 배웠을까? 물론 기도의 사람, 아버지 다윗에게 배웠을 것임에 틀림없다. 다윗은 기도의 사람이었다. 지금 8장의 분위기는 사무엘하 7장의 분위기와 흡사하게 느껴진다. '다윗왕가'에 대한 나단의 예언에 이어지는 다윗의 기도(삼하7.1-17 ⇨ 18-29)는 성전건축을 완성한 이후에 하나님의 뜻이 더욱 분명하게 이루어지기를 간구하는 솔로몬의 기도와 그대로 중첩된다. 역시 큰 사람들은 "뜻이 하늘에서 이룬 것같이 땅에서도 이루어지이다."(마6.10)는 주님의 기도를 드리는 영적 통찰의 사람들이다.

기도의 사람은 겸손하다. 하나님보다 앞서지 않기 때문이다. 솔로몬은 예배(제사; 3.1-15), 말씀(성전건축; 5.3-5, 6.1-8.21), 기도(8.22-53)의 사람이었다. 균형 잡힌 영성의 사람, 하나님의 종으로 한결같이 살아온 사람, 하나님과 성전 뒤에 자신을 겸손히 숨기는 사람, 하나님의 뒤에 서서 앞서 행하시는 하나님을 찬양하며 모든 영광을 하나님께 돌리는 사람, 그가 바로 지혜자 솔로몬의 '오늘'이다(24b). 하나님 앞에서 살아갈 때가 가장 영적으로 건강할 때다. 솔로몬의 오늘이 우리의 '오늘'이기를 바라는 건 이 때문이다.

3. 성전신학(聖殿神學)

이에 세상 만민에게 여호와께서만 하나님이시고
그 외에는 없는 줄을 알게 하시기를 원하노라(왕상8.60)

◎ 성전봉헌예배(8장)

성전으로 법궤를 옮김(1-13)

솔로몬의 성전 봉헌사(奉獻辭, 14-21)

솔로몬의 기도(22-53)

솔로몬의 축복(54-61)

성전 낙성식(落成式, 62-66)

건축한 성전을 하나님께 봉헌하기에 앞서 솔로몬은 위로 하나님께(22-53), 그리고 이어 "이스라엘 온 회중을 위하여 축복하"(55)는 순서를 갖는다. 그 축복 중 오늘 묵상은 성전을 향한 솔로몬의 마음이다. 그가 기대한 성전은 무엇인가? 세계 만민에게 여호와만이 하나님이심을 알게 하는 것, 이것이 성전을 향한 솔로몬의 소망이다.

그렇다. 성전의 목적은 하나님을 알게 하는 것이다. 성전은 하나님을 알리는 광고다. 더욱 이스라엘만이 아닌 세계 열방이 모두 다 하나님을 아는 통로가 되기를, 그런 성전으로 유지되고 발전되기를 백성들에게 당부하고 있다. 솔로몬의 성전신학(聖殿神學)은 이처럼 건강하다. 구원이 오직 유대인에게만 있다는 유대주의 시대에 이처럼 세계 열방을 향해 선교적 사명까지를 내다본 통찰이 눈부시다.

비록 건축 이후는 여전히 '만일'(31,33,35,37)이라는 미래적인 기도에 일정 부분 맡겨져 있을지라도 '오늘'(61)의 이스라엘은 참으로 복되고 행복하기만 하다. 다윗을 이은 건강한 지도자인 솔로몬, 하나님의 신적 지혜로 지은 성전, 그리고 그 성전을 담아내는 통찰, 그것이 예전을 추억하는 과거로서의 회상이 아니라 이 축복이 '오늘'이 되는 꿈이 있기에 새로운 성전시대는 살아있는 희망이다.

하나님이 꿈꾸신 교회는 어떤 교회일까? 하나님은 종종 당신의 계획을 사람의 마음에 담아주시곤 한다. 엄밀히 말해, 솔로몬의 말이기 이전에 하나님의 말씀으로서 열왕기상(1 Kings)이라면 -"모든 성경은 하나님의 감동으로 된 것으로"(딤후3.16a)- 하나님은 당신의 마음과 생각을 솔로몬의 마음에 담아 입으로 고백 되게 하신 것이라 할 수 있다.

그렇다면 하나님은 성전이 사람의 잔치와 회복만을 위한 것이 아닌 "세상 만민에게 여호와께서만 하나님이시"라는 진리를 만방에 알리고 전하는 복음의 진원지(震源地)가 되기를 기대하신 것이 아니겠는가.

바로 그 교회를 꿈꾸며 기대하고, '오늘'도 솔로몬이 꿈꾼 그 교회가 세워지고, 그래서 주의 나라가 열방 가운데 전파되고 하나님의 이름이 지구촌에 가득 넘치기를 소망한다.

솔로몬을 통해 내게도 이 소원을 주신 주님을 찬양한다. 교회는 나의 연습실이 아니며, 나의 꿈을 펼치는 땅이 아니며, 나를 포장하고 배달하는 쇼핑몰이 아니다. 나의 존재 이유와 목적은 오직 그분을 드러내고, 알리고, 전하고, 가르치고, 예배하고, 증거하는 것이다. 이 영광스런 소명을 간직한 교회를 묵상하고 세워가도록 은혜 주신 주님을 찬양한다.

4. 850 vs 1

여호와여 내게 응답하옵소서 내게 응답하옵소서
이 백성에게 주 여호와는 하나님이신 것과
주는 그들의 마음을 되돌이키심을 알게 하옵소서 하매(왕상18.37)

하나님이 보낸 사람, 하나님이 세우신 사람, 그가 당대의 영적 거장이요 하나님이 북왕국 이스라엘의 선지자로 부르신 길르앗 디셉 사람 엘리야(Elijah)다. 역설적이게도 타락한 왕의 대명사(왕상16.29-30)인 아합의 시대에 선지자 엘리야의 사역(왕상16.29-왕하2.11)은 어둠 속의 별처럼 찬란하게 빛난다. 그 가운데 오늘은 바알의 거짓 선지자 850명 앞에 홀로 선 엘리야와 불로 응답하는 엘리야의 하나님 앞에 서는 장면이다(왕상18.1-40).

놀라운 것은 이방 나라의 왕이 아니라 어찌 되었건 북왕국 이스라엘의 왕 아합의 언행이라는 점이 당혹스럽다. 하나님 앞에 항복하고 주의 긍휼과 자비에 의존해도 될까 말까 한 때에 명색이 이스라엘이라는 나라의 왕이 바알종교가 국교(國敎)다 싶을 정도의 패역과 신성모독을 자행하고 있으니 이러고도 살기를 바랄 수 있을까. 정녕 하나님이 두렵지도 않다는 말인가.

한편, 이 스토리에는 하나님의 생각(마음, 모습)이 직접적으로 드러나지 않는다. 동시에 선지자도 극도로 자신의 감정을 절제하는 분위기다. 분노로 풀어갈 일이 아니니까... 엘리야는 오직 하나님께로만 집중한다. 자신의 중심을 잃어버리게 만드는 것에 사방으로 우겨쌈을 당하고 있는 상황에서도 흔들림 없이 사소한 것에 휩쓸리지 않는 선지자의 집중력에 고개가 숙여질 뿐이다.

동시에 선지자는 자신의 능력을 보여주는 것으로 문제를 돌파해 가지 않는다. 아니 처음부터 그럴 생각은 추호도 없어 보인다. 어떤 면에서 바알(거짓 선지자들)과 싸우는 게 아니다. 있지도 않은 신과의 전쟁이란 부질없는 것 아닌가. 그는 하나님 앞에서, 하나님의 선지자로서, 하나님을 드러내고 증거해야 할 전도자로서, 하나님만이 불로 응답하는 신이심을, 이 기적을 통해 이스라엘 백성들의 마음을 하나님께로 돌이키게 하시는 은혜만을 구하고 있다.

타락한 시대에서 하나님의 사람으로 살아간다는 것은 무엇을 의미할까? 나는 너와 다른 자라는 것을 보여주는 것일까? 아닌 것 같다. 지금 내가 선지자에게서 배워야 할 것은 이 땅에 하나님만이 참 신이심을 알게 하는 것이다. 주님만이 이 민족의 마음을 주께로 되돌리시는 분이심을 구하는 것이다. 지금 내게 필요한 것은 보이지 않는 기적을 보는 것이다. 이미 엘리야의 불이 이 땅에 임했음을 알리는 것이다. 이 감당할 길 없는 소명의 십자가를 지고 주님 뒤를 따르는 것이다. 하나님만이 응답하시는 분이심을 믿고, 구하며 말이다.

5. 갈멜대첩

여호와여 내게 응답하옵소서 내게 응답하옵소서
이 백성에게 주 여호와는 하나님이신 것과
주는 그들의 마음을 되돌이키심을 알게 하옵소서 하매(왕상18.37)

◎ 갈멜대첩(왕상18.20-40)

① 850 vs 1 : 엘리야의 설교(20-29)

○ 이스라엘 백성 ⇨ 바알의 선지자들

② 영적전쟁 : 여호와의 불(30-40)

○ 준비(30-35) ⇨ 기도(36-37) ⇨ 응답(38) ⇨ 결과(39-40)

갈멜대첩의 배경은 엘리야가 아합에게 "내 말이 없으면 수년 동안 비도 이슬도 있지 아니하리라."(왕상17.1b; 약5.17-18)는 예언대로, 다시 하나님이 엘리야에게 "많은 날이 지나고 제 삼년에 … 내가 비를 지면에 내리리라."(왕상18.1)는 말씀에 이어지는 사건이다. 과연 하나님이 하시는 일이 어떻게 흘러갈 것인가? 중요한 것은 엘리야가 시종을 솔로(Solo)로 진행하는 기획과 같은 사건이 아니라는 점이다. 불과 비를 내리는 분이 하나님이시라면 이스라엘이 의지해야 할 대상은 아합이 아니라 하나님이심을 증거하는 것, 이것이 이 사건 속에 들어있는 엘리야의 소명이다.

바알과 아세라의 거짓 선지자들(850명) 앞에 오직 한 사람 엘리야가 서 있다. 모든 준비를 마치고 엘리야는 곧바로 '저녁 소제 드릴 때'(36a)에 맞추어 기도하는 자리로 나아간다. 아합과 이세벨의 바알종교를 따라 하나님을 떠난 이스라엘, 율법의 규례는 이미 사문화(死文化)된 이스라엘, 바로 그들 앞에서 엘리야는 '여호와의 단'을 수축하고(30), 열두 돌을 취하고(31-32), 그리고 이번에는 조상들이 율법이 정한 제사 드리는 바로 그 시간을 택함으로써 온 백성 앞에서 그것을 다시 회복시키고 있다(36-37).

그의 기도는 하나님께 초점이 맞추어져 있다. 자신은 '종'으로 겸손히 무릎을 꿇는다. 오직 하나님의 영광이 이루어지기를 기도한다. 즉, 자기 능력을 구하지 않는다. 흔히들 거룩한 뜻을 품고, 또한 하나님의 일을 한다는 사람일수록 "내가 이렇게 갸륵한 뜻을 품었으니, 이제 하나님이 하실 일은 나에게 능력을 주시는 것입니다."로 흐르는 경향이 많다. 하지만 엘리야는 하나님과 하나님의 말씀만이 빛나도록, 자신은 이 일을 위해 일하는 '종'에 불과함을 끝까지 놓치지 않는다.

엘리야는 하나님을 "아브라함과 이삭과 이스라엘의 하나님 여호와"(36a)로 부름으로써 지금 갈멜산 제단 앞에 있는 온 이스라엘 백성들로 하여금 하나님의 말씀을 떠나 여로보암(아합)의 뒤를 따르는 것이 조상들의 하나님을 떠난 배은(背恩)이다는 것을 생각하도록 촉구한다. 하나님은 결코 여호와 보시기에 악을 행하는 아합과 그 무리들의 편이 아니시며, 생사(生死)를 오가는 영적 전쟁터에서 한결같이 하나님의 이름을 부르는 엘리야의 편이시다.

오늘도 이 세상의 바알주의자들은 하나님 없는 인생을 꿈꾼다. 세상만 그럴까? 지금 아합은 이스라엘의 왕이 아닌가? 그럼 온 이스라엘과 아합 모두가 다 하나님과 무관하게 움직이고 있는 것이다. 참으로 놀라운 일이다. 이것이 교회 안에, 아니 내 안에 들어온 세속주의의 무서움이다. 이름 뿐인 명목상의 신앙의 껍질을 벗어버리지 않으면 언제든 나도 아합스럽게 살 수 있다. 이게 걱정이다.

6. 나의 발이 미끄러진다고 말할 때에

그러나 내가 이스라엘 가운데에 칠천 명을 남기리니
다 바알에게 무릎을 꿇지 아니하고
다 바알에게 입 맞추지 아니한 자니라(왕상19.18)

열왕기상 19장에는 하나님의 열심이 흐른다. 한 사람을 향한 오래 참으심과 기다리심 안에든 그분의 끝 모를 사랑을 볼 때 그렇다. 갈멜산에서 브엘세바로 오는 노정에서(3), 다시 광야까지(4), 그리고 40일이나 되는 호렙산까지의 노정에서(8-9), 또한 호렙에서의 몇 번의 긴장되는 대화에서(9-14) 하나님은 먼저 참아주시고 계속해서 엘리야를 격려하고 계신다. 도대체 하나님은 어떤 분이신가를 찬찬히 묵상해 본다. 동시에 엘리야의 대담함이랄까, 선지자스럽지 않은 대답이나 하고 있음에도 오히려 사명자로 다시 태어나는 것을 보면서 엘리야의 영적 뚝심에 대해서도 여러 각도에서 더 생각해 보게 된다.

당혹스러운 것은 엘리야의 좌절과 포기가 생각보다 깊고 길다는 점이다. 하나님은 호렙산 동굴에서 엘리야에게 바람-지진-불-세미한 소리로 4번이나 지나가셨고(11-12), 또 5번이나 임하셨다(9a,11a,12b,13a,15a). 이처럼 하나님은 선지자로서의 사명을 내려놓고 싶어하는 엘리야(4,10,14)를 더 집요하게 설득하시고 격려하시며 영육(靈肉, 5-8 / 9-)의 양식으로, 그리고 이번에는 "너는 … 하라."(15-17)는 사명을 다시 명하시면서까지 엘리야의 유아스러운 요구를 사실상 거절하신다. 하나님은 어린아이가 칭얼대듯이 당신의 치맛자락을 붙들고 더는 선지자 노릇을 못하겠다고 아우성치는 엘리야를 용납하시고 그의 '아이 시늉'을 받아주시는 분이심에 놀라지 않을 수 없다.

엘리야는 '오직 나만'(10,14) 홀로 남았다고 생각하고 있었다. 이처럼 무지해도 선지자요, 18장의 '갈멜대첩'을 이끄는 영적 거장이다. 인간이 똑똑하고, 바르고, 정확하고, 진실하고, 뭐 됨됨이가 훌륭해서 하나님이 쓰시는 것일까. 바울이 통찰했듯이 하나님이 쓰시는 사람은 오히려 부족하고, 못나고, 무지하고, 성숙하지 못한, 천한 자들이다(고전1.26-31 참조).

하나님께는 아합과 이세벨이 비록 사탄의 도구가 되어 하나님이 택하여 세우신 나라를 쑥대밭으로 만들었다 해도 엘리야와 오바댜(18.3,12b)만이 이스라엘에 남아있는 자들이 아니다. 하나님은 바알 종교의 사슬로부터 무려 7천 명의 이스라엘 백성들을 충분히 남기겠다 말씀하신다.

엘리야가 선지자 노릇을 잘 해서, 또한 18장의 승리 때문이 아니다. 선지자마저도 포기해 버린 황무한 땅(10,14)에서 7천 명의 성도들을, 놀랍게도 하나님이 친히 모으실 것이다. 이스라엘이 아합과 이세벨에 의해 유지되는 것이 아니듯이 엘리야에 의해서 보존되는 것이 아니다. 오직 하나님이 하신다.

이것을 놓치면 괜한 자화자찬(自畵自讚, 10,14)에 빠져 허우적거리게 된다. 좀 쓰이면 우쭐하고, 그래서 자기보다 다들 시들시들해 보이고, 자신만이 가장 하나님을 잘 섬기는 사람이라고 스스로 착각하는 순간 그는 19장의 엘리야 꼴 난다.

나에게도 그럴 수 있는 가능성은 늘 열려있다. 잘하는 것이 아무것도 없으면서 겉멋만 들어가지고 교만 떠는 나를 내가 봐도 한심할 때가 어디 한두 번인가. 그래도 엘리야처럼 이렇게 살아있으니 이게 다 하나님의 은혜 아닌가. "나의 발이 미끄러진다고 말할 때에 주의 인자하심이 나를 붙드셨사오며"(시94.18)라 고백하는 시인의 간증처럼 하나님이 그리 봐 주실때 정신 차려야겠다. 벼는 익을수록 고개를 숙인다.

다시금 19장의 호렙산에 나를 세운다. 말씀하시는 주님 앞에 서기 위해서다. 지금은 임하시는 하나님을 통해 나를 정직하게 보아야 할 때다. 하나님의 말씀이 들리고, 그분이 보여야 할 때다. 그게 희망이다.

열 왕 기 하

1. 소명자는 잠들지 않는다.

엘리사가 이르되 당신의 성령이 하시는 역사가
갑절이나 내게 있게 하소서 하는지라(왕하2.9b)

오므리 왕조(왕상16.21-왕하10.36)의 절정기 때에 갈멜대첩(왕상18.1-40)을 승리로 이끈 선지자 엘리야, 하지만 이어지는 열왕기상 19장에서 곧바로 이세벨의 암살 위협을 피해 호렙산으로 도망하여 죽기를 구할 때 하나님은 그를 회복시키신 후에 후계자로 엘리사를 지명하여 부르신다(왕상19.16b,19-21).

엘리야(왕상16.29-왕하2.11)의 뒤를 이은 엘리사는 아합家의 멸망기(왕하1.1-10.36) 때에 북왕국 이스라엘을 향한 하나님의 메시지를 전하는 선지자(왕상19.19-왕하13.20)로 사역을 감당한다. 두 사람의 동역과 사역 계승은 이처럼 절묘하고 아름답다.

한편 엘리사는 부르심을 받을 때 자기 일에 최선을 다하고 있었고, 또 엘리야가 자기 "겉옷을 그의 위에 던졌"(왕상19.19b)을 때 그것이 무엇을 의미하는 것인지를 알고 있을 만큼 하나님이 하시는 일을 알아보는 성숙한 자리에 있었다.

그날 이후 엘리사는 엘리야의 곁을 떠난 적이 없었고, 그리고 이 부르심은 하나님의 현현에 의해 엘리야의 후계자로 확증된다(왕상19.16.B,19-21 ⇨ 왕하2.1-11).

엘리야는 자신(사람)이 세우는 선지자(후임자)를 거부하였고, 엘리사는 엘리야를 통해서 시작된 하나님의 부르심을 -하나님의 직접적 나타나심- 통해 엘리야의 뒤를 이음으로써 엘리야의 하나님이 곧 엘리사의 하나님임을 확증한다.

이런 배경하에 오늘 열왕기하 2장 묵상이 자리한다. 엘리야는 이제 자신의 때가 다 되었음을 직감한다(9a). 이때 엘리사는 '성령이 하시는 역사가 갑절'(9b)이기를 구한다.

이것은 단순히 엘리야가 가졌던 것의 2배를 말하는 것이 아니다. 이는 다른 선지자의 생도들(3,5,7,15)은 한 배를, 자신에게는 2배를 구함으로써 후계자로 지명되기를 구한 것이다. 9-10절 사이에서 엘리야는 당황하는 표정이 역력하다. 왜냐하면 이것은 자신의 몫이 아닌 하나님의 몫임을 누구보다 잘 알고 있었기 때문이다.

제사장은 부자(父子) 사이에 이어지는 직분이지만 -두 직분을 비교하자면- 선지자는 하나님이 지명하여 부르시는 직분이기에 그렇다. 때문에 엘리야는 이를 위해 남들과는 다른 그 어떤 무엇이 더 요구됨을 말한다(10a). 이것은 지명하는 엘리야에게 위임된 일이 아니라는 뜻이다. 이것이 엘리야의 영성이다.

자, 이를 좀 더 묵상해 보면, 엘리야가 해 줄 수 있는 것이 아닌 뭔가 다른 것을 볼 수 있는 엘리사 자신의 영적 능력(자질)이 있어야 한다(10b). 하지만 이보다 더 중요하고 본질적인 것은 하나님께서 당신의 임재를 보여주시는, 그래서 단순한 세습에 의해 후계자가 되는 것이 아닌, 하나님 편에서의 어떤 확증(sign)이 있어야만 하는 일이다.

엘리사는 단순히 엘리야 이후 시대, 즉 후계자를 꿈꾸며 엘리야의 치마자락을 붙들고 칭얼거리는 게 아니다. 그는 이 혼탁한 오므리 왕조시대(왕상16.21-왕하10.36)에 대한 하나님의 심판, 즉 아합家의 멸망(왕하1.1-10.36)을 마무리해야 하는 소명자로서 자신을 써주시기를 구하고 있다.

하지만 이 일은 엘리야가 왈가왈부할 영역이 아니다. 이것이 하나님의 신적(神的) 개입을 통해 진행되어지는 사역계승의 보이지 않는 그림이다. 이런 사역계승을 이룰 수 있다면, 이처럼 뒤이어서 해야 할 소명이 있다면, 이런 소명자로 쓰임을 받을 수 있다면, 지금 내가 구해야 할 것 역시 동일하다 : "당신의 성령이 하시는 역사가 갑절이나 내게 있게 하소서!"

1. 목숨보다 귀한 소명자의 길

그런즉 이제 너는 삼갈지어다 여호와께서 너를 택하여
성전의 건물을 건축하게 하셨으니 힘써 행할지니라 하니라(대상28.10)

◎ 선택의 계보(대상28.1-10)

① 하나님이 유다 지파를 택하사(4)

② 내 부친의 집을 택하시고(4)

③ 여호와께서 전에 나를 … 택하여(4)

④ 내 아들 솔로몬을 택하사(5)

내(하나님)가 그(솔로몬)를 택하여(6)

여호와께서 너를 택하여(10)

아버지 다윗은 아들 솔로몬에게 이미 성전건축을 위한 유언(대상22.6-16)을 했었는데, 이번에는 온 백성의 지도자들을 예루살렘으로 소집한 후 -이때 솔로몬 역시 동석해 있다(대상28.9-10,20)- 성전건축을 당부하는 마지막 메시지(대상28.1-10, 29.1-22a)를 전달한다. 그 기저에는 성전건축의 사명이 솔로몬에게 있음을, 동시에 온 이스라엘은 이를 함께 감당해야 함을 말하려고 하는 다윗의 의

도가 깊이 내재해 있다.

아마도 다윗은 유력했던 아들들이 소위 '왕자의 난'에 연류되어 하나 둘 죽어갔고, 자신의 뒤를 잇는 솔로몬은 아직 어릴 뿐만 아니라 정치적 기반도 전혀 없음을 염두에 두고 있었을 것이다. 특별히 자신의 통치 기간 내내 꼬리표처럼 따라다녔던 사울왕가의 세력이 언제든 다시 일어날 수 있는 상황인 것을 누구보다 잘 알고 있었다. 때문에 오직 솔로몬이 성전건축을 위해 택함을 받았고, 그래서 성전건축이 최우선 사명이자 소명이라는 점을 줄곧 메시지에 담고 있는 것이다.

이런 맥락에서 오늘 말씀은 한 사람 아비로서의 마음이, 그리고 이스라엘의 영광이 하나님의 전을 건축하는 것으로 이어져야 한다는 소명이, 이 일을 다름 아닌 아들 솔로몬이 맡아 주기를 바라는 소원이, 동시에 이를 온 백성들과 지도자들이 합심해서 감당해 주기를 염원하는 최후의 메시지에 담긴 다윗의 심정이 그대로 느껴진다.

분명한 소명이 있는 사람, 그 비전이 이루어져야 하고 이를 이룰 사람이 확정되고 드러난 사람, 무엇보다 하나님과 백성과 솔로몬 모두가 다 한마음으로 이를 기대하고 소원하고 있다는 점에서 다윗의 마무리는 아름답다. 하나님은 이 일에 가장 합당한 사람으로 다윗의 열한 번째 아들인 솔로몬을 택하셨다. 다윗에게 더 놀라는 것은 차기 대권이 솔로몬에게로 점차 확실시되는 때부터 지금껏 그의 관심은 오직 성전건축에 있다는 점이다.

예산에 있는 추사(秋史) 김정희 고택과 기념관을 방문한 적이 있는데, 거기서 추사어록 중 하나가 참 인상적이었다 : "내 글씨는 비록 말할 것도 못되지만, 나는 70평생에 벼루 열 개를 밑창 냈고 붓 일천 자루를 몽당붓으로 만들었다." 추사체 하나를 위해 오직 70평생을 드렸다는 추사(秋史)에게서 잠시 내가 가야 할 길을 묵상해 본다. 내게 주신 목회라는 오직 한 길을 나 역시 온몸과 마음을 다해 달려가기를 기대하고 기도한다.

2. 성전건축의 기초는 기도입니다.

여호와여 위대하심과 권능과 영광과 승리와 위엄이 다 주께 속하였사오니 천지에 있는 것이 다 주의 것이로소이다(대상29.11a)

◎ 다윗의 성전준비(대상29.1-19)

① 예물을 드리다(1-9)

② 기도를 드리다(10-19)

한 사람의 행복은 어디까지일까. 다윗은 10대 양치기 소년의 자리에서 부르심을 받아 30세에 왕이 되어 40년을 이스라엘 왕으로 사역을 했다(삼상16.11-13, 삼하5.4-5). 그런 그가 이제 인생의 마무리를 하고 있는 중이다. 하나님은 다윗을 택하셔서 그를 마음껏 쓰셨고, 다윗은 하나님의 쓰심에 멋지게 응답하는 것으로 받은 바 복(福)을 다시 하나님께 돌려드린다.

아마도 바울의 고백은 다윗에게도 어울릴 것 같다 : "나는 선한 싸움을 싸우고 나의 달려갈 길을 마치고 믿음을 지켰으니."(딤후4.7)

끝까지 부르심의 자리, 소명의 자리에 머물러 있다는 건 무엇과도 바꿀 수 없는 은혜요 축복이다. 이 인생의 끝자락에서 다윗은 놀랍게도 성전건축을 위한 준비에 남은 모든 에너지를 집중한다. 보이는 성전을 위해 예물을 넘치도록 즐거이 드렸을 뿐만 아니라, 보이지 않는 더 중요한 영적 토대를 쌓기 위해 겸손히 기도를 모으고 있음을 볼 때 그렇다.

그는 넘치도록 준비된 것 앞에 자신의 공로를 은근히 드러내는 것이 아닌, 오히려 더 낮아지고 겸손하게 "하나님이 하셨나이다!"로 기도하고 있다.

◎ 마지막 기도 안에 든 다윗의 마음(대상29.10-19)

다 주께 … 다 주의 … 주께 속하였사오니(11)

주께로 말미암고 … 주의 손에 있나이다(12)

이제 우리가 주께 감사하오며(13)

모든 것이 주께로 말미암았사오니 …(14)
… 다 주의 것이니이다(16b)
이 모든 것을 즐거이 드렸사오며 …(17a)
솔로몬에게 … 주의 계명…을 지켜 … 건축하게 하옵소서(19)

하나님의 절대 주권과 전능하심에 대한 찬양과 경배에는 이제 곧 다가올 성전건축, 이것이 이스라엘(다윗이나 솔로몬)의 실력에 의해 되어지는 것이 아님을 분명히 하고자 하는 다윗의 신앙과 이 영적 균형(긴장감)을 잃을지 모르는 이스라엘을 향한 노파심이 들어있다. 그래서 보이는 것을 다 준비했으나 보이지 않는 영적 토대를 기도를 통해 더 튼실하게 세우고 있는 것이다.

건축은 하나님을 더 높이고 사람은 더 낮아지고 겸손해지는 것으로 지어져야 한다. 사람의 실력으로 지어지는 것도 아니며, 그러려고 해서도 안 되고, 그럴 수 있다고 생각해도 안 된다.

하나님은 사람이 지은 건물 안에 담아 놓을 수 있는 그런 분이 아니다. 다윗은 이를 누구보다 잘 알고 있다. 오늘 다윗의 뒤를 이어가는 후예들이 귀담아 들어야 할 메시지가 그의 기도 안에 가득하다.

3. 하나님이 하셨습니다!

부와 귀가 주께로 말미암고
또 주는 만물의 주재가 되사 손에 권세와 능력이 있사오니
모든 사람을 크게 하심과 강하게 하심이 주의 손에 있나이다(대상29.12)

◎ 아름다운 퇴장(대상29.1-30)

A 성전건축을 위한 감사의 봉헌(1-9)

B 감사의 기도(10-19)

C 다윗에서 솔로몬으로(20-30)

역대상 29장은 다윗의 왕위 40년의 마지막을 기록하고 있다. 그 중 첫 단락은 다윗이 온 이스라엘과 더불어 하나님의 전을 건축하기 위해 드린 예물이 자원함과 기쁨에 따른 즐거이 드림이었음을 다시 되짚어 보는 일종의 보고서다(A, 1-9).

그리고 오늘 묵상은 문맥(文脈)상 이 예물 드림과 관련된 감사의 기도다(B, 10-19). 따라서 이어지는 기도(B)는 앞의 예물(A)과 관련하여 읽어지는 게 자연스럽다.

산처럼 쌓인 성전건축을 위한 예물(A)은 전적으로 하나님의 것이며, 하나님이 주신 것을 다시 하나님께 드린 것임을 누차 강조하고 있는 이면에는 앞서 다윗 생애의 쓰라린 경험을 생각

하지 않을 수 없게 한다.

인구조사와 그에 따른 죄 값을 지불하게 된 사건이 그것이다(대상21.1-17). 이를 통해 다윗왕국의 영광이 결과적으로 인구(칼을 뺄 만한 자)에 있음을 과시한 셈이 되었고, 이는 하나님 없이도 이스라엘이 건재할 수 있음을 얘기한 것처럼 보임으로써 하나님의 노를 자극하였고, 다윗은 하나님의 징계를 받아야만 했었다.

때문에 지금 다윗은 성전건축을 위한 풍성한 준비물이 자칫 인구조사의 악몽을 반복하는 것으로 비춰지지 않을까 한다는 점을, 그러므로 이 드려진 예물(A)은 다윗의 실력지수가 아니라 하나님의 주권과 전능지수의 결과임을 분명하고 명쾌하게 기도에 담아 하나님께 올려드리고 있는 것이다 : "… 주께로 말미암고 또 주는 … 있사오니 … 주의 손에 있나이다."(12)

하나님은 당신의 영광을 빼앗으려는 인생을 싫어하시며, 당신의 능력과 일하심을 자기 공로로 바꾸려는 인생을 진노하시며, 감히 하나님과 겨루어 자기 목소리를 발하는 인생을 결코 그대로 두지 않으신다. 인간은 가장 밑바닥에 있을 때도, 반대로 가장 정상에 선 순간에도 역시 교만지수를 극도로 높일 수 있다. 이때가 가장 위기의 때임에도 말이다.

다윗은 앞서 인구조사의 죄악을 통해 일순간에 자신의 모든 것이 다 가루가 되어 우주에 흩어질 수 있음을 값비싼 대가를 지불하고야 알았다. 인간이 하나님 앞에서 얼마나 깃털처럼 가볍고, 새순처럼 연약한, 아침 이슬처럼 흔적 없이 사라질 존재인가를 알았다.

그랬기에 하나님의 전을 건축하는 일을 위해 모든 것을 다 준비하고서 왕위를 마무리하고 있지만 그러나 그것이 하나님의 전지하심과 전능하심에 비하면 얼마나 볼품없고 초라한 것인가를 고백하고 있다. 그는 최고의 헌신 앞에서도 극상품 겸손으로 낮은 자리에 내려앉고 있는 것이다.

사실 다윗의 입장에서 보면 다윗이 다 한 것이다. 건축을 위한 예물들이 하늘에서 뚝 떨어진 게 아니잖은가. 그럼에도 이게 다 "주께로 말미암"았기에 된 일이라고 알고, 믿고, 이해하고, 해석할 수 있다는 것은 결코 쉬운 일이라 할 수 없다.

진실로 다윗은 겸손한 종이었던 것이다. 주님이 원하시는 청지기의 고백은 언제나 한결같다 : "이와 같이 너희도 명령 받은 것을 다 행한 후에 이르기를 우리는 무익한 종이라 우리가 하여야 할 일을 한 것뿐이라 할지니라."(눅17.10) 나 역시 아멘이다.

역 대 하

1. 너의 죄가 아닌 나를 보거라!

내 이름으로 일컫는 내 백성이 그들의 악한 길에서 떠나
스스로 낮추고 기도하여 내 얼굴을 찾으면 내가 하늘에서 듣고
그들의 죄를 사하고 그들의 땅을 고칠지라(대하7.14)

◎ 성전 봉헌식(5.1-7.22)

① 언약궤의 안치(5.1-14) - "여호와의 전에 구름이 가득하니라."(13b)

② 봉헌식(6.1-42)

③ 성전 낙성식(봉헌축제, 7.1-22)

A 하나님의 응답(1-3) - "여호와의 영광이 그 전에 가득하니"(7.1b)

X 성전 낙성식(4-10)

A' 하나님의 응답(11-22) : 성전언약

솔로몬은 성전건축(대하2.1-4.22)을 마치고, 언약궤를 안치(①)한 후에 봉헌식(②)에 이어 봉헌축제로 불리는 성전 낙성식(③)을 거행한다. 오늘 묵상은 이 낙성식이 행해진 그날 "밤에 여호와께서 솔로몬에게 나타나사 그에게"(대하7.12a) 말씀하신 [성전언약](대하7.12-22) 중에 들어있는 말씀이다.

신실하신 하나님께서 친히 하신 약속의 말씀이기에 가슴이 뛴다. 왜냐하면 하나님께는 허언(虛言)이 없기 때문이다.

성전시대에도 이스라엘은 '악한 길'(14a)에 발을 담글 것이고 그 결과는 성전언약 안에 있는 대로 13절을 경험하게 될 것이다. 13절이라는 결과 앞에 세상은 자연재해다, 환경재앙이다, 바이러스다 라는 식으로 예단하고 수습을 모색하겠지만 하나님은 그것이 "악한 길에서" 만난 하나님의 심판(징계)이라고 말씀하신다.

더 놀라운 것은 그럼에도 불구하고 이스라엘은 여전히 '내 백성'(14a)이다. 성전, 제사, 율법, 제사장, 선지자, 절기 등 다른 어떤 민족에게도 허락하지 않은 하나님을 경배하고 섬길 수 있는 통로를 은혜로 받은 민족이다.

하지만 지금은 '악한 길'에 빠져있다. 은혜에 대한 배은(背恩)이며, 사랑에 대한 배신(背信)이며, 하나님을 망령되이 일컫는 죄악(罪惡)이다.

그럼에도 하나님은 저들을 내 백성이라 하시며, "그들의 악한 길에서 떠나 스스로 낮추고 기도하여 내 얼굴을 찾으면"이라는 해법을 제시하신다. 이스라엘은 루비콘강을 건넜으나 하나님은 다시 은혜대로로 가는 우회로를 사랑으로 놓으신다. 배은과 배신의 죄악마저도 다시 당신에게로 나아올 수 있는 회복의 은혜의 문을 여시는 하나님이심 앞에 숨이 멈추는 것 같은 그분의 망극하신 사랑을 느끼지 않을 수 없다.

죄는 하나님의 징계를 낳지만 회개는 하나님의 은혜의 문을 여는 열쇠다. 하나님은 지금 이 일을 성전이 맡아야 할 거룩한 책임이라고 말씀하신다.

다 끝났다고 할 수밖에 없는 상황을, 이제는 끝났다고 포기할 수밖에 없는 형편에서도 당신의 영광이 임재한 바로 그 성전에서 다시 무릎을 꿇고 회개하며 하나님을 찾고, 구하고, 두드릴 때 하나님은 "하늘에서 듣고 그들의 죄를 사하고 그들의 땅을 고칠"(14b) 것이라 말씀하신다.

그러므로 하나님보다 먼저 포기하는 것은 불신앙이자 교만이다. 하나님의 길고 긴 사랑이야기는 아직 끝나지 않았다. 이스라엘은 죄로 그것을 끝냈을지라도 하나님은 사랑으로 이를 다시 이어가신다. 이것이 성전신학의 보이지 않는 영광이다.

이런 은혜의 성전으로 지어져 가는 보이지 않는 성전으로서의 우리 자신이기를 원하고, 이 영광의 부흥을 견인해 내는 보이는 성전으로서의 교회이기를 기대하고 기도한다.

2. 밀물과 썰물

여호와의 눈은 온 땅을 두루 감찰하사
전심으로 자기에게 향하는 자들을 위하여 능력을 베푸시나니
이 일은 왕이 망령되이 행하였은즉
이 후부터는 왕에게 전쟁이 있으리이다 하매(대하16.9)

◎ 아사(Asa, 대하14.1-16.14) : 용두사미(龍頭蛇尾)

- 그의 땅이 10년 동안 평안하니라(14.1b)
- 이 때부터 아사 왕 제35년까지 다시는 전쟁이 없으니라(15.19)

⇔

- 아사 왕 제 36년에 … 노하여 선견자(하나니)를 옥에 가두었으니(16.1,10a)
- 아사가 왕이 된 지 39년에 그의 발이 병들어 … 여호와께 구하지 아니하고(16.12)
- 아사가 왕위에 있은 지 41년 후에 죽어(16.13a)

유다의 제3대 왕 아사의 통치 41년 중, 오늘 묵상 단락이 시작되는 통치 36년 이전의 모습은 다윗왕가의 후예다운 모습을 보여 주었다. 종교개혁(14.1-8)에 이어 구스의 100만 대군과의 마레사대첩(14.9-15)을 승리로 이끌 때 그가 "하나님 여호와께 부르짖어 이르되 … 원하건대 사람이 주를 이기지 못하

게 하옵소서!"(14.11)라고 올려드린 기도는 실로 압권이다. 그뿐 아니라 승리에 도취될 수도 있을 때에 아사랴(Azariah)의 설교(15.1-7)를 듣고 다시 종교개혁(15.8-19)의 깃발을 계속해서 유다의 하늘에 펄럭이게 한 것은 칭찬을 넘어 경의를 표할 만큼의 영적 전성기를 보여주었다.

그런 그가 통치 36년에 아람과 동맹(16.1-6)을 맺고 몰락의 길을 걷게 되는데, 놀랍게도 이번에는 아사랴 때와는 달리 이를 지적한 선견자 하나니(Hanani)를 옥에 가두고 하나님의 말씀대로의 길을 완전히 떠나게 된다(16.10). 더욱 통치 39년에 병에 들어 죽게 되었음에도 "여호와께 구하지 아니하고 의원들에게 구하"(16.12)며 끝내 하나님께로 돌아오지 않고 통치 41년에 병사(病死)함으로 역사의 무대 밖으로 사라진다.

정리하면, "아사 왕 제36년에 … 왕이 망령되이 행하였은즉 이후부터는"(16.1,9b) 이전과 전혀 다른 역사가 그에게 펼쳐지게 될 것이다는 최후통첩을 받은 것이다. 그럼 무엇이 망령되이 행한 것인가? 선견자 하나니의 설교에 의하면 아사 "왕이 아람 왕을 의지하고 왕의 하나님 여호와를 의지하지 아니한", 즉 다시 말하면 "전심으로 자기에게 향하는 자를 위하여 능력 베푸시"는 하나님을 버린 배은(背恩)이다. 그 결과 하나님도 아사를 버리신다.

하나님은 당신을 전적으로 의지하는 마음의 손을 내밀지 않는 것을 가리켜 망령되이 행하였다고 선언하신다. 아사의 최대 최악의 실수(실패)는 그가 아람의 덫에 걸려 그만 침몰(추락)하고 있을 때에 하나님이 보내신 선견자 하나니의 설교를 통해 하나님을 따라 난 길을 붙들 수 있는 기회를 버리고 썰물처럼 미끄러지고 있음이다(그러고도 잘 될 것이라 생각했을까).

하나님은 지금 이 순간에도 "온 땅을 두루 감찰하사 전심으로 자기에게 향하는 자들을"(9a) 찾고 계시는데 과연 나는 그 찾으심에 클로즈업될 수 있을까 싶다. 아사처럼 35년짜리 공로도 없기 때문에 더 착잡하기만 하다. 동시에 오늘 묵상 뒤편에 서 있는 선견자 하나니의 목숨을 건 설교처럼 사는 것이 진실로 내가 살 수 있는 길이라는 생각이 밀물처럼 밀려온다. 이를 위해 묵상(QT)의 다리를 좀 더 견고하게 놓아야겠다.

3. 히스기야의 영성

너희는 마음을 강하게 하며 담대히 하고
앗수르 왕과 그를 따르는 온 무리로 말미암아 두려워하지 말며 놀라지 말라
우리와 함께 하시는 이가 그와 함께 하는 자보다 크니(대하32.7)

◎ 히스기야(대하29.1-32.33, 29年)

① 회복(29-31장) : 성전 ⇨ 유월절 ⇨ 예배

② 앗수르대첩(32장) : "이 모든 충성된 일을 한 후에"(1a)

A 산헤립(1) : 전쟁

B 히스기야(2-8) : 응전 & 위로

A′ 산헤립(9-19) : 비방

B′ 히스기야(20-23) : 기도 ⇨ 승리(여호와의 구원)

③ 치적들(32.24-33)

히스기야는 "이 모든 충성된 일을 한 후에"(대하32.1a), 그러니까 성전 ⇨ 유월절 ⇨ 예배의 회복이라는 유다의 전성기(①)를 하나님께 올려드린 후에 앗수르대첩(②)이라는 위기(시련, 고통, 고난)의 음침한 골짜기를 통과하게 된다. 이는 보통의 신앙법칙으로는 이해하기 쉽지 않은 흐름이다(충성 ⇨ 전쟁). 일반적으로 히스기야 통치 후반의 치적들(③)을 기록하는 대목에서 교만 ⇨ 죽을 병이라는 흐름(왕하20.1- , 사38.1- 참조)에 훨씬 익숙하기 때문이다.

그는 패역한 열왕들과는 달리 하나님을 위해 전적으로 헌신함으로써 다윗의 계보를 잇는 일에 충성하고 있었다. 그럼에도 예루살렘만 남을 만큼 앗수르대첩에 휩싸여 있다.

한편 놀라운 것은 왜 이런 위기가 왔는가가 아닌 그럼에도 불구하고 오직 하나님 앞에서 당면한 전쟁을 극복하고 있는 히스기야에 대한 역대하 기자의 통찰이다. 그는 보이는 준비(대하32.2-6)만이 아닌 보이지 않는 준비(대하32.7-8)에 균형을 잡는다.

하나님을 위해 유다를 새롭게 하는 일에 성공하고 있음에도 실망스럽기까지 한 가장 극한 상황에 노출된 나라와 백성들을 품고, 그럼에도 하나님 앞으로 나아갈 수 있다는 것은 말처럼 그리 쉬운 행동은 아니다. 그의 언어는 정직하며, 이것은 평정심을 잃지 않는 마음과 영혼으로부터 흘러나오는 히스기야의 영성에 기초한다.

예루살렘 성 바로 밑까지 점령해 들어온 앗수르 앞에 두려움이 없다면 거짓말일 것이다. 하지만 히스기야가 믿고 있는 것은 앗수르에게는 결코 없는 "우리와 함께 하시는 이"(우리의 하나님 여호와)의 크심이다. 히스기야는 이를 보고, 믿고, 알고, 확신하고 있다. 그는 두려움을 넘어섰고, 그보다 더 큰 위로자로 백성 앞에 서 있다.

이젠 백성들 차례다. 그렇다고 뒷짐 지고 돈키호테스럽게 큰소리만 치고 있는 건 아니다. 백성들과 더불어 최선을 다했지만 진정한 평화와 승리는 하나님께로부터 온다는 것을 믿는 믿음이 히스기야 자신을 넘어 온 백성들에게 흘러가기를 기대하고 있다.

이 흔들 수 없는 확신과 하나님을 향한 신뢰가 오늘 묵상을 살아 숨 쉬게 한다. 어떤 상황에서도 하나님을 신뢰하는 영적 기본기가 얼마나 소중한가가 새삼 큰 무게로 느껴진다.

에 스 라

1. 여호와의 성전을 건축하라!

이스라엘의 하나님은 참 신이시라 너희 중에 그의 백성된 자는
다 유다 예루살렘으로 올라가서 이스라엘의 하나님 여호와의 성전을 건축하라
그는 예루살렘에 계신 하나님이시라(스1.3)

◎ 분열왕국에서 포로기까지, 그리고 出바벨론

이사야_ 사44.28–45.7(사44.24–47.17)

⇨ 예레미야_ 렘25.11–14, 29.10–14

⇨ 다니엘_ 단6.28, 9.1–11

⇨ 에스라_ 스1.1–4(스룹바벨—학개/스가랴—에스더—에스라)

※ ( )는 포로기 이후에 활동함

이방 바사제국의 고레스(BC 559–30) 왕이 왜 이스라엘의 예루살렘 귀환령을 내렸을까?(스1.1–4) 그는 이미 하나님을 알고 있고, 바벨론을 정복하게 하신 분이 누구시며, 그분이 그렇게 하신 이유가 무엇인가를 잘 알고 있었다(2). 그리고 그것을 아는 자리에 머물러 있지 않고 곧바로 실행에 옮긴다(3). 그것도 자원함과 즐거운 마음으로 매우 풍성하고 구체적으로 명하고,

또 이루어지도록 격려하는 세심한 배려를 아끼지 않으면서 말이다(4,7-8).

하나님은 섭리하시고, 거기에 고레스는 쓰임 받고, 이스라엘은 다시 예루살렘으로 돌아가 성전재건과 더불어 하나님을 섬기는 사명을 회복한다. 이스라엘은 하나님을 잊었으나 하나님은 이스라엘을 버리지 않으셨다. 비록 배은망덕(背恩忘德)한 불효자들이지만 어찌할 것인가. 그래도 부모와 자식의 관계를 영원히 단절하고 지낼 수는 없지 않은가. 하나님은 고레스라는 대리인을 내세워 이 일을 은밀하고도 분명하게 진행해 가신다.

고레스는 이스라엘의 왕이 아니라 이방 나라의 왕이다. 그런데 그는 지난 이스라엘의 왕조시대 때의 열왕들에게서도 찾기 어려운 전무후무(前無後無)한 결정을 하나님의 이름으로 행한다. 고레스는 다니엘을 알고 있었다(단6.28). 그리고 다니엘은 이사야(사44.28-45.7)와 예레미야(1; 렘25.11-14, 29.10-14)의 예언, 즉 70년 바벨론 포로기를 마치고 이스라엘이 다시 고토(故土)로 돌아올 것을 예언한 하나님의 말씀을 잘 알고 있었다(단9.1-11). 그의 언행(言行)을 이해하기 위해서는 다음 몇 가지의 추론(상상)이 충족되어야 한다.

먼저 하나님은 당신의 이러한 말씀들을 성취하시기 위해 "고레스의 마음을 감동시키"(1)셨고, 또한 다니엘은 이를 고레스에게 알려 주었음이 분명하다. 마침내 고레스가 바벨론을 멸망시키고 세계의 패권을 잡게 되자 다니엘은 이를 이루시는 이가 하나님이시며, 당신이 이런 영광을 얻게 된 것은 하나님의 뜻을 이루기 위함이었음을 분명하게 고레스에게 이야기했을 것이다.

이제 남은 것은 회복이다. 하나님은 범죄한 온 이스라엘을 앗수르와 바벨론에 포로로 끌려가도록 심판을 행하셨다. 그러나 심판이 끝이 아니라 마침내 긍휼을 입어 다시 고향으로 돌아오는 회복의 아침이 밝아왔다. 포로기라는 쓰라린 아픔의 끝, 그것은 절망이 아니라 다시 새롭게 시작될 하나님의 이야기에 대한 희망이다. 이것은 70년 포로기를 마치고 다시 고향 예루살렘으로 돌아오게 될 것이라는 선지자들의 예언을 성취하시는 하나님의 신실하심과 사랑하심에서 시작된다. 조연(助演) 고레스의 고백이 조용히 빛난다.

2. 에스라행전

에스라가 여호와의 율법을 연구하여 준행하며
율례와 규례를 이스라엘에게 가르치기로 결심하였었더라(스7.10)

◎ 에스라 연대표(主前)

586 남왕국 유다 멸망(바벨론 유수, 왕하 25장)

539 바사(페르시아, 現 이란)왕 고레스 칙령(스1.1-4)

536 제1차 포로 귀환(42,360명, 스1.5-2.70) - 스룹바벨

⇨ 522-486 바사왕 다리오(Darius 1) 통치

516 성전재건(스6.13-15, 다리오 6년)

⇨ 486-65 바사왕 아하수에로(Xerxes) - 에스더

⇨ 464-24 바사왕 아닥사스다(Artaxerxes) - 에스라 · 느헤미야

458 제2차 포로 귀환(약 5,000명, 스7.1-) - 에스라

에스라가 2차 포로귀환의 주역이라는 점은 스룹바벨(1.1-2.67)과 함께 '이미'(already) 고토로 1차 귀환한 자들의 후예들 안에만 하나님의 사람이 자라는 것은 아니라는 점을 보여준다. '아직'(not yet) 예루살렘으로 돌아가지 못한 남아있는 포로들 사이에서도 하나님의 영광을 빛낼 사람들은 자라고 있었다(7.6b,9b). 지금 이 시간에도 하나님은 어느 곳이든, 어떤 위치(자리)에 있든, 무엇을 하든, 당신의 선명한 기준을 따라 살아가는 사람을 주목하신다.

바벨론에서 예루살렘까지의 여정은 당시로써는 4개월이나 걸릴 만큼 머나먼 길이었다(7.8-9). 한편 그는 위로 하나님의 도우심을 입고 사는 사람이었고(7.6b,9b), 동시에 아래로 사람(Artaxerxes)에게도 인정을 받을 만큼 탁월한 사람이었다(7.6b,12-26). 그런 그가 왕의 인정을 받으며 편안하게 사는 것을 마무리하고 예루살렘으로 돌아가기를 결정하고 왕의 승낙을 구한다

(7.6b,13). 그리고 비장한 각오로 오늘 묵상의 결심 앞에 선다. 왜 그랬을까?

에스라는 대제사장 아론의 후손으로서 "이스라엘 하나님 여호와께서 주신 바 모세의 율법에 익숙"(7.6)할 뿐만 아니라 "하나님의 율법에 완전한"(7.12) 학사요, 또한 제사장이다. 이스라엘 나라와 성전은 다시 회복되고 재건되었지만 율법이 흐르는 나라가 되는 것은 아직 요원하였다. 에스라 후반부(7-10장)가 전해주는 이스라엘의 모습은 만족스러운 신앙과는 거리가 멀었다는 점에서 그렇다. 이것이 에스라로 하여금 하나님의 "율례와 규례를 이스라엘에게 가르치기로 결심하"(10b)도록 이끌었다.

그는 자신이 받은바 은혜와 축복을 자신 안에 담고 있는 것으로 자족하고 있지 않았다. 그는 그것을 이스라엘에게 나누는 일에 헌신하고 싶어 했다. 비록 4개월이나 소요되는 머나먼 길이었지만 그것이 그의 결심을 막을 순 없었다(7.9). 그는 바벨론에서의 모든 기득권을 포기하고 영적으로 황무한 땅 예루살렘으로 가는 길에 오른다.

아, 에스라의 가슴에는 무엇이 들어있었을까. 그는 어떤 생각을 하며 예루살렘으로 가는 길을 하루하루 내달렸을까. 내 안에도 복음과 교회와 설교에 대한 에스라스러운 목마름이 있는가? 내 안에는 하나님의 나라를 향한 에스라다운 소명의 불이 있는가? 진정 하나님은 지금 이 시대의 비밀병기인 에스라를 준비하고 계실까? 오, 주여!

느 헤 미 야

1. 느헤미야처럼 살 수 있을까?

이르되 하늘의 하나님 여호와 크고 두려우신 하나님이여
주를 사랑하고 주의 계명을 지키는 자에게 언약을 지키시며
긍휼을 베푸시는 주여 간구하나이다(느1.5)

◎ 평신도 느헤미야, 그 시대적 연표

539 바사(페르시아, 現 이란)왕 고레스 칙령(스1.1-4)

536 제1차 포로 귀환(42,360명, 스룹바벨, 스1.5-2.70)

⇨ 522-486 다리오(Darius 1)

⇨ 486-65 아하수에로(Xerxes) - 에스더 활동

⇨ 464-24 아닥사스다(Artaxerxes) - 에스라 · 느헤미야 활동

458 제2차 포로 귀환(약 5,000명, 에스라, 스8.1-)

445 제3차 포로 귀환(느헤미야, 느2.9-)

느헤미야는 아닥사스다 20년을 기점으로 시작된다(1.1). 에스라와 동시대에 활동한(8.1, 12.36) 평신도 느헤미야는 직업을 가지고 세상 속에서 직장인으로 살아가는 한 성도이며, 어떻게 세상에 속하지 않으면서 세상 속에서 살아가느냐에 대한 답을

제시하는 성경적 모델(model) 중 한 사람이다.

한편 하나니가 전해 준 유다와 예루살렘의 소식은 암담한 단조(短調)였다. 놀랍게도 느헤미야는 예루살렘의 소식을 "듣고 앉아서 울고 수일 동안 슬퍼하며 하늘의 하나님 앞에 금식하며 기도하여"(1.4)로 반응한다. 어떻게 하면 느헤미야처럼 살 수 있을까? 어떤 마음과 심령의 소유자였길래 이처럼 반응할 수 있을까? 무엇이 그로 하여금 참담한 소식 앞에 눈물과 금식기도로 하나님을 바라보게 만들었을까? 그것이 궁금하다.

3절에 대한 느헤미야의 대답(해답)은 하나님을 향한 기도의 무릎이다. 그리고 곧바로 그 원인이 자신에게 있음을 고백한다(1.6b). 이러한 고백은 말처럼 그리 쉬운 것이 아니다. 민족을 가슴에 품고, 이스라엘의 내일(미래)을 위해 어제(과거)의 모든 허물을 오늘(현재)이라는 자기 그릇에 담고 그것을 감당하겠다는 헌신에서 지도자로서의 모습을 본다. 포로의 땅에 이런 사람이 있었다는 것, 이렇게 사는 사람이 있었다는 것, 이게 이스라엘의 희망 아니었겠는가.

그는 기도의 사람이다. 그의 심령은 하나님과 말씀으로 가득 차 있다. 그는 불평과 불만은 다 녹여 버리고 오직 하나님께 희망을 가지며 하나님 앞으로 나아간다. 무릇 지도자는 이처럼 살아야 한다. 느헤미야의 후예처럼 평신도 지도자로 쓰임받고, 또 살아가기를 원한다면 이처럼 넓은 가슴으로 살아야 한다.

포로기를 살아가는 이방의 땅에서 고위 공직자로 살아가고 있는 것, 어쩜 이를 지키고 유지하기 위해서라도 유다(예루살렘)와는 거리를 두고 살았어야 했다. 돈을 좀 벌고 싶은데 주일이 방해된다고, 결혼하고(결혼시키고) 싶은데 불신자여서 어찌해야 하느냐고, 승진하고 싶은데 타 종교에 관습이 팽배한 회사에 기독교 신앙이 문제가 된다고, 이런저런 형편과 상황을 만날 때마다 두 얼굴로 살아가는 사람들이 득세하는 건 이때나 그때나 비슷했을 법도 하다는 생각이 들기에 더 이런 생각이 드는지도 모르겠다. 나를 위해 하나님이 필요한 사람과, 하나님을 위해 나를 기꺼이 드리는 사람의 차이를 느헤미야를 통해 보고 있는 중이다.

2. 평신도 느헤미야

우리의 모든 대적과 주위에 있는 이방 족속들이
이를 듣고 다 두려워하여 크게 낙담하였으니
그들이 우리 하나님께서 이 역사를 이루신 것을 앎이니라(느6.16)

평신도 느헤미야를 중심으로 한 예루살렘 성벽재건이 시작(느3.1-)될 때부터 52일 동안 진행된 역사적 공사(느6.15)가 마쳐지는 순간까지 선과 악이 싸우는 치열한 영적 전쟁이 계속되었다.

이렇듯 승리는 자동적으로, 때가 되면, 아무 대가 지불도 없이 그냥 주어지지 않는다. 밖으로는 산발랏과 도비야(느4.1-), 그리고 스마야(느6.10-14)라는 대적들이 눈을 시퍼렇게 뜨고 공격해 왔다. 설상가상으로 안으로는 이스라엘 백성들까지 율법을 우습게 여기는 그야말로 총체적인 위기였다(느5.1-13).

이런 와중에서 마침내 성벽이 준공되었다. 52일 만의 승리다. 이것이 빛나는 오늘 묵상, 느헤미야의 간증이 서는 위치다(16). 그런데 오늘 묵상을 잘 읽어보면 모두가 다 기뻐해 주는 것은 아니다. 똑같이 위대한 역사 앞에 서 있음에도 불구하고 느헤미야스러운게 아니라 스마야처럼 두려움과 낙담으로 맞이하는 사람들이 있으니 참으로 불행한 사람들이 아닌가.

하나님이 성벽 재건의 역사를 이루셨음을 알았음에도 불구하고 낙담하는 것으로밖에 반응하지 못하는 사람들, 이게 세상이다. 세상은 교회의 영광과 복음의 능력을 알고, 듣고, 봄에도 불구하고 결코 산발랏(도비야)의 역할을 포기하지 않는다. 어떻게 해서든 교회를 깎아내리고, 복음의 빛을 흐리게 만들고, 부정적인 얘깃거리만을 찾아 그것을 부풀리는 것을 사명처럼 여기고 살아간다.

그래도 역사는 하나님 쪽에서 이루어진다. 이게 희망이다. 결국은 하나님의 승리요, 하나님의 계획하심이 성취되는 것으로 결론이 난다. 세상의 방해가 많으면 많을수록 하나님의 승리가 더 가까이에 있음을 알아 간다.

느헤미야는 공사가 끝날 때까지 대적들의 교묘한 전략(느 6.10)에 속아 넘어가지 않는다. 느헤미야처럼 대적 스마야를 보고, “그는 하나님께서 보내신 바가 아니라.”(느6.12a)는 사실을 깨닫는 통찰은 아무나 할 수 있는 평범한 일이 아니다. 그는 앞을 장담할 수 없는 사선을 넘어서면서도 “내 하나님이여 … 곧 나를 두렵게 하고자 한 자들의 소행을 기억하옵소서.”(느 6.14)라고 기도하는 하나님을 신뢰하는 사람이다.

무릇 성도는 그가 만난 문제를 어떻게 읽어내고, 동시에 이를 어떻게 처리하며 소화시키느냐를 통해서 자신의 영적 실력을 드러내게 되어있다. 느헤미야처럼 흔들림 없는 균형 잡힌 신앙으로, 지금 자신에게 들리는 소리가 독(毒)인지 약(藥)인지를 통찰하는 신앙으로 성장하고 성숙하기 위해서는 다른 무엇보다도 느헤미야의 기도생활과 거기서 이루어진 하나님을 향한 전적인 신뢰를 배워야 할 것 같다. 이렇듯 사명을 다 이루는 이면에는 기도가 있음을 잊지 말자.

느헤미야는 하나님이 주신 그 많은 은택을 남에게 주면서 살았다. 유다 백성의 행복이 곧 자기의 보람이요 기쁨으로 여기며 온갖 방해와 모함 가운데서도 마침내 52일 만에 예루살렘 성벽을 준공한 느헤미야! 그를 만나니 나 역시 행복해진다. 한 사람이 바르게 섬으로 온 민족이 하나님의 축복 안에 있음을 본다. 그런 의미에서 느헤미야는 나의 미래다. 물론 그 안에는 내가 채워야 할 52일이 있다.

3. 말씀, 기쁨의 샘의 근원이다.

이 날은 우리 주의 성일이니 근심하지 말라 여호와로 인하여
기뻐하는 것이 너희의 힘이니라 하고(느8.10b)

◎ 수문 앞 기념집회 : 시기와 절기

A 6월 25일 : 예루살렘 성벽재건(6.15) – 느헤미야

B 7월 1일 : 예루살렘 수문 앞 기념집회(8.1) – 에스라

① 7월 1일 : 나팔절(레23.23-25)

② 7월 10일 : 대속죄일(레23.26-32)

③ 7월 15일부터 일주일간 : 초막절(출23.14- , 레23.39- , 민29.12-40)

느헤미야의 성벽재건(A)과 이를 기념하여 이어진 에스라의 수문 앞 집회(B) 사이의 시간이 불과 1주일이다. 이 짧은 기간에 온 백성이 자원함으로 모이게 된 이유를 주목할 필요가 있다. 出바벨론을 통해 마침내 포로기에 마침표를 찍었고, 곧바로 성벽재건으로 헌신했고, 그래서 다윗왕국의 외적 회복을 이룬 지금, 그러면 이제 그 이후를 또 어떻게 인도함 받아야 하는가를 위해 이스라엘이 해야 할 일이 이어질 시간이라는 점에서 그렇다.

이것이 수문 앞 광장에서 하나님께서 이스라엘에게 명하신 "하나님(모세,1)의 율법책을 낭독하고 그 뜻을 해석하여 백성에

게 그 낭독하는 것을 다 깨닫게 하"(8)는 기념집회가 열리는 이유다. 부흥은 이렇게 시작된다. 성벽 재건(A)에 성공한 이후, 곧바로 영적 부흥이라는 심령의 재건(B)을 위해 발 빠르게 움직인다. 다름 아닌 하나님의 말씀 앞으로 말이다. 느헤미야를 중심으로 한 백성들의 성벽 준비(A)는 제사장 겸 학사 에스라를 통한 영적 부흥(B)으로 이어진다. 이처럼 A ⇨ B로의 흐름(순서)은 건강할 뿐만 아니라 정상적이다. 무엇보다 느헤미야와 에스라의 동역이 참 아름답다. 이것이 건강한 사역 아닌가.

한편 말씀을 들은 백성들은 눈물로 회개하였다(9a). 하지만 오늘 묵상은 "이 날은 우리 주의 성일이니"(10b, ①) 근심이 아닌 기쁨으로 지내야 할 절기임을 분명히 한다. 역시 느헤미야와 에스라의 아름다운 동역에서 비롯된 참으로 복된 권면이다. 지금 문맥은 눈물이 나쁜 것이라고 정죄하고 있는 게 아니다. 성경적인 사실에 입각하여 대안을 제시하는 것이다. 이는 나팔절(레23.23-25)이 기쁨의 절기임을 알 때 더 분명해진다.

성벽을 재건한 온 이스라엘이 말씀을 사모하고, 말씀을 기다리고, 말씀을 듣고, 그리고 회개하며 감격하고, 말씀에 붙들려 있는 모습, 이게 부흥이다. 이 영적 부흥이 내 안에 시작되도록 다시 말씀 앞으로 나아가는 은혜를 구하며, 이 마음을 따라 말씀이신 나의 주 나의 하나님 앞에 내 영혼을 세우게 되는 묵상이다. 주님이 말씀으로 임하시기를 기도한다. 말씀만이 희망이다. 오직 하나님만이 희망이다.

마침내 온 이스라엘이 슬픔(눈물)에서 기쁨과 즐거움으로의 반전을 이룬 것은 "이는 그들이 그 읽어 들려 준 말을 밝히 앎이라."(12b)는 말씀처럼 하나님의 율법을 깨닫고 바르게 알게 된 것으로부터다. 이처럼 하나님을 아는 지식에서 자라갈 때 진정한 변화가 시작된다. 보이는 성벽의 재건, 보이지 않는 심령의 회복, 포로기 이후에 다시 시작된 절기의 회복, 이 모든 것들이 말씀에서 시작되고 성취되고 있음이 영혼 깊은 곳을 터치한다. 이게 다 지도자로부터 흘러넘치는 복(福)이라는 점, 이를 내 '마음창고'에 깊게 간직하게 되는 말씀이다.

4. 느헤미야, 기도의 영성을 배운다.

또 정한 기한에 나무와 처음 익은 것을 드리게 하였사오니
내 하나님이여 나를 기억하사 복을 주옵소서(느13.31)

◎ 느헤미야의 잡혼금지령(雜婚禁止令)

○ 우리의 딸들을 이 땅 백성에게 주지 아니하고 우리의 아들들을 위하여 그들의 딸들을 데려오지 아니하며(10.30)

○ 암몬 사람과 모압 사람은 … 곧 섞인 무리를 이스라엘 가운데에

서 모두 분리하였느니라(13.1-3)

○ 아스돗과 암몬과 모압 여인을 취하여 아내로 삼았는데,
내가 그들을 책망하고 저주하며 … 너희가 이방 여인을 아내로 맞아 이 모든 큰 악을 행하여 우리 하나님께 범죄하는 것을 우리가 어찌 용납하겠느냐(13.23,25a,27; 신23.3-6 참조)

느헤미야 마지막 단락은 "내 하나님이여 … 하였사오니 … 나를 기억하사 복을 주옵소서."(13.29-31)라는 기도로 문을 닫는다. 평신도 느헤미야, 그는 기도의 사람이다. 그는 기도로 시작해서(1.4-), 오직 기도로 살다가(2.4, 4.4-5,9, 5.19, 6.14, 13.14,22), 마침내 기도로 마친다(13.29-31). 그는 사역의 굽이굽이를 넘어가면서 그때마다 기도하는 자리를 양보해 본 적이 없다. 무엇보다 기도가 단순히 무릎 꿇고 앉아서 하는, -표현이 좀 그렇지만- 그러니까 발을 땅에 내리고 사는 생활과 분리된, 언어(형식)와 기도 행위만 있는 그런 의미의 기도의 모델이 아니다. 그는 기도가 어떤 삶이며, 삶이 어떤 기도를 요구하는가를 몸소 보여준 기도자(prayer)다.

기도는 가난한 심령을 가지고 하나님 앞으로 나아가 부요하신 하나님을 만나는 축복의 통로이다. 그는 초지일관(初志一貫) 자신이 한 일을 사람들이 기억해 주는 것이 아니라 오직 하나님이 "나를 기억하사"(13.14,22,31)로 족한 사람이기를 원했다.

철저하게 하나님 중심으로, 하나님 앞에서, 하나님을 위하여, 하나님 때문에 살았다. 이것은 기도의 열매였다. 그는 이방의 땅 바사의 수산궁에 떨어진 한 알의 밀알이었지만 그곳에서도 하나님께 기도를 심었고, 마침내 예루살렘에서 하나님의 부흥을 성취하는 하나님의 물가에 심기운 나무로 자랐다.

하나님은 언제나 기도의 사람을 주목하시며 그를 통해서 일하시기를 기뻐하신다. 그는 하나님의 일꾼이 되어 하나님의 뜻을 이루어내는 사람으로 자신의 정체를 집중했다. 그는 결코 기도를 원인(수단)으로 해서 자신이 원하는 결과(목적)를 성취하는 것으로 기도의 거룩성을 사유화(도구화)하지 않는다. 기도의 주인은 하나님이시다. 그렇기에 느헤미야, 그에게서 기도의 영성을 배우는 것은 당연하지 않겠는가.

부흥의 후예들은 13장의 파행들로 밖에 하나님을 대접해 드리지 못했다. 하지만 은혜를 잃어버린 성도들 곁에 홀로 외롭게 서서, 그 공동체의 모든 짐을 지고, 은혜의 보좌 앞에 나아가 하나님만을 바라보는 외로운 지도자 느헤미야, 그는 홀로 무릎 꿇고서 외치고 있다. 동시에 그는 밖으로 이스라엘의 회복과 부흥의 미래를 개혁의 씨앗에 담아 고군분투한다.

드러난 모습엔 개혁을, 보이지 않는 내면엔 기도를 품은 균형 잡힌 지도자 느헤미야에게서 진정한 영성의 능력을 읽어내는 이유가 여기에 있다.

에 스 더

1. esther@bible.or.kr

당신은 가서 수산에 있는 유다인을 다 모으고 나를 위하여
금식하되 밤낮 삼일을 먹지도 말고 마시지도 마소서
나도 나의 시녀와 더불어 이렇게 금식한 후에 규례를 어기고
왕에게 나아가리니 죽으면 죽으리이다 하니라(에4.16)

◎ 에스더행전(Esther-Acts)

○ 무명의 포로(1.1-2.7)

왕후(2.8-18, 왕위 7년 10월) : 영광!

금식과 기도(4장) : 죽으면 죽으리이다!

⇨ 잔치①②(5.1-8, 7.1-) : 비밀 & 역전

⇨ 부림절(9.29-32) : 영광!

에스더서는 에스라 6-7장 사이에 일어난 역사다. 즉, 아직 귀환하지 못한 디아스포라 유다인들의 처절한 신앙 이야기다. 에스더서는 에스라가 예루살렘에 귀환하기 이전(에스라는 아하수에로왕의 뒤를 이은 아닥사스다왕의 7년 5월에 귀환한다. 스7.8 참조), 그러니까 아하수에로 통치 12년인 474년경에 아직 귀환하지 못한 바사에 거

주하던 남은 유다인들이 죽음을 선고받았으나(3.7-15) 에스더를 통해 극적으로 구원받는 역사를 생생하게 그려준다.

에스더 4장은 소위 하만 대란(大亂, 3.13)이랄 수 있는 12월 13일의 거사(유대인 말살정책)를 앞두고서 이를 반전시키기 위해 진행되는 모르드개(mordecai)와 에스더 사이에 오간 대화(메일)다. 하만의 선전포고로 야기된 시작은 불안하고, 그것만큼 막막하지만 그것이 얼마나 사람의 연약한 생각인가가 밝혀진다.

사실 에스더는 예전 같지 않은 모습을 연출한다(2.10,20 → 4.11). 그래서 이쯤 해서 모르드개와 다른 길을 갈지도 모른다는 염려만큼이나 불안스러운 게 사실이다. 그러나 계속해서 주고받는 대화(메일)를 통해서 에스더가 확실하게 중심을 잡고 있음이 드러난다(16).

마침내 에스더의 최종 메일이 모르드개에게 전해졌다(15-16). 에스더는 지난번(2.10,20)처럼 이번에도 자신의 멘토(mentor)인 모르드개의 영적 권위를 거역하지 않는다. 약간의 긴장(11)이 있는 듯했으나 모르드개는 오직 일사각오(一死覺悟)의 신앙으로 에스더의 영혼을 터치하였고, 에스더는 매우 귀중하고 옳은 결단을 내린다(16).

폐위된 先 왕후 와스디는 자신을 위해 죽음을 선택했지만 에스더는 민족을 위해 죽음을 선택한다. 똑같은 왕후였지만 한 사람은 자신을 지키다가 죽었고, 에스더는 자기를 죽음 앞에 기꺼이 내어놓음으로써 산다. 이게 섭리의 역설이다 : "무릇

자기 목숨을 보존하고자 하는 자는 잃을 것이요 잃는 자는 살리리라."(눅17.33)

에스더는 모르드개의 메일을 받고서 영적으로 깨어난다. 영원한 것을 위해 필요하다면 일시적인 것을 포기할 준비를 한다. 자기 혼자 살기 위해서 모든 유다인이 죽는 것이 아닌, 자기 한 사람이 죽어서 모든 유다인이 살 수 있다면 그 길을 가겠다 말한다. 이 일이 하나님의 도우심과 인도하심 안에서 되기를 원하고 그래서 기도를 부탁한다.

우리에게도 때때로 내 생각과 하나님의 생각이 갈등을 일으킬 때가 많다. 이때 하나님이 말씀하시는 음성을, 가까운 하나님의 사람들의 충고를, 그래서 자신을 이기고 하나님의 뜻 앞으로 나아가기 위해 기도하는 일에 실패하지 않아야 한다. 에스더스럽게 말이다.

| 3부 |

시가서

욥 기

1. 고난 밖으로 행군하라.

이르되 내가 모태에서 알몸으로 나왔사온즉
또한 알몸이 그리로 돌아가올지라
주신 이도 여호와시요 거두신 이도 여호와시오니
여호와의 이름이 찬송을 받으실지니이다 하고(욥1.21)

◎ 영적 전쟁 : 욥 vs 사탄

A 하나님의 법칙(1.1,8, 2.3)

B 사탄의 법칙(1.2-4,9-11, 2.4-5)

과연 욥은 '사탄의 법칙'(B) 앞에 어떤 모습을 취할 것인가? 하나님은 여전히 욥을 '하나님의 법칙'(A)으로 신뢰해 주신다. 이제 욥이 하나님의 기대에 응답할 차례다. 믿음으로 산다는 것은 무엇일까? 거기에는 반드시 지불해야 할 대가가 있다. 혼돈하지 않아야 할 것은 B처럼 주시는 하나님의 축복이 나쁘거나 틀렸다고 말하는 것은 결코 아니다. B 또한 하나님께로부터 온다. 그러나 여기서 문제가 되는 것은 경사도(B ⇨ A)를 역으로 몰아가면서 진정한 의미에서의 A와 B를 왜곡하는 사탄의 전략이다. B가 주도권을 잡으면 B는 물론 A까지 양자가 갖는 영적 의미들이 이상한 방향으로 틀어지게 된다.

이것이 첫 번째 시련(1.13-22)이 갖는 긴장감이다. 마침내 B는 욥을 떠났다. '사탄의 법칙'(B)에 의하면 욥은 무너질 것이고, '하나님의 법칙'(A)대로 한다면 그는 전혀 흔들리지 않을 것이다. 과연 욥은 하나님의 신뢰에 보답할 것인가? 한편 욥은 밀려온 비극에 즉각적으로 반응한다(20). 욥은 분노와 항의의 모습이 아니라 회개와 통곡으로 자신의 진심을 호소한다. 그는 혼돈과 절망의 늪으로 빠져드는 것을 철저하게 거부한다. 하나님께 좀 처절하게 보임으로써 동정을 사려고 하는 수준 이하의 수작을 부리는 흔적도 없다.

그는 오히려 사탄에게 복음을 전한다. 욥은 B마저도 '사탄의 법칙'에 종속되어 있지 않음을 그의 대적 사탄에게 선포한다. 그랬다. 그것마저도 하나님으로부터 왔으며, 그러므로 그것이 있고 없고가 욥 자신을 달라지게 만들지는 못하며, 오히려 더욱 하나님의 법칙 앞으로 달려가는 촉매제가 될 뿐임을 증거한다. 욥은 B 없이도 A만으로 살았고, A만으로도 흔들림 없이, 즉 B에 연연하는 잔챙이 성도가 아니었다.

지금도 세상에는 욥처럼 살아가는 사람이 있는 반면에, 도리어 사탄의 후예를 자처하며 살아가는 사람들 역시 공존한다. 하나님의 법칙(A)에 자신을 대입시켜 보지 못한 사람은 B가 왜 자기 손에 있다가 그로 하여금 슬피 울며 이를 갈게 하면서 자기 곁을 떠나가는지 그 이유를 알지 못한다.

A 없는 B는 무가치하며, 그래서 A 없는 B의 사람은 점점 A로부터 멀어진다. 그러다가 패잔병(敗殘兵)으로 추락한다. 참으로 안타까운 것은 B 때문에 A를 잃어버리는 사람이다. 이것은 사탄의 법칙이 유효하다는 것을 입증하는 꼴이 되는 것이다. 정리하면 B 없는 욥은 그것이 있을 때보다도 더 위대한 교훈과 영적 통찰을 주고 있다.

주님은 말씀하신다. 욥에게 십자가를 지라고! 사탄은 인간들이 B ⇨ A라고 조롱하지만 하나님은 A ⇨ B라고 말씀하시면서 이걸 증명해 낼 사람으로 욥을 꼽으셨다. 그리고 그를 사탄과 일대일로 영적 전쟁을 치르게 하셨다.

'세상방정식'과 다르게 살아 달라고, 세상을 거꾸로 사는 것을 통해 사탄의 법칙이 얼마나 허무맹랑(虛無孟浪)한 신기루인가를, 이신칭의(以信稱義)의 복음으로 사는 것이 무엇인가를 욥을 통해 증명해 보이신 것이다.

2. 내가 욥의 친구라면?

네 시작은 미약하였으나 네 나중은 심히 창대하리라(욥8.7)

○ 그 때에 욥의 친구 세사람이 … 서로 약속하고 오더니(욥2.11)

⇨ 빌닷의 코멘트(8장, 18장, 25장)

○ 여호와께서 … 이르시되 내가 너와 네 두 친구에게 노하나니 이는 너희가 나를 가리켜 말한 것이 내 종 욥의 말 같이 옳지 못함이니라(욥42.7)

오늘 묵상은 욥기에서 가장 유명한 말씀 가운데 한 구절이다. 하지만 놀라운 것은 이것이 욥(Job)이나 하나님의 입에서 나온 말씀이 아니라 욥의 친구 중 한 명인 수아 사람 빌닷(Bildad)이 한 말이다는 점이다. 전통적인 이해의 틀에서 욥기를 족장시대의 이야기로 본다면 빌닷은 아브라함의 아들 수아의 자손(창25.2, 대상1.32)이라고 볼 수도 있다.

하지만 욥의 세 친구들의 이야기(코멘트)는 그 진정성에 대해서 다음 몇 가지 면에서 이해하기가 쉽지 않다. 먼저 그가 두 친구들과 함께 욥기의 이야기 안에 들어오는 것은 하나님의 부르심을 받고 욥 앞에 나아온 것은 아니다. 욥의 고난이 시작된 이후 어느 시점에서 세 친구는 "그들이 욥을 위문하고 위로하려

하여 서로 약속하고"(욥2.11b) 욥에게 왔다. 그런 의미에서 일단 세 친구들은 하나님의 보내심을 따라온 자들이 아니다.

더 결정적인 이유는 욥의 고난이 끝날 때쯤 하나님께서 욥의 친구들의 언행에 대해 말씀하신 선언 때문이다 : "여호와께서 … 이르시되 내가 너와 네 두 친구에게 노하나니 이는 너희가 나를 가리켜 말한 것이 내 종 욥의 말 같이 옳지 못함이니라." (욥42.7)

그렇다면 욥기를 읽어갈 때 욥의 세 친구들의 언행심사(言行心事)를 어떤 시각에서 읽어내야 할까? 한편, 그럼에도 불구하고 하나님의 말씀인 성경 안에 들어와 있다는 점 역시 이 부분을 더 당혹스럽게 하는 게 사실이다.

일단 빌닷은 욥의 위로자(욥2.11)가 되겠다고 스스로 왔다. 이 때 독자들에게는 욥의 고난의 이유와 시작이 조금이나마 노출되었으나 당사자인 욥에게는 하나님마저도 침묵하고 있었기에 그는 아직 아무것도 모르고 있음에도, 더욱 빌닷은 하나님이 보낸 사람이 아님에도 불구하고 그는 무대에 등장하자마자 정죄자(심판자)로 돌변한다. 어떻게 친구의 가슴에 이처럼 못을 박을 수 있을까?

그는 욥의 자녀들에게까지 직격탄을 날린다(욥8.4). 욥은 지금 살았다 하는 이름은 있으나 실상은 죽은 자와 방불한 실존이고, 그의 모든 자녀들은 물론 동방의 부자로서의 모든 이력이 부도난 상태다. 얼른 보기에 사실상 욥의 인생은 끝났다 해도 과언이 아니다. 문제는 이 절대 고난(苦難)의 와중에 친구라고 하는 자가 하는 말이 정죄일 뿐이다.

자, 오늘 묵상으로 오는 다리를 비교적 길게 놓았는데 그렇다면 이 유명한 묵상(성구)을 어떻게 이해해야 할까? 빌닷은 어떤 의미와 의도를 담아 이 말을 토해 냈을까? 빌닷의 충고(4-8)는 이렇다 : "자녀들은 죄 값을 받아 죽었지만, 아직 너는 살아있으니 기도해 봐! 그러면 혹시 아니? 너의 '의로운 처소' -만신창이가 된 욥의 처소를 생각해 보라.- 도 평안케 하실 거야. 처음에는 보잘 것 없겠지만 나중에는 크게 될 것이야." 과연 진심일까? 그의 충고는 이처럼 비웃음이요 조롱처럼 들린다.

지금 욥은 상중(喪中)이다. 동시에 원인도 알 수 없는 불치병에 걸렸으며 치료할 돈도 없어 가료중(家療中)이다. 간호를 해 줘야 할 아내는 이혼을 선언하고 가출했으며, 그 많던 재산은 하루 아침에 휴지가 되었다. 이런 설상가상(雪上加霜)의 처참한 상황에서 하나님께 나아가 호소하는 중이다. 그런 욥을 향해 친구라는 자가 이럴 수 있을까.

지금 나는 그럼에도 욥처럼 하나님 앞에 서 있는가, 아니면 친구인 빌닷처럼 그러고 있는가? 이 두 사이에서 욥기를 걷고 있다. 나는 우리 시대의 욥에게 어떤 친구인가? 내가 욥의 친구라면 무엇을 가지고 그에게 갈 수 있을까?

3. 은혜 한 모금 입에 물고 하늘 한번 쳐다보고

내가 알기에는 나의 대속자가 살아 계시니
마침내 그가 땅 위에 서실 것이라(욥19.25)

여전히 욥은 세 '친구'(21)와 '대속자' 하나님(25), 그 사이에서 휘청거리고 있다. 친구들은 변함없이 하나님처럼 욥을 박해한다(22). 생각해 보면, 친구들은 참 잔인하다. 모든 것으로부터 무너진 욥이잖은가. 그렇다면 그를 이해해 주고, 공감해 주고, 기도해 주어야 하지 않을까. 그런데 오히려 그에게 무자비한 말(율법, 전통, 자기 의)을 동원하여 융단폭격(絨緞爆擊)을 가하고 있으니 사람(친구)이라는 게 참으로 무서운 존재다 싶어 착잡하다.

욥은 자신의 말이 후대를 위해 기록으로 남겨지기를 원한다(23-24). 아마도 빌닷이 "그를 기념함이 땅에서 사라지고 거리에서는 그의 이름이 전해지지 않을 것이며."(18.17)라고 한 독설이 여러모로 걸렸던 모양이다. 그러자 친구들과의 논쟁을 과감하게 버린다. 별 유익이 되지 않는다고 판단했는지도 모른다. 그러면서 그는 친구들에게서 하나님에게로 논점을 이동한다.

몇 가지 아주 중요한 묵상 거리가 눈에 띈다. 먼저 '나의 대속자'(代贖者; 25a) 신앙이다. 이것은 대단한 신앙의 시각이다. 그는 앞부분에서 판결자(변호인; 9.33)가 없음을 탄식했었다. 자신은 하나님 없이 홀로 서 있다고 생각한 모양이다. 그는 거기서부터 시작한다. 그러다가 하나님이 자신의 증인(보인, 보주; 16.19, 17.3)이 되어주시기를 소망하였다. 그리고 마침내 구속자가 살아 계신다는 믿음을 고백한다. 이처럼 욥은 자신의 대속자(Redeemer, 고엘)를 통한 회복을 꿈꾼다. 마침내 절망의 자리로부터의 회복함이 자력구원(自力救援)을 통해서가 아니라 진정한 고엘이 되시는 하나님을 통해서 이루어진다는 믿음으로 현재의 고통을 이해하고 있다. 고통은 이처럼 하나님 앞으로 나아가도록 이끈다.

이어서 "마침내 대속자가 땅 위에 서실 것이라."(25b)는 지평에까지 그의 영적 시야가 확장된다. 동시에 "내가 육체 밖에서 하나님을 보리라. 내가 그를 보리니 내 눈으로 그를 보기를 낯선 사람처럼 하지 않을 것이라."(26-27) 고백한다. 참으로 놀라운 신앙고백이 아닐 수 없다.

욥에게서 고난이 얼마나 위대한 축복의 씨앗인가를 생각한다. 그는 고통에서 영광을 보고 있고, 그것만큼 현실(오늘)을 이겨낸다. 이는 말처럼 그리 간단하지 않다. 욥 역시 여기까지 다시(1.21-22, 2.10) 회복하는 것도 여러 달이 필요했다(1.21-22, 2.10, 7.3).

한편 욥은 이 모든 문제를 그대로 하나님 앞으로 가지고 간다 : "너희가 심판장이 있는 줄을 알게 되리라."(29b) 욥은 종말론적인 신앙을 가지고 현재의 고통을 통과해 간다. 그는 친구들의 틈바구니에서 옆을 보지 않고 마침내 위를 보며 비상한다. 하나님을 보는 것만큼 고난 너머를 본다. 이 말은 현실을 도피하는 것을 말하는 것이 아니다. 그럼에도 그는 고난 속에 있다. 고통을 부정하고, 면하기 위함이 아니다. 환난을 이겨내기 위해 좀 더 멀리, 좀 더 높이, 좀 더 깊게 통찰해 내고 있다.

비록 이 땅에 살지만 하늘을 보며 사는 사람이 욥이다. 고통에도 깊은 하나님의 뜻이 있음을 통찰해 가는, 넘어질듯 하면서도 다시 일어나는 신앙의 사람 욥을 만난다. 마침내 웬만한 시비에도 '통과!'를 외치며 하나님을 붙드는 사람으로 당당하게 욥기의 무대 위에 서 있다. 다양한 사람들의 공동체에서 어떻게 사는 것이, 무엇으로 사는 것이 고난 속에서 피워야 할 영광의 꽃인가를 증언한다. 사람이 다양한 것처럼 신앙의 모양도 다양하다. 이는 욥 시대나 우리 시대나 동일한 것 같다.

4. 욥의 발자취를 따름이

그러나 내가 가는 길을 그가 아시나니
그가 나를 단련하신 후에는 내가 순금 같이 되어 나오리라(욥23.10)

◎ 욥의 성숙곡선

A 1.1,21-22, 2.10
B 3.1
6.8-10
9.33-35, 16.19-20, 17.3-4
19.25-27, 23.10-12, 27.2-3
C 42:5-6,10-17

긴 고통 가운데도 묵묵히 논쟁하면서 23장까지 왔다. 그런데 어느 순간 자신을 보니까 하나님으로부터 너무 멀리 노를 저어버렸음을 생각하고 탄식한다(1-7) : "내가 어찌하면 하나님을 발견하고 그의 처소에 나아가랴."(3) 문제는 전후좌우(8-9)를 살펴도 침묵하고 계시는 하나님의 법정(7)에서 담담하게 자신의 심정을 10절에 담아낼 수밖에 다른 길이 없음이다.

여전히 삶의 자리는 사면초가(四面楚歌, 8-9)다. 정작 하나님을 찾을 수도, 뵈올 수도 없다. 욥은 1-41장까지 자신에게 작정되고, 진행되고, 결과되어질 것에 대해서 철저히 무지할 뿐이다. 무엇 때문에, 왜 자신에게 이 무거운 고통의 실존이 졸지에 임하였는지 알 턱이 없다. 그냥 당하고 있는 현실만이 있음을 알 뿐이다.

이는 비단 욥만이 아니다. 바로 나, 우리의 이야기다. 욥이 아무것도 모르고서도 하나님 앞에서 자신의 삶을 승부하듯, 우리 역시 알려지지 않은 하나님의 섭리 현장(field)에서 그처럼 살아가도록 부르심을 받았다. 이게 욥이 우리에게 전해주는 '신앙'이다. 바로 여기에 위대한 10절의 고백이 자리한다. 전후좌우(前後左右, 8-9)가 막혀 있어도 상관없다. 그는 1-9절의 모든 숙제를 하나님께서 자신을 용광로에 넣으심으로, 그리하여 더 깨끗하고 순결한 하나님의 작품으로 '단련'하시기 위해 치러야 할 대가로 받아들인다. 하나님의 침묵과 자신의 고통 사이에서 '단련'을 생각하고, 또 그 이후를 소망하는 욥에게서 고난의 해법을 보게 된다. 시련과 고통을 오히려 성장과 성숙의 기회로 품어버리는 욥의 영성을 말이다.

묵묵히 하나님만을 향해 나아가는 욥을 본다. 그는 하나님의 법정에 서서(7) 그분의 처분을 기다린다. 아무리 자신을 둘러싼 'A-10-B'(10절 전후)의 긴장을 쉼 없이 넘나들더라도 그걸 숨기거나 변명하지 않는다. 이 모든 것을 그대로 하나님께 드린다. 나 역시 10절을 붙들고 있어도 'A & B'의 양 날개가 균형을 잃고 표류하는 듯한 연약함 속에 빠질 수도 있다. 또한 양

쪽을 기웃거리다가 그만 10절의 위대함을 놓쳐버릴 수도 있다.

그럼에도 고통은 다른 그 무엇과도 비교할 수 없는 큰 축복의 또 다른 이름이다. 욥이 그러했듯이 나에게도 그랬음 좋겠다. 고통과 고난이 그를 더 곤고하게 만들고, 영적으로 바싹 마른, 그래서 가까이 가서 부딪히면 아픔이나 상처만 나게 하는 그런 것이야 이 세상 사람들이 증명해 주는 것으로도 충분하다. 나는 다르게 살도록 부르심을 받은 거룩한 존재요, 하늘의 시민이며, 그리스도의 향기요, 새로운 피조물이다. 성경에 있는 욥에게서만 이 비밀을 발견하고, 욥이라는 증인만을 경험하는 것은 아무래도 직무유기인 것 같다는 생각이 든다. 때문에 욥의 뒤를 따라나서는 것 아닌가.

5. 주님, 죄인이로소이다!

보소서 나는 비천하오니 무엇이라 주께 대답하리이까
손으로 내 입을 가릴 뿐이로소이다(욥40.4)

욥기 29-31장 이후, 욥은 오랜 침묵을 깨고 마침내 입을 열었다. 하나님이 거듭 욥을 찾아오신 이후다(욥38.1, 40.1). 이제야 욥은 친구들과 엘리후를 뒤로 하고 하나님 앞에 홀로 서게 된다. 하나님 때문에! 앞에서 욥은 자기 친구들에게 너희가 "손으로 입을 가리리라"고 했었는데(욥21.5) 이번에는 자신 스스로 입을 가려야만 했다(욥40.4). 하나님이 찾아오셨기 때문이다. 이로써 그는 한 사람의 죄인의 신분으로, 그 모습 그대로 하나님의 방문을 받게 된다. 이것이 하나님이 찾아오실 때의 인간(욥) 실존을 주목하는 이유다.

하나님의 찾아오심보다 더 큰 은총과 사랑이 또 있을까 : "트집 잡는 자가 전능자와 다투겠느냐 하나님을 탓하는 자는 대답할지니라."(욥40.2) 마침내 서서히 대화의 포위망을 좁히시면서 욥에게 말을 걸어오신다. 그렇다면 하나님이 이처럼 그를 찾아오셨다는 것 자체가 이미 그의 모든 허물과 죄를 다 덮으시고 곧바로 고난 이후의 미래로 가시겠다는 메시지가 아닌가. 하나님과 욥의 끊을 수 없는 관계를 생각케 하는 대목이다.

마침내 욥이 하나님의 무대에 등장한다 : "나는 비천하오니."(4a) 하나님의 찾아오심이라는 은총을 맛보자마자 욥은 자신이 어떤 존재인가를 직시한다.

욥은 이제야 자신이 보잘 것 없는 자임을 깨닫는다. 드디어 욥은 영적(靈的)으로 감을 잡는다. 지금까지의 모든 일련의 그림(1-37장)이 하나님의 시각에서 이해되어지는 길 외에는 다른 방법이 없다는 사실을 말이다. 하나님이 찾아오셔서 말씀하시자 모든 의문과 질문들이 일시에 바뀐다. 드디어 영적으로 자신의 실체가 보이기 시작한 것이다.

한편 두 번이나 말씀으로 찾아오신 하나님께 욥은 '아직'(not yet) 자신의 언행에 대한 죄(3-31장)를 회개하지 않았다는 점을 주목할 필요가 있다. 이것이 그의 첫 번째 응답(반응)인 오늘 묵상을 대하면서 받는 보이지 않는 긴장점이다.

그런 의미에서 욥이 입을 가리고서 다시는 대답하지 않겠다(욥40.4-5)는 언행만으로는 뭔가 부족하다. 지금 욥이 해야 할 일은 그게 아니다. 그는 오히려 찾아오신 하나님 앞에 자신이 비천한 진짜 이유를 발견하고, 회개하고, 하나님의 처분을 기다려야 할 형편이다.

그런 욥(나)임에도 불구하고 하나님이 먼저 말씀하시는 분으로 찾아오시는 점이 놀라울 뿐이다. 하나님은 인내하시고 기다리시며 욥과 눈을 마주하시는 분으로 욥기의 무대 앞에 서신다.

마침내 욥의 입이 열리고, 마음이 열리고, 영혼이 열리기 시작한다. 비로소 오늘 묵상에서 가장 정직한 욥을 만나게 된다. 그 말 많던 욥이 아닌가. 그런데 하나님의 심방을 받고서 입을 닫는다. 무엇보다 자신의 비천함을 하나님 앞에서 발견한다.

기다려 주신 하나님 때문이다. 하나님이 잘난 척하며 말 많던 욥을 오래 참아주셨기 때문이다. 이 분이 내가 섬기며 사랑하는 하나님이시다.

오늘도 주님이 이처럼 내 삶의 무대를 묵상이라는 통로를 통해 찾아오심을 느낀다. 그럼, 나는 무엇으로 주님을 맞을까. 나 역시 욥의 대답을 품고 주님 앞에 무릎을 꿇는다 : “죄인 오라 하실 때에 날 부르소서!”

6. 내가 회개하나이다!

내가 주께 대하여 귀로 듣기만 하였사오나
이제는 눈으로 주를 뵈옵나이다(욥42.5)

◎ 하나님과 욥의 대화(38-42장)

A 하나님(38.1-40.2)

⇨ B 욥(40.3-5)

⇨ A′ 하나님(40.6-41.34)

⇨ B′ 욥(42.1-)

욥은 두 번째 하나님의 메시지(A′)를 듣고서 자신 역시 두 번째 대답에서 결정적으로 깨진다(B′). 그는 입을 다물려고 했으나(B) 자신의 허물과 죄를 입으로 시인하지 않으면 안 되는 형편으로 하나님이 말씀으로 임하신 것이다. 이것은 결정적으로 욥기의 모든 문제가 해결되는 요인이기도 하다.

욥은 고난의 풀무불에서 하나님의 전지하심과 전능하심이라는 진리를 알게 되었다(욥42.2). 이어서 그는 3절을 통해 욥기 38장 2절을 시인함으로써(욥42.3) 욥기 3-37장에서 자신이 한 모든 말을 사실상 철회한다. 하나님의 말씀(A, A')을 듣고 보니까 지금까지 자신이 했던 언행(言行)들이 스스로 깨달을 수 없는 일, 스스로 알 수 없는 일, 스스로 헤아릴 수 없는 일을 말한 것에 불과했다는 것을 비로소 알게 된 것이다.

오직 하나님이 욥을 변화시키신다. : "주는 들으시고 … 알게 하옵소서."(욥42.4) 그는 하나님께 당당하게 진정했던 고소장을 이렇게 해서 취하할 뿐만 아니라 온몸과 마음으로 항복한다. 이게 하나님의 심방과 그분의 말씀을 들은 사람의 가장 큰 특징이다. 언제나 하나님을 만난 사람들은 자신의 무능력을 보며 탄식하였다. 지금 욥이 그렇다.

그는 마침내 회개한다(욥42.5-6). 그렇다, 분명 회개다. 긴 방황은 끝이 났다. 결국 그분 앞에 무릎을 꿇고 항복하는 게 인생인데 가까운 길을 멀리 돌고 돌아 마침내 그분의 면전 앞에 섰다.

하지만 아무것도 달라진 것은 없다. 여전히 죽음에 이르는 병을 앓고 있고, 모든 것이 욥을 떠난 이후다. 어느 것 하나 보장이 없다. 이런 고백을 했다 하더라도 변한 것은 욥의 내면이지 그를 둘러싼 환경은 여전히 거대한 암흑이다.

그럼에도 욥은 하나님 앞에 완전하게 무너진다. 자신을 용납하시며 받아주시는 분! 거지의 손과 같은 아무 보잘 것 없는 빈손을 내밀었으나 그 손을 당신의 온몸으로 맞아주시는 분! 이 긴 고난의 터널을 통과해 올 때에도 여전히 하나님으로 곁에 있어 주셨던 분! 그는 지금 바로 그분의 임재를 온몸과 마음으로 보는 자로 하나님 앞에 서 있다.

욥이 절망의 끝에 서서 희망을 다시 시작하고 호흡할 수 있게 된 것은 찾아오신 하나님 때문이다. 하나님만이 희망이다. 오늘 하나님은 나에게도 욥처럼 그 희망의 하나님 앞으로 나아오라 하신다. 희망은 말씀으로 찾아오신 하나님으로 더불어 나에게로 왔다.

1. O LORD, MY STRENGTH

나의 힘이신 여호와여 내가 주를 사랑하나이다(시18.1)

시편 18편은 표제어를 주목할 필요가 있다 : "여호와께서 다윗을 그 모든 원수들의 손에서와 사울의 손에서 건져 주신 날에 다윗이 이 노래의 말로 여호와께 아뢰어" 지나온 과거를 하나님 안에서 돌아볼 수 있는 다윗이 참 아름다워 보인다. 비록 그 과거가 원수들과의 전쟁터였지만 현재는 승리의 기도를 하나님께 드릴 수 있기 때문이다.

아마도 이 표제어는 다윗이 첫 번째 기름 부으심을 받고(삼상16.11-13), 그때부터 사울이 전사하고 마침내 왕이 되기까지 지나온 자신의 인생을 하나님 앞에서 회고하고 있음을 알려준다. 사실 다윗에게는 의지할 만한 여러 종류의 '힘'(power)이 있었다.

먼저 물맷돌을 돌리는 힘이다(삼상17.40). 물맷돌을 던져 하나님을 모독하는 원수 골리앗을 물리치는 성공이 어쩌다 던져본 한 번의 시험(test)에서 운 좋게 된 것일까? 아닐 것이다. 아버지 이새마저도 왕을 택하는 예선전에 출전시키지 않고 양을 치는 목장에 출근시켰을 정도다. 그때 그는 그 무수한 날들을 손이 부르트도록, 어깨가 빠지도록 돌을 가죽에 싸서 표적을 정해 놓고 던지고, 또 던지고 하면서 목자로 준비되어져 갔다.

둘째로, 자신을 따르는 많은 군사들의 힘이다. 이 힘을 통해 사울을 죽일 수 있는 아주 좋은 기회가 몇 차례 있었다. 자신에게 주어진 힘을 통해 한 나라의 임금이 될 수 있는 기회가 얼마든지 있었던 것이다.

셋째로, 아버지의 양들을 칠 때 사자의 입을 찢어서 양들을 건져 낸 용맹이다(삼상17.34-37). 그는 배가 나와 조금만 뛰어도 헉헉거릴 정도로 둔하지 않았다. 이 부분은 그가 어떻게 10대를 보냈는가를 생각하게 한다. 자기 양도 아니다. 시골뜨기 양똥 냄새나는 촌놈이다. 하지만 그는 사자나 곰과 싸워 아버지의 양을 지켜낼 만큼 책임감의 힘이 출중한 사람이었다.

넷째로, 수금을 타면 귀신이 물러가는 영감 넘치는 찬양의 힘이다(삼상16.23). 그는 목동의 자리에 있을 때 이미 시편의 찬양을 노래할 수 있는 예배자로 준비되어 있었다. 이것은 그가 보이지 않는 내면세계를 어떻게, 무엇으로 채우며 살아왔는가를 보여주는 부분이다. 그는 이미 자신의 중심을 하나님께 내어드리고 하나님을 높여드리는 능력의 사람이었다.

다섯째로, 이미 사무엘을 통해 기름부음을 받은 이후다. 그는 권력을 잡기 위해 사울과 경쟁자의 자리에 서 있지 않았다. 그럼에도 "사울이 죽인 자는 천천이요 다윗은 만만이로다!"(삼상18:7)는 여인들의 노래에서 알 수 있듯이 이미 권력의 추는 다윗에게로 이동하고 있었다.

이처럼 그가 원하든 원치 않든, 그의 의지와 상관없이 다윗은 이미 자타가 공인하는 힘(Power)을 소유하고 있었다. 그러나 그는 이러한 힘을 사용하지 않았다. 때는 사울과 그 군사들이 다윗을 죽이기 위해 포위망을 좁혀오고 있을 때였음에도 그는 우리가 잠시 살펴본 그런 힘들을 사용하지 않았다.

자신이 아닌 하나님을 믿었기 때문이다. 자신의 힘으로 목적을 성취한다고 해도 하나님이 그것을 인정하시지 않으면, 하나님이 그것을 흩어 버리시면 아무것도 아니라는 사실을 알고 믿었기 때문이다.

하나님을 진심으로 믿는 사람은 하나님보다 결코 앞서지 않는다. 자신의 계획보다 하나님의 뜻을 먼저 구하고, 하나님의 마음을 살피는 것에 하나님을 아는 지식과 성령의 인도하심, 그리고 기도를 앞세운다. 성경은 이것을 '믿음'이라고 말한다. 이 믿음이 오늘 묵상(시편)의 씨앗이다.

2. 신비어천가(神飛御天歌)

여호와는 나의 반석이시요 나의 요새시요 나를 건지시는 이시요
나의 하나님이시요 내가 그 안에 피할 나의 바위시요 나의 방패시요
나의 구원의 뿔이시요 나의 산성이시로다(시18.2)

◎ 다윗연보 70년(삼상16.1-왕상2.12)

○ 출생(삼상16.10-11, 대상2.13-15): 이새의 여덟 번째 아들
  ① 10대 소년(목동) : 기름부음 1(삼상16.1,12-13)
  ② 30세(7년 6개월) : 기름부음 2(유다지파 통치, 삼하2.4, 5.5a)
  ③ 37세(33년) : 기름부음 3(온 이스라엘 통치, 삼하5.5b)

○ 70세 죽음(왕상2.10-11) : 통일왕국 40년 통치

시편 18편은 "여호와께서 다윗을 그 모든 원수들의 손에서와 사울의 손에서 건져 주신 날에"(표제어)에서 알 수 있듯이 사울왕가와의 기나긴 싸움이라는 기간을 그 배경으로 한다. 다윗에게서 놀라는 것은 지금 회상하고 있는 때가 그의 인생시간표에서 현재형이었을 때에 그가 보여준 언행(言行)이다. 오늘 묵상은 다윗이 왕이 된 이후에 후대의 사가들에 의해 미화된 간증이 아니라 그가 살았던 삶에 대한 생생한 고백(간증) 그대로다.

그의 일생을 기록해 주고 있는 사무엘상 16장부터 사무엘하 24장을 지나 열왕기상 2장 11절까지의 말씀 안에 그의 일

생 70년이 보여준 모습은 가감(加減)이 있을 수 없는 하나님의 말씀이다는 점을 주목할 필요가 있다. 성경 기자가 다윗 텍스트에서 보고해 주는 모습이나, 오늘 묵상인 시편 18편에서 다윗 스스로가 자신의 일생 중 가장 어렵고 험난했던 고난행전을 간증해 내는 모습은 정확하게 일치한다는 점에서 그렇다.

이런 이해 안에서 오늘 묵상(다윗의 고백)과 사무엘 기자가 전해 주는 그의 생애를 하나씩 연결해 보면 자연스럽게 이 둘이 만나는 것을 알 수 있다. 특별히 다윗에게는 지난 날 다윗행전의 고난과 승리를 회상하면서 하나님을 읽어내는 아이콘이 빛난다. 오늘 묵상을 간증하는 자리에서 지난 과거를 하나님으로 읽어낼 수 있는 다윗을 만나는 건 분명 축복이다.

무엇보다 다윗은 하나님과 자신이 분리되어 있지 않음을 당당하게 간증한다. 하나님이 지금 고백하는 단어들로 설명될 수 있을지라도 그분을 친히 경험하지 않았다면 이러한 언어는 한낱 미사여구(울리는 꽹과리)에 불과하다. 하지만 다윗은 하나님을 설명하는 사람과는 달리 그의 생애 한가운데서 생생하게 경험했던 것이다.

특별히 10대 소년(목동)의 때에 첫 번 기름부음(삼상16.1,12-13)을 받은 때부터 30세에 두 번째 기름부음(삼하2.4, 5.5a)을 받고 헤브론에서 7년 6개월 동안 유다 지파를 다스리던 때까지 20년을 전후한 세월 동안 시편 18편 표제어에 있듯이 "원수들의 손에서와 사울의 손"이라는 생사의 기로에 처해 있을 때 하나님은 생생하게 살아 역사하시는 분이셨다.

하나님은 가장 안전한 반석과 요새시요, 원수(사울)들의 생명 몰이 순간에도 방어를 위한 방패와 공격을 위한 무기인 뿔이시요, 피할 바위와 구원의 산성이요, 이 모든 위험과 고난으로부터 다윗을 건지시는 하나님이셨다. 이런 간증을 지난 10대의 소년 때부터 통일왕국의 보좌에 앉아 있는 때, 바로 지금 시편 18편을 고백(간증)하고 있는 때까지 자신이 만난 하나님임을 생생하게 노래할 수 있는 사람, 그가 바로 하나님의 마음에 합한 사람 다윗이다.

3. 주는 나를 기르시는 목자요.

내 영혼을 소생시키시고 자기 이름을 위하여
의의 길로 인도하시는도다(시23.3)

○ 우리는 … 그의 기르시는 양이로다(시100.3b)

○ 그는 목자 같이 양 떼를 먹이시며 어린 양을 그 팔로 모아 품에 안으시며 젖먹이는 암컷들을 온순히 인도하시리로다(사40.11)

○ 내 목장의 양 떼를 멸하며 흩어지게 하는 목자에게 화 있으리라(렘23.1)

○ 목자가 양 가운데 있는 날에 양이 흩어졌으면 그 떼를 찾는 것 같이 내가 내 양을 찾아서 흐리고 캄캄한 날에 그 흩어진 모든 곳에서 그것들을 건져낼지라(겔34.12)

○ 나는 선한 목자라(요10.11)

양인 다윗은 참담한 위기의 순간(4-5, 사망의 음침한 골짜기, 원수의 목전)에도 목자이신 여호와의 함께 하심과 인도와 보호 안에 있는 자신을 발견한다(1-3). 상황이 오히려 최악임에도 불구하고 그는 초지일관(初志一貫) 목자를 향해 노래하고 있고, 급기야 자신의 전부를 온전히 목자에게 의탁한다(4,6). 양의 오늘이 이렇듯 건강한 것은 순전히 목자 때문이다.

그렇다면 양지(陽地, 1-3)에 있는 양일 때에야 오죽하랴! 비록 양은 변화무쌍(變化無雙)한 삶의 자리를 오갈 수밖에 없지만 그럼에도 불구하고 목자이신 여호와는 어제(5)나 오늘(1-3)이나 내일(4,6)이나 영원한 '선하심과 인자하심'으로 일편단심(一片丹心)이시다. 마침내 양('나', 시인)은 영혼까지 회복되어 의(義)의 길을 따라 인도함을 받고 있다(3).

여호와는 당신의 양을 고난에서 평안까지 그의 '평생'(6)을 목자 되어 주신다. 이렇듯 양은 자력(自力)에 의해서가 아닌 목자에 의해서 그의 생로병사(生老病死)와 영혼까지를 인도함 받고, 마침내 "여호와의 집에 영원히" 머물게 될 것이다. 이것이 목자가 양을 위해 열어 놓은 '의의 길'이다. 이 길을 간증(찬양)과 함께 당당하게 달려가는 양을 보라.

어제(5)와 오늘(1-3)의 연속선에 서 있는 것은 자신이다. 하지만 그의 실존을 뒤바뀌게 한, 그리하여 전혀 다른 양(羊)으로서 목자를 찬양하게 만든 분, 어제의 실존이 오늘로 이어지지 못하도록 그 고리를 끊은 분은 목자임을 달라진 오늘의 자리에서도 변함없이 노래할 수 있는 양, 부창부수(夫唱婦隨), 과연 그 목자에 그 양이다.

놀라운 것은 양('나', 시인)은 이 모든 일을 이루신 목자의 '선하심과 인자하심'이 "나의 평생에"(내가 사는 날까지) 연속될 것을 확신하고 있음이다(6a). 하지만 더 놀라운 것은 이것이다 : "내가 여호와의 집에 영원히 살리로다!"(6b) 그는 목자 안에서 자신의 미래를 오늘처럼 밝히 보고 있다. '평생'과 '영원히'가 묘한 하모니를 이루면서 [여호와의 목장]을 수놓는다.

하나님이 영혼을 소생시키심을 알고, 믿고, 경험한 것만큼 더 복되고 영광스러운 인생이 또 있을까. 아직 영적인 부분을 머리로 설명하기만 가능한 사람들은 결코 이 부분을 알지 못한다. 은혜는 경험되어지는 것일 때 더 강력하다. 자녀가 가장 강할 때는 부모의 품에 있을 때이듯, 하나님이 목자인 양이 그렇다.

하나님이 목자인 인생의 간증 앞에 서서 내가 부를 노래의 멜로디를 생각하게 된다. 나의 간증으로서의 시편 23편을 말이다.

4. THE LORD, 나의 목자이십니다!

주께서 내 원수의 목전에서 내게 상을 차려 주시고
기름을 내 머리에 부으셨으니 내 잔이 넘치나이다(시23.5)

시편 23편은 양(羊)이 목자이신 여호와를 찬양하는 노래다. 여기서 양은 통일왕국의 두 번째 왕이자 시인인 다윗(David)이다. 시인은 지나온 어제를 회고해 볼 수 있는 그런 과거가 있음을, 동시에 그것이 자신의 능력이나 힘에 의해서가 아닌 주(LORD)께서 자신과 함께해 주셨기에 가능했음을 잊지 않고 있다. 보통 은혜와 축복은 물에 새기고, 원통함과 불행은 돌에 새기는 통설을 가볍게 뛰어넘고 있다.

그럼 '내 원수의 목전'은 무얼 염두에 둔 회상(回想)일까? 아마도 다윗은 첫 번째 기름부음(삼상17.1-13)과 두 번째 기름부음(삼하2.4a) 사이에서, 그러니까 이미 왕으로 기름부음을 받았으나 아직 왕이 아닌 그때, -물론 두 번째 기름부음이 있은 지 7년 6개월 후에 있는 세 번째 기름부음(삼하5.1-5) 사이까지로 더 확장할 수도 있다. 그 이유는 유다의 왕이 된 이후에도 원수는 변함없이 있었으니까- 즉 그칠 줄 모르는 원수의 포위망이 살아있는 생사(生死)의 길목이라는 파란만장했던 시절을 두고 하는 표현일 것이다.

문제는 바로 그때에도 주님은 일용할 양식까지를 공급해 주셨다는 것이다. 지금 그는 이 주님을 잊지 않고 있다. 물론 다윗은 그 원수가 누구인지를 말하지 않는다. 그래서 이 원수를 좀 더 확장해 보자면, 어쩌면 다윗은 보이는 원수가 아닌 눈에 보이지 않는 원수, 즉 〈다윗언약〉(삼하7.1-17)을 무력하게 하려는 세력을 염두에 두었을 것이다. 그렇다면 결국 하나님의 역사를 막으려는 악의 축이 움직이고 있는 바로 그곳에서, 그럼에도 불구하고 오직 하나님만을 의지하며 달려가는 자신을 붙들어 주신 분이 다름 아닌 하나님이셨음을 통렬하게 고백하고 있는 것일 수도 있다.

어떻든 '원수의 목전'에서까지 상(床)을 배설해 주시고, 역시 머리에 기름까지 넘치도록 부어주신 분이 자신의 목자이신 여호와임을 간증한다(5). 하나님은 양이 어떤 형편과 처지 속에 있을지라도 한결같은 목자이심이 놀랍다. 하나님은 당신만을 신뢰하고 따르는 자를 원수의 목전 앞에서도 높이시는 분이시다.

이것이 어제(5)의 변화무쌍한 삶의 자리에서도 '원수의 목전'을 두려워하지 않을 수 있는 양의 힘이다. 즉, 양(羊)은 자신의 어제가 오늘(1-3)로 자연스럽게 이어지게 된 그 기저에는 오직 목자(牧者)의 은혜 밖에는 다른 아무것도 없음을 잊지 않고 있다. 그러기에 이곳 '평생'을 넘어 저곳 '영원'까지 목자에게 의탁하고 있는 것이다(6).

〈다윗언약〉(삼하7.1-17) 중 첫 대목이 오늘 묵상과 절묘하게 오버랩(OL)된다 : "내가 너를 목장 곧 양을 따르는 데에서 데려다가 내 백성 이스라엘의 주권자로 삼고, 네가 가는 모든 곳에서 내가 너와 함께 있어 네 모든 원수를 네 앞에서 멸하였은즉…"(8b-9a) 다윗은 목동으로서 누구보다 양의 마음을 알았으며 생명을 다해 사랑했다(삼상17.34-37, 시78.70-72). 하나님은 그런 다윗에게 이스라엘이라는 목장을 맡기신다. 그럼에도 그는 한결같이 자신의 목자는 오직 하나님이심을 고백하며 양으로 살아간다. 이것이 시편 23편의 씨앗이다.

5. 이것이 나의 간증이요!

여호와는 나의 빛이요 나의 구원이시니 내가 누구를 두려워하리요
여호와는 내 생명의 능력이시니 내가 누구를 무서워하리요(시27.1)

다윗의 시편이다. 이 시편에는 다윗, 그가 말하고자 하는 주

제에 해당하는 경험, 신앙, 삶, 인생이 하나님 안에 절묘하게 퍼즐 되어 있다. 그것을 볼 수 있음이 감사다. 한편, 그의 형편은 평안하고 형통한 때가 아니다. 그의 삶 전부를 흔적도 없이 쓸고 가 버릴 수 있는 안팎의 쓰나미가 출몰하는 상황이다.

삶의 환경은 물론 그것 때문에 자신의 내면에까지 혼돈과 고통 중에 처해 있을 때, 바로 그때 오늘 묵상(1)을 토해내기 시작한다. 그럼, 1절이 말하려고 하는 주제는 뭔가? 자신은 두려움이나 무서움에 넘어지지 않는다(1)는 간증이다. 둘째, 그렇게 증거하는 이유는 무엇인가? 여호와 하나님 때문이다. 셋째, 도대체 어떤 하나님을 모시고 있기에 작게는 '악인들'(대적들, 원수들, 2)과, 크게는 '전쟁'(군대)이 일어나 치려 할지라도(3) 오늘 묵상인 1절처럼인가? 즉, 그가 만난 하나님은 어떤 분이신가?

다윗의 버팀목은 자신이 아니다. 그는 두려움과 무서움으로부터 결코 자유하지 못하다. 1절을 잘 읽고 묵상해 보면, 그는 이런 형편의 때에 자신을 의지하거나 믿지 않고 있다. 이 질풍노도와 같은 형편을 통해 불신앙의 파도에 빠져 허우적거리고 있지도 않다. 자신을 의지하거나, 자신을 신뢰하거나, 자신의 강점으로 일하려고 하지도 않는다. 반대로, 오늘을 비관하거나 불안에 떨고 있지도 않다.

그 이유는 하나님 때문이다. 너무 평범하고 뻔한 멜로디 같지만 다윗이기에 지금과 같은 암흑의 상황에서 하나님을 붙들 수 있는 것이다. 그래서 다윗이다. 그는 왕권(권력)으로, 철옹성과 같은 요새인 다윗성으로, 골리앗을 무너뜨린 물매돌을 던지는 실력으로, 사울에게 들어간 귀신도 물러가게 할 영감의 경배와 찬양으로, 사자와 곰이 물고간 아비의 양을 되찾기 위해 그들의 수염을 잡고 싸우는 전사와 같은 용맹으로, 겹겹이 둘러싼 수도경비 부대의 방어력으로, 그러니까 자신의 능력과 가지고 있는 강점으로 1절의 상황을 돌파하려는 것을 시도조차 하지 않는다.

그는 오직 하나님을 붙든다. 오늘 이 묵상 앞에 서기까지 지나온 인생행로에서 만난 하나님! 말로 설명할 수 있는 분으로서만이 아닌 경험으로 알고 믿는 하나님! 빛이신 하나님! 구원이신 하나님! 생명의 능력이신 하나님! 아, 얼마나 놀라운 하나님이신가. 이 하나님에 대한 견고한 은혜가 끊임없이 불어오는 두려움과 무서움의 광풍 앞에서도 눈썹 하나 까딱하지 않도록 다윗을 다윗 되게 하고 있다.

하나님의 빛이 비추이면 모든 유무형(대소간)의 어둠이 물러가게 되어 있다. 빛이 임한 사람은 어둠에 있는 사람(다윗, 나)이었을 때에 빛으로 찾아와 구원해 주신 하나님을 만난 사람이다. 그 사람은 자신의 생명마저도 자기 실력으로 지킬 수 없음을 알기에 "내 생명의 능력"은 나로부터 나오지 않고 오직 '여호와 하나님으로부터다'는 사실을 고백하게 된다.

내가 부르는 노래(간증)의 주제는 무엇인가? 내가 만난 하나님은 어떤 분이신가? 다윗을 보고 동시에 나를 보면서 나 또한 하나님께 드릴 노래를 준비하고 있음이 감사다. 비록 아직은 공사 중(中)이지만...

6. 회개에 하나님의 은혜가 피었습니다.

허물의 사함을 받고 자신의 죄가 가려진 자는 복이 있도다(시32.1)

다윗이 바라본 복(福)의 또 하나의 지평은 용서다. 그는 하나님의 죄 용서하심과 그것을 수납하게 된 자의 복을 노래한다. 다윗은 하나님의 용서에 대해 바른 이해를 가지고 있다. 기독교는 자기 스스로의 능력이나 행위에 의해 죄의 문제를 해결할 수 있다고 말하지 않는다는 점에서 그렇다. 인간은 그럴 만한 능력이 있는 존재가 아니다. 죄인은 죄인을 구원할 수 없기 때문이다.

그런 의미에서 다윗이 시인하고 있듯이 인간의 허물과 죄는 오직 하나님에 의해 "사함을 받고 … 가려진"다. 특별히 이 주제에 관한 한 성경은 매우 일관된 입장을 취한다. 어느 누구를 막론하고 인간이 죄의 문제를 스스로 해결한 예는 없다. 만일 기독교가 인간의 행위, 노력(훈련), 선행, 고행, 도덕(윤리), 득도,

양심, 학습(교육)과 같은 것들을 통해 죄의 문제를 해결할 수 있다면 그리스도의 오심은 물론 그분의 십자가 대속(代贖)은 무의미할 뿐만 아니라 무가치하다.

이것이 세상의 흔한 종교들과 기독교가 근본적으로 다른 점이다. 다윗은 죄가 용서되어지는 은혜를 누구보다 생생하게 경험한 사람이다. 그는 우리아의 아내 밧세바와 간통하고, 이 죄를 은폐하기 위해 십계명의 거의 모든 계명을 차례대로 범한다. 그는 완전범죄를 꿈꿨지만 하나님은 그의 죄를 가감 없이 통째로 드러내신다.

결국 다윗은 죄목에 따라 율법대로 돌에 맞아 죽어야 했다. 다른 길은 없다. 다윗(인간) 쪽에서 이 죄의 사슬을 풀 수 있는 어떤 수단과 방법도 전적으로 불가능하다.

바로 이때 하나님은 선지자 나단을 보내사 그의 죄악을 드러내시고, 그는 즉각적으로 하나님 앞에 회개의 무릎을 꿇는다.

놀라운 것은 이를 전후한 다윗의 언행과 하나님의 처분이다. 보통 "회개하면 되지 뭐!"라는 그런 '값싼 회개'를 떠올리면서 죄의 비참함과 무서움을 회개라는 딱딱한 교리로 덮으려는 그런 조건적 겉모양만 갖춘 형식적 회개가 일반적이다. 하지만 이럴 경우 죄와 회개가 반복(교차)되는 교리적 수준의 삶이 연속될 뿐이다.

그러나 정말 하나님을 두려워함으로 그분 앞에 온몸과 마음으로 떠는, 이를 통해 하나님의 긍휼과 자비하심에 호소하는 진정한 뉘우침을 회개에 담아 하나님께 올려드리는 회개함, 여기까지가 회개하는 죄인으로 하나님 앞에 서는 것, 이것이 성경이 기대하는 회개의 모습이다.

회개의 주도권은 하나님의 몫이다. 즉, 회개를 받으시고 그 죄가 용서되어지는 것은 하나님의 영역이지 "내가 회개했다. 고로 용서된다."는 교리적 공식으로 처리되는 그런 방정식이 아니다.

만일 내가 회개했기에 용서되었다면 회개는 하나님의 은혜마저도 내가 좌지우지(左之右之)할 수 있는 또 하나의 행위가 될 뿐이다. 그럼 "죄도 내가, 회개도 내가, 용서도 내가"인 셈 아닌가.

그래서 오늘 묵상이 깊은 영적 통찰이자 영적 용량이다. 허물과 죄가 "사함을 받고 … 가려진 자"로 하나님이 다루시는 것이 죄 용서에 들어있는 하나님의 은혜이기 때문이다. 그러므로 회개가 자랑도 아니요, 계급장도 아니요, 목에 힘줄 하등의 이유가 없는 것은 하나님께서 값없이 베풀어 주신 은혜의 선물이 죄 용서의 복이기에 그렇다.

7. 네 심령에 기쁨의 씨앗을 심어라!

또 여호와를 기뻐하라 그가 네 마음의 소원을
네게 이루어 주시리로다(시37.4)

◎ 악인 vs 의인(시37.1-9)

A 악인(1-2) : 악을 행하는 자들

B 의인(3-6) :여호와를 믿는 자들

A' 악인(7b-9a) : 악한 꾀를 이루는 자들

B' 의인(9b) : 여호와를 소망하는 자들

다윗은 이 시편의 독자들(이스라엘)에게 "불평하지 말라!"(1,7,8)고 충고한다. 누구에게 불평하지 말라고 하는가? 악을 행하는 자들(A, A')에게다. 그럼 왜 불평하게 되었는가? 악인들의 "길이 형통하며 악한 꾀를 이루는"(7b) 것 때문이다. 그렇게 해서 결과적으로 의인(B, B')들마저 분노함으로 악을 따라 하는 꼴이 되어 버렸다.

지금 의인(B)은 이처럼 악인(A, A')에게 포위되어 있을 뿐만 아니라 그 틈바구니에서 불평과 분노로 자멸하는 듯하다(8b). 이런 형편을 놓치지 않고 다윗은 이처럼 악인이 득세하는 것 같아 보이는 세상 속에서 의인으로 살아가는 자는 어떠해야 하는가를 담담하게 전해 준다. 오늘 묵상 4절은 악인의 소용돌이에 휩쓸리지 않는 의인행전이라는 단락 안에 든 교훈 중 하나다.

다윗은 의인(義人)의 인생록에 또 하나의 잠언적 메시지를 담아낸다 : "또 여호와를 기뻐하라!"(4a) 악인(惡人)의 득세와 신기루 같은 일시적 성공에 일희일비(一喜一悲)하는 것은 그만큼 하나님을 향한 온전한 신뢰가 없다는, 즉 하나님을 믿는 믿음이 없기 때문이다. 하나님을 기뻐할 수 있다면 그는 여름 태양 앞의 식물처럼 쇠잔할 수밖에 없는 초로인생의 사상누각(沙上樓閣)에 현혹되지 않을 것임을 분명히 한다(2).

이렇듯 하나님을 기뻐한다는 것은 하나님만을 신뢰하는 믿음을 말한다. 세상 흔들리고 사람들 주를 떠나도 주님만을 섬기며 오직 믿음으로 의인의 길을 걸어가는 사람은 불평을 넘어 하나님을 기뻐하며 살 수 있다. 신앙은 이론이 아니다. 신앙은 실제다. 믿음은 이처럼 세상을 역류하며 하나님만을 추구하며 살게 한다. 이것이 없이는 악인의 포위(A-B-A')에 걸려 무너지고 말 것이다.

생각해 보면, 의인은 악인처럼 자기 마음의 소원을 이루려고 발버둥 치는 사람은 아닐 것이다. 세상이 악인 천하로 돌아가는 것처럼 보여도 의인은 그 마음에 하나님을 모시고 사는 사람으로서, 즉 그분을 기뻐하며 사는 사람으로서 하나님을 속이면서 악인의 방식으로 마음의 소원을 이루려고 할 수 있을까. 그건 불가능하다.

그렇다면 하나님은 "의인인 네가 악인과 다르게 살아간다면 -그게 소극적으로는 불평하지 않는 것이고, 적극적으로는 하나님을 기뻐하는 삶이다.- 내가 네 마음의 소원을 응답하는 것을 경험케 될 것이다."라고 말씀하시는 것이리라. 하나님을 믿고 따르는 의인은 다르게 산다. 보이는 것에 목숨 걸지 않고 보이지 않는 하나님의 세계를 보며 산다. 보이지 않는 것을 보며 살기에 보이지 않는 곳으로부터 기쁨이 흘러 넘치게 산다.

8. 선행대로(善行大路)

네 의를 빛 같이 나타내시며
네 공의를 정오의 빛 같이 하시리로다(시37.6)

◎ 악행자 vs 선행자(시37.1-6)

A 악(불의)을 행하는 자들(1-2)

X 하나님

B 선(의)을 행하는 자(3-6)

시편 37편은 전체적으로 마치 이중주처럼 의인과 악인이 대조를 이룬다. 이를 통해 우리 삶의 멜로디를 다윗스럽게 기록하고 연주해 갈 것인지를 마음의 악보에 그려보게 한다. 역시 다윗은 의인과 그 후손을 통해 어떤 인생행전을 연주케 하는지에 집중한다.

악행대로(惡行大路)를 따라가는 자의 종말은 풀처럼 베임과 쇠잔하는 것으로 끝난다. 때문에 다윗은 저들의 초로인생을 보며 불평과 시기하는 것마저도 낭비하는 시간임을 통찰해 낸다(1-2). 그리고 곧바로 하나님께서 열어 놓으신 선행대로(善行大路)를 따라 시기와 불평의 독배를 버리고, 성실을 따라 하나님을 의뢰(의지)하고 기뻐하고 맡기며 살라 한다(3-6).

다윗은 바로 그 사람을 하나님이 높이실 것을 믿음의 눈으로 바라 본다. 이처럼 선행자(善行者)로 살기 원해 자신의 인생을 하나님께 맡기면 마음의 소원을 이루어 주시는 것은 물론(4), 오늘 묵상에서 두 가지를 더하심으로 그의 인생을 영광스럽게 하실 것을 노래한다. 하나님께서 그를 불꽃같은 눈동자로 지켜보고 계시다니 놀랍기도 하고 황홀하기까지 하다.

먼저, "네 의를 빛 같이 나타내시"리라 말씀하신다. 악인이 득세하고 형통하는 것을 보고 악인이 옳은 것 같을 때 우리네 삶의 스텐스가 흔들릴 수 있다. 무력감이나 우울감을 넘어 상실감과 좌절이 작게나마 자리한 믿음의 밭을 온통 뒤흔들어 놓을 수 있다.

그럼에도 불구하고 하나님께로 마음과 뜻을 정하고, 아무런 보장도 보이지 않는 그 길을 따라 걸어가고 있을 때, 바로 그를 하나님은 결코 놓치지 않으신다 하신다.

어느 날 그를 향해 '네가 옳다(義)' 라고 밝히 드러내시리라 약속하신다. 어찌 보면 단지 하나님께로 난 길을 걸어온 것뿐인데 하나님은 그렇게 심은 한 알의 밀알처럼 보잘 것 없는 것을 찬란하게 빛나게 하시겠다니 감당하기 벅찬 감동이자 감사할 것밖에 없다.

사실 '네가 옳다' 는 선행자(善行者)가 만들어 낸 게 아니다. 하나님이 인정해 주신 것이다. 이 차이가 악행자(惡行者)와 선행자의 차이다.

또한 "네 공의를 정오의 빛 같이 하시리"라 언약하신다. 이는 하나님의 공의로우심이 선행자(善行者)의 손을 들어줌으로써 불의(不義)와 의(義)를 밝히 드러내시는 하나님의 심판이 분명히 실행되어질 것을 바라보게 한다. 하나님의 불꽃 같은 눈과 귀, 그리고 그분의 언행을 애써 무시(무지, 무관)하며 엇박자를 두듯 살아버린 악인들의 패망이 선명하게 그려진다.

하나님의 사람이 걸어가는 행로는 향방 없는 운명론적 인생으로 결론되어지지 않는다. 하나님이 살아계시며, 선악을 심판하시며, 결국 의인의 손을 들어주시기 때문이다.

비록 악인이 득세하는 것 같이 보일지라도 하나님을 신뢰하는 길을 걸어간다면 하나님이 하시는 일의 주인공으로 빛날 것이다.

9. 의인행전(義人行傳)

내가 어려서부터 늙기까지 의인이 버림을 당하거나
그의 자손이 걸식함을 보지 못하였도다(시37.25)

◎ 의인 vs 악인(37.22-28)

① 의인 : 주의 복을 받은 자들(22a)

- 넘어지나 … 붙드심이로다(24)
- 영원히 살리니 … 영원히 보호를 받으나(27,28)

② 악인 : 주의 저주를 받은 자들(22b)

- 악인의 자손은 끊어지리로다(22b,28b)

다윗은 30세에 왕이 되어 40년 동안 통일왕국을 다스린다. 본문 중 '늙기까지'(25a)로 보아 아마도 인생 후반전인 60세를 전후한 때가 아닌가 싶다. 그렇다면 지나온 인생을 돌아보는 간증이라 할 수 있는 말씀이다. 시인은 인생을 두 부류로 나눈다. 의인(성도, 주의 복을 받은 자; ①)과 악인(주의 저주를 받은 자; ②)인데 악인(惡人)은 멸문을 하고, 의인(義人)은 자신뿐만 아니라 명가(名家)의 반열에 오를 것을 기대하고 소망한다.

먼저 다윗은 자신의 존재됨을 하나님 앞에서 잘 이해하고 있다. 그는 복을 만드는 자가 아니라 받는 자다(22a). 누구에게인가? 하나님께로 부터다. 자신이 아무리 의인답게, 성도답게 산다 할지라도 그것이 복을 가져다주는 것이 아님을 잘 알고 있다. 동시에 자손으로 이어지는 후대의 복 역시 하나님의 전적인 은혜의 선물임을 결코 잊지 않고 있다.

문제는 또한 "종일토록 은혜를 베풀고 꾸어 주"(26a)며 사는 균형 잡힌 의인(①)으로 살아감에도 불구하고 그의 인생의 노정에 "넘어지"(24a)는 일이 일어난다는 점이다. 이것은 사실이다. 하지만 이상하지 않은가. 많은 그리스도인들이 이 부분에서 하나님을 아는 지식의 균형을 잃곤 한다. 자신의 전 삶을 드려 하나님을 사랑하며 사는 자에게는 이런 일들이 일어나지 않아야 하고, 그 정도는 하나님이 지켜주셔야 한다고 생각한다. 이것은 자신을 중심에 놓고, 자신이 뭔가를 했으니까 하나님도 그런 자신에게 뭔가를 해 주어야 한다고 생각하는 것에 깊숙하게 갇혀 있을 때 반복적으로 발생하는 아주 나쁜 습관이다.

하지만 다윗은, 아니 하나님은 당신이 인정하는 의인스럽게 사는 복을 받은 성도라 할지라도 그의 인생의 노정에 넘어지는 일이 일어난다고 말씀한다. 그럼에도 불구하고 이것보다 더 중요한 것은 "아주 엎드려지지 아니"(24)한다는 점이다. 왜 그런가? 넘어지는 것은 의인(나)이지만 완전히 실패하지 않도록 붙드시는 것은 하나님이시기 때문이다(24b).

하나님은 다윗의 간증을 들려주시면서 오늘 우리에게도 말씀하신다. 악에서 떠나 선을 행하는 의인의 길을 걸어가는 성도로 인생을 그렇게 드리며 사는 너는 물론 너의 후손에게까지 주의 복을 받는 자의 영광을 영원히 허락하실 것이라는 말씀을 말이다. 다윗이 인생 노년에 이 시편에 자신의 인생을 간증하듯 언젠가 우리도 이 말씀을 간증케 하실 것을 믿음의 눈으로 바라보면서, 혹 지금 비록 넘어졌다 할지라도 다시 일어나 이 노래를 부를 수 있는 자로 서 보자. 지금은 넘어짐만을 보고 있을 때가 아니다. 넘어짐 너머에서 우리를 기다리시는 주님을 믿고 신뢰함으로 넘어짐을 딛고 일어설 때다. 의인은 이처럼 부름 받은 자다.

10. 하나님의 부재, 하나님의 임재

내 영혼아 네가 어찌하여 낙심하며 어찌하여 내 속에서 불안해 하는가
너는 하나님께 소망을 두라 그가 나타나 도우심으로
내가 여전히 찬송하리로다(시42.5)

◎ 반전의 반전을 거듭하는 상황(시42.1-11)

갈급 … 갈망(1-2)

낙심.불안 … 소망 … 찬송(5)

낙심 … 찬송(6,8)

낙심.불안 … 소망 … 찬송(11)

하나님께 나아가서 예배하길 원하지만 시인의 이런 갈망에 비해 상황은 매우 절망적이다(2). 보이는 상황은 "원수의 압제로 말미암아 슬프게 다니"(9b)면서 그들이 토해내는 비방에 포위되어 있다(10). 하지만 보이지 않는 시계(視界)는 하나님과의 단절이라는 그분의 부재에 대해 밀려오는 탄식이다. 그만큼 안팎으로 절박하다. 이를 두고 시인은 "사슴이 시냇물을 찾기에 갈급함 같이"(1a)라는 시상(詩想)을 찾아낸다. 거치른 광야에서 신기루가 물인양 마지막 남은 힘을 다해 비틀거리면서 헐떡거리는 사슴의 유일한 소망이 한 모금 물이듯, 그 마음으로 하나님을 찾기에 갈급한 시인의 영적 몸부림이 생생하게 느껴지는 대목이다.

지금 시인은 문제 안에서 해답을 찾아가는 중이다. 후렴구처럼 반복되는 오늘 묵상(5,11)에서 시인은 그럼에도 불구하고 마치 오뚝이처럼 또다시 일어나 하나님을 찾고 찾는다. 이렇듯 오늘 묵상에는 시인의 흔들리는 영적 목마름이 진솔하게 고백되어지고 있다. 이런 영적 절박함이 과연 내게는 얼마만큼이나 있는지를 곰곰히 생각하게 하는 말씀이다.

먼저, 시인은 하나님의 부재라는 부정적인 쪽으로 흔들리는 자신을 발견한다 : "내 영혼아 네가 어찌하여 낙심하며 어찌하여 내 속에서 불안해 하는가."(5a) 안으로는 하나님과의 만남은 없는, 단지 찾기에 갈급할 뿐이다(1-2). 그럼에도 밖으로는 "네 하나님이 어디 있느냐?"(3)라는 비난과 조롱의 메아리가 혼재한다. 이런 상황에서 급기야 시인의 영혼 안에도 -비록 "어찌하여"라고 울

부짖고는 있지만- 하나님의 부재에 대한 어쩔 수 없는 시인, 동시에 그렇게 생각할수록 밀려오는 낙심과 불안에 점차 포위(포로)되어 가는 자신을 보며 절망한다. 아, 어찌할까!

둘째로, 자신의 상태가 그렇다는 것을 알고 있지만 절망의 상황에 완전히 패배하지 않는, 그러면서 그런 자신을 완곡하게나마 책망하면서 해법을 찾는다. 그럼에도 불구하고 이건 낙심이거나, 포기하는 것이거나, 부재중인 하나님을 원망하는 그런 차원이 아니다. 그렇다면 하나님의 부재를 임재로 되돌릴 아무런 힘도 없는 무능한 자신(인간)의 상태에 대한 영적 탄식인 셈이다. 이것이 하나님을 찾고, 구하고, 두드리는 우리네 모습의 진솔한 형편이다.

셋째로, 시인은 여기서 포기하지 않고 다시금 처절할 만큼 간절하게 하나님의 임재를 요청한다. 아무런 희망 없음에도 이처럼 긍정으로 상황을 되돌리려는 시도를 한다는 것만으로도 시인이 던지는 메시지는 강렬하다. 상황은 여전히 하나님의 부재처럼 암담할지라도 하나님을 향한 영의 목마름을 포기하지 않는 한 하나님의 임재는 멀리 있지 않을 것이다. 하나님의 부재는 곧 하나님의 임재를 강렬하게 요구하고, 두드리고, 소망하는 씨앗이기에 그렇다. 어둠이 깊을수록 새벽이 가깝듯, 하나님이 부재중인 것처럼 느껴지지만 바로 그때가 하나님의 임재가 가까이 와 있는 때다.

11. 피난처는 예약되어 있나요?

하나님은 우리의 피난처시요 힘이시니
환난 중에 만날 큰 도움이시라(시46.1)

이런 고백과 간증을 할 수 있는 사람은 행복하다. 하나님이 그를 찾아오셨고, 이 능력과 은혜의 하나님을 이미 만난 것이니까 그렇다. 표제어에 있듯 이 시(詩)는 "고라 자손의 시"인데 그렇다면 고라 자손들은 오고 오는 세대 속에서 바로 이 하나님을 생생하게 경험하고 맛본 것 아닌가. 사실 하나님을 설명하는 사람은 많다. 하지만 진정한 은혜는 하나님을 경험한 사람에게서 나온다.

지나온 인생의 여정에서 만난 것이든 앞으로 만날 것이든 삶의 여러 폭풍우(시46.2-3)를 하나님과 연결할 수 있고, 그런 신앙적 시각에서 이해해 낼 수 있다는 것은 평범해 보이지만 누구나 다 그러는 것은 아니다. 그래서 이 평범함 속에 잔잔한 영성이 흐른다. 시인은 오늘 묵상을 견고한 축으로 삼고 이어지는 인생의 페이지가 어떻게 펼쳐진다 할지라도 "우리는 두려워하지 아니하리로다(셀라)"(시46.3b)라고 선언한다.

인생이 스스로 어찌해 볼 수 없는 큰 산 앞에 서 본 사람은 자신이 얼마나 무능력하며 볼품없는 존재인가를 경험적으로 이해한다. 이 사람에게 '환난' 마저도 하나님을 더 신뢰하게 하는 통로가 된다면 이보다 더 큰 기적이 또 있을까. 그렇게 된다면 그는 이것을 자신이 아닌 하나님께로부터 오는 힘으로, 피난처 되시는 하나님을 통해 해결해 가게 되고, 언젠가 오늘 고라 자손처럼 이런 간증과 고백 앞에 서게 될 것이다.

피난처 되시는 하나님을 향해 걸음을 옮길 수 있는 사람은 행복하다. 단지 생각으로만이 아닌 자신의 온몸과 마음으로 하나님께 피하는 자는 진정 복된 사람이다. "배 안에 있어도 흔들리는 것은 마찬가지다."는 말을 난 좋아한다. 하나님 안에 있어도 피난처는 필요하고, 현재의 시간표가 '환난 中에' 요동치는 게 현실이다. 동시에 하나님 안에 있어도 2-3절의 폭풍우는 쉼 없이 불어 닥친다. 이것이 인생이다.

하지만 다르다. 무엇이 다른가? 겉으로 드러나는 현상은 비슷하거나 동일하다. 하지만 그것을 받아내는 자세와 태도는 다르다. 시인처럼 날마다 휘몰아치는 삶의 폭풍 앞에서도 하나님을 생각하고, 하나님을 간증하고, 하나님을 피난처로 삼을 수 있음을 당당하게 시인하고 고백할 수 있는 것, 이것은 아무에게나 발견되는 것이 아니다.

시인처럼 하나님을 간증하고 노래한다고 해서 피난처가 필요 없는 인생이 펼쳐지는 건 아니다. 하나님이 나의 도움이요 힘이라고 고백한다고 해서 땅과 산과 바다와 물이 모든 것을 삼켜버릴 것처럼 휘몰아치는 그런 일들이 면제되는 건 아니다. 세상은 그래도 하나님을 믿고 그분에게 피할 것이냐고 항변한다. 하지만 하나님의 사람은 그러니까 하나님이라고 당당하게 고백한다.

진짜 피할 수 있는 곳이 있는 자, 피난처를 향해 인생의 키를 돌릴 때 나를 받아주실 분이 있는 삶, 나의 진정한 답이 내가 아니라 하나님인 사람이라는 게 얼마나 안정감이 되는지... 오늘도 풋사랑 같은 고백을 담아 주님께 올려드린다. 그래도 행복하다. 이런 나에게도 피난처이시니까. 감사합니다, 하나님!

12. 재물주의(財物主義)인가, 재물주의(財物注意)인가

존귀하나 깨닫지 못하는 사람은 멸망하는 짐승 같도다(시49.20)

오늘 묵상은 악인이 치부(致富)를 두려워하지 말라는 말씀 단락(16-20)에 들어있다. 사람이 죽을 때 재물(부자의 영광)을 무덤까지 가져가는 법은 없다. 이처럼 재물이 아무리 많다 할지라도 재물이 죽음 이후를 어찌할 수 없음과, 그래서 자신의 주인이 하나님이심을 깨닫지 못한다면 도살당할 짐승과 다를 바 없다 하신다. 재물에 대한 말씀들을 묵상해 본다.

- "네 소유가 다 풍부하게 될 때에 … 그러나 네가 마음에 이르기를 내 능력과 내 손의 힘으로 내가 이 재물을 얻었다 말할 것이라. 네 하나님 여호와를 기억하라 그가 네게 재물 얻을 능력을 주셨음이라."(신8.13b,17-18a)

- "하나님이 솔로몬에게 이르시되 이런 마음이 네게 있어서 부나 재물이나 영광이나 원수의 생명 멸하기를 구하지 아니하며 장수도 구하지 아니하고"(대하 1.11a)

- "그가 재물을 흩어 빈궁한 자들에게 주었으니 그의 의가 영구히 있고 그의 뿔이 영광 중에 들리리로다."(시112.9)

- "자기의 재물을 의지하는 자는 패망하려니와"(잠11.28a)

- "속이는 말로 재물을 모으는 것은 죽음을 구하는 것이라 곧 불려다니는 안개니라."(잠21.6)

- "또한 어떤 사람에게든지 하나님이 재물과 부요를 그에게 주사 능히 누리게 하시며 제 몫을 받아 수고함으로 즐거워하게 하신 것은 하나님의 선물이라."(전5.19)

- "너희가 하나님과 재물을 겸하여 섬기지 못하느니라."(마6.24b)

- "예수께서 둘러 보시고 제자들에게 이르시되 재물이 있는 자는 하

나님의 나라에 들어가기가 심히 어렵도다 하시니"(막10.23)

○ "믿는 무리가 한마음과 한 뜻이 되어 모든 물건을 서로 통용하고 자기 재물을 조금이라도 자기 것이라 하는 이가 하나도 없더라."(행4.32)

○ "네가 이 세대에서 부한 자들을 명하여 마음을 높이지 말고 정함이 없는 재물에 소망을 두지 말고 오직 우리에게 모든 것을 후히 주사 누리게 하시는 하나님께 두며"(딤전6.17)

○ "누가 이 세상의 재물을 가지고 형제의 궁핍함을 보고도 도와줄 마음을 닫으면 하나님의 사랑이 어찌 그 속에 거하겠느냐."(요일3.17)

13. DAVID 참회전서

하나님께서 구하시는 제사는 상한 심령이라 하나님이여
상하고 통회하는 마음을 주께서 멸시하지 아니하시리이다(시51.17)

시편 51편은 표제어("다윗의 시, 따라 부르는 노래, 다윗이 밧세바와 동침한 후 선지자 나단이 그에게 왔을 때")에서 알 수 있듯이 다윗이 충신 우리아 장군의 처 밧세바(Bath She Bar)와의 부적절한 관계를 극비사항으로 하기 위해 완전범죄(십계명 중 6-10계명을 범함, 출20.13-17 참조)를 꾀한 것이 하늘 안테나에 잡힌 것을 배경으로 한다. 선지자 나단은 하나님의 명령을 받고 다윗을 찾아와 그 유명한 "가난한 사람의 암양 새끼 한 마리 이야기"(삼하12.1-15)를 통해 다윗이 자기 입으로 자신의 죄와 그 죄의 값을 자백하게 한다.

다윗은 나단과 싸울 문제가 아님을 모를 리가 없다. 지금 이 사태는 하나님이 아시고 개입하신 문제이기에... 여기서 다윗스러운 부분은 일단 해 볼 수 있는 여러 정치적 꼼수를 통해 물타기를 하고 있지 않음이다. 하나님이 선지자 나단을 통해 말씀하시자마자 그는 바로 그 선지자 앞에서 하나님께 무릎을 꿇는다: "내가 여호와께 죄를 범하였노라."(삼하13.13a) 이것이 시편 51편이 자리하는 위치다.

세상 앞에는 아무런 문제나 죄가 없는 것처럼 얼굴을 들고 뻔뻔스럽게 살 수 있다. 하지만 하나님 앞에서는 부끄럽고, 황송하고, 얼굴을 들 수 없는 죄인(罪人)이 아닌가. 다윗처럼 이미 십계명을 다 범한 죄인이면서도 여전히 왕으로, 선지자와 하나님을 이야기하며, 그런 중에도 안식일과 제사를 지키고 행하고, 하나님과 사람 앞에 아무런 문제가 없는 듯 살았을 것이다. 이게 어디 다윗만의 문제인가.

구설수(스캔들)에 오르내리는 유력한 사람들의 밝혀진 죄력(罪

歷)들을 보면 이미 죄에 푹 잠겨 있었을 때에도 여전히 그의 직분과 신분과 위치에서 할 수 있는 것들을 다 하고 있었다는 점, 이것이 참으로 당혹스럽고 아찔하기 그지 없는 일이다. 정말 머리가 쭈뼛쭈뼛 서는 일이 아니고 무엇인가 말이다.

선지자 나단은 이 다윗을 끌고 성문으로 갔어야 한다. 그리고 다윗은 율법을 따라 돌로 쳐 죽임을 당했어야 한다. 하지만 하나님은 선지자 나단만 보내셨다. 일이 여기까지 왔다. 그 순간 다윗은 자신의 모든 것을 벗고서 하나님 앞에 벌거숭이가 된다. 체면도, 왕으로서의 권위와 권력도, 가부장(부모, 아비, 남편)으로서도, 지금껏 쌓아왔던 자신의 명성도 그는 훌훌 다 벗어버린다.

나는 이 다윗의 시편 51편을 읽을 때마다 이 초라하고 초라한, 볼품없는, 무능력한, 바보스러운, 멍청하기까지 한, 그래서 화가 나는 이 못난 다윗 앞에 무릎을 꿇는다. 나는 하나님이 나의 죄와 허물을 드러내실 때 이처럼 하지 못하고 있으니까. 나는 늘 나의 죄의 커튼 뒤에 홀로 숨어 사람들에게는 비밀로 하고, 하나님께만 용서를 구한답시고 찔찔거리는 푼수니까. 어떤 의미에서 난 하나님보다 세상이 더 두려우니까. 지금의 내 신분과 수준과 삶의 자리를 한순간에 잃고 싶지 않으니까.

난 늘 회개라는 언약(言藥)을 성경 이곳저곳을 찾아 스스로 제조해 먹고서, 내 죄의 커튼 뒤에 꼭꼭 숨어 하나님을 설득한다. 하나님만 이번에도 눈감아 주시면 세상은 그런 날 알 턱이 없을 거라고... 이건 죄를 죽이고, 없애고, 다시는 동일한 죄의 나락으로 떨어지지 않으려는 사투(死鬪)가 아니라 또 다른 범죄다. 나는 변하려 않고, 하나님의 입만 어떻게든 막아보려고 안달인 나, 어찌하랴. 이게 내 값싼 신앙이다. 언제쯤 난 나의 시편 51편을 주님께 드릴 수 있을까.

14. 교회 사랑이 답이다.

주의 집에 사는 자들은 복이 있나니
그들이 항상 주를 찬송하리이다(시84.4)

여기 '주의 집에 사는 자들'이란 레위인과 제사장을 지칭하는 것은 아니다. 이는 하나님의 전을 사모하고 사랑하는 백성들(성도들)을 가리킨다. 구약을 대표하는 주제 중 하나가 바로 성전(예루살렘 성전)이다. 하나님은 율법과 선지자를 통해서, 성전과 제사장을 통해서 이스라엘과 교제(소통, 교통)하셨다는 점에서 그렇다. 그래서 오늘은 왜 성전으로부터 흘러넘치는 은혜를 따라 사는 자들이 복이 있는가에 대해 좀 더 살펴보자. 이를 위해 성전에 대해 좀 정리를 해 본다.

솔로몬의 성전, 곧 예루살렘 성전은 모리아산에 건축된다(대하2.1-3.17). 모리아산은 하나님께서 아브라함에게 이삭을 제물로 드리라 명령하신 바로 그 산이다 : "솔로몬이 예루살렘 모리아 산에 여호와의 전 건축하기를 시작하니 그곳은 전에 여호와께서 그의 아버지 다윗에게 나타나신 곳이요 여부스 사람 오르난의 타작 마당에 다윗이 정한 곳이라."(대하3.1; 창22.2 참조) 바로 이곳에 출애굽 이후 모세 시대부터 다윗왕국까지 이스라엘과 하나님을 잇는, 즉 하나님의 임재를 보여주는 성전이 세워진 것이다.

하지만 이 성전은 유다왕국이 멸망하고, 급기야 구약의 마지막 선지자인 말라기 기자로부터 사형선고를 받기까지 점차 참담하게 무너지고 만다 : "만군의 여호와가 이르노라 너희가 내 제단 위에 헛되이 불사르지 못하게 하기 위하여 너희 중에 성전 문을 닫을 자가 있었으면 좋겠도다 내가 너희를 기뻐하지 아니하며 너희가 손으로 드리는 것을 받지도 아니하리라."(말1.10) 성전이 성전의 기능과 목적을 떠날 때의 비극이 이런 것이리라.

그후 마침내 400년의 긴 침묵을 깨고 구약의 약속대로 예수께서 "말씀이 육신이 되어 우리 가운데 거하시매"(요1.14a)처럼 임하셨다. 여기 '거하시매'는 헬라어 원어로 "장막을 치시매"다. 그러니까 예수님의 성육신이 성막이신 그리스도라는 뜻이다. 그리고 이어지는 성전논쟁에서 "이 성전을 헐라!"(요2.19)는 예수님의 선언, 곧 "예수는 성전된 자기 육체를 가리켜 말씀하신 것이라."(요2.21)는 말씀에서도 분명히 드러난다.

정리하면, 결국 구약의 성전은 신약의 그리스도를 보여주는 예표요 모형인 셈이다. 이는 새예루살렘(신천신지)인 저 천국을 소개하는 말씀에서도 같다 : "성 안에서 내가 성전을 보지 못하였으니 이는 주 하나님 곧 전능하신 이와 및 어린 양이 그 성전이심이라."(계21.22)

놀라운 것은 동일한 성경이 성도를 가리켜서 "너희는 너희가 하나님의 성전인 것과 하나님의 성령이 너희 안에 계시는 것을 알지 못하느냐."(고전3.16)라고 말씀하심이다. 지성소에 임재하시던 하나님이 이젠 성령으로 우리 안에 거하심으로 우리가 성전이 된 것이다.

자, 그렇게 성전과 그리스도, 성전과 그리스도인을 말씀으로 읽어내고서 오늘 묵상을 대할 때 "주의 집에 사는 자들은 복이 있나니"가 좀 더 새롭게 복음의 빛 안에서 드러나고 있는 것을 발견하지 않을 수 없다. 주님과 나의 하나 됨은 이렇듯 상호내주(相互內住) 안에서 더욱 찬란하게 빛난다. 이것이 주와 더불어 함께 살아가는 자의 행복이고 영광이다.

이것이 성전이신 주 안에 있는 자가 그분의 영광을 찬송할 수밖에 없는 이유다. 오늘 묵상은 마치 구약의 팔복 가운데 하나인 것처럼 느껴진다. 하나님은 성전(교회)을 이와 같이 항상 당신을 찬양토록 하기 위해 세우셨고, 마침내 성전이신 주님을 육신을 입혀 이 땅에 보내셨다. 내가 진정으로, 주와 함께, 항상 주님을 찬송해야 할 이유가 여기에 있다.

15. 현재의 대대에는 물론 미래의 대대에까지!

주여 주는 대대에 우리의 거처가 되셨나이다(시90.1)

◎ 번역본

우리말성경 : "주여, 주께서는 온 세대에 걸쳐 우리의 거처가 되셨습니다."

표준새번역 : "주님은 대대로 우리의 거처이셨습니다."

NIV : "Lord, you have been our dwelling place throughout all generations."

◎ 시간표

A 인간의 시간 : '대대에' (1)

B 하나님 시간 : '영원부터 영원까지' (2)

인간 시간의 '대대에'(1; A)와 하나님 시간의 '영원부터 영원까지'(2; B)가 쌍을 이루면서 유한한 인간과 영원하신 하나님이 시간을 통로로 모세의 기도 안에서 대면을 한다. 과연 모세는 가나안을 앞에 두고 마무리될 자신의 시간을 두고 뭘 생각했을까? 아마도 모세는 애굽과 광야를 지나 마침내 약속의 땅 가나안에서도 오직 하나님만이 이스라엘의 영원한 거처(안식처)임을 잊지 않고 바라보고 있는 것 같다.

비록 120세의 일기로 하나님의 거처로부터 분리된다 할지라도 '영원부터 영원까지'(B)라는 무한한 하나님의 시간 안에 보호를 받고, 그분의 거처(안식처) 안에 있게 되는 것에 대해서는 추호도 의심의 여지가 없었기에 이런 기도를 시작하는 것 아니겠는가. 그렇다면 '대대에'(A) 역시 하나님과 분리되어 있는 시간이 아니기에 사람의 시간처럼 보이는 그때마저도 하나님이 계신 곳이며 역사하신 때임이 분명하다.

그런 점에서 모세는 아마도 지난 40년의 광야행전이자 광야교회(행7.38)라는 기간 역시 오직 주 하나님만이 대대에 이스라엘의 거처이셨음을 노래하고 있는 것 같다. 그렇다. 이렇듯 광야의 시간표 안에 든 긍정과 부정의 이야기들 모두가 하나님이 안식처가 되어 주셨기에 가능했다. 돌에 각인할 만한 은혜와 영광뿐만 아니라 물에 흘려보내 버려야 할 씁쓸하고 죄 된 것까지, 그런 소용돌이치는 굽이굽이를 돌고 돌아 40년이라는 시간 모두를 하나님의 거처(안식처)라는 사랑의 품에 품어주신 하나님을 모세는 기도의 고백에 담아 올려드리고 있는 것이다.

내게 외가에 대한 기억은 없으나 본가에 대한 기억은 조모님 장례식을 전후해 희미하게 남아있다. 내가 3대째 신앙이라면 조부모는 기독교(선교사)가 한국에 들어온 때부터 하나님을 섬겨온 가정이다는 뜻이다. 바로 그때로부터 "주는 대대로 우리의 거처가 되셨"다. 아름답게만 보이는 먼 산도 가까이에서 보면 추할 수 있듯 우리네 가정도 예외는 아닐 듯싶다. 하지만 그럼에도 불구하고 하나님은 선대(先代)의 때든 지금 내가 살아온 시간이든 간에 거처가 되어주실 수 없는 때와 상황에서도 한결같이 안식처가 되어 주셨다.

그런 차원에서 오늘 모세의 기도는 시공간을 뛰어넘어 그대로 나의 기도와 신앙고백이 되기도 한다. 놀랍지 않은가. 더불어 나의 세대를 넘어 자식과 자식의 자식에 이르도록 -"영원부터 영원까지"(B)- 주는 우리의 거처이시며 하나님이시다. 모세가 그렇듯 현재까지의 대대에는 물론 '영원까지'로 펼쳐질 미래의 대대에까지 거처가 되신 주님이시기에 그렇다.

16. 하나님이여, 영원토록 찬송 받으시옵소서.

산이 생기기 전, 땅과 세계도 주께서 조성하시기 전
곧 영원부터 영원까지 주는 하나님이시니이다(시90.2)

시편에 '모세의 기도'가 들어있다는 점이 친근하면서도 조금은 새롭다. 모세는 하나님을 묵상하면서 무엇보다 그분의 영원성을 노래한다(시90.1-2). 곧 나그네 인생을 마무리해야 할 시점에서 첫 40년은 바로의 아들로(행7.20-22), 이어진 40년은 광야의 사람으로(행7.23-29), 그리고 마지막 40년은 하나님의 사람으로(행7.30-36) 살았던 120년이라는 유한한 자신의 일생을 회고해 볼수록 무한하시고 영원하신 하나님을 노래하지 않을 수 없었던 것 같다.

이어지는 노래에서 모세는 "밤의 한 순간 같을 뿐 … 잠깐 자는 것 같으며 … 꽃이 피어 자라다가 저녁에는 시들어 마르"는 인간의 연약함(시90.3-6)과, "우리의 평생이 순식간에 … 신속히 가니 우리가 날아가나이다"라는 인생의 유한성(시90.9-12)을 절감한다. 그뿐인가? 그 인간은 다름 아닌 연약하고 유한한 죄인임을 고백한다(시90.7-8). 이렇듯 풀의 꽃과 같은 인간 실존이 더욱 하나님의 영원하심을 묵상하게 하지 않았을까.

모세가 이렇게 노래할 수밖에 없는 이유는, 이런 인간이 신뢰할 수 있는 분은 오직 하나님 한 분이시며, 그분만이 영원한 우리의 거처(안식처, 피난처, 본향)가 되시는 분이시기 때문이다.

이처럼 "영원부터 영원까지", 즉 세초부터 세말까지 오직 하나님의 창조 안에, 이 창조의 주인이신 하나님이 머무시는 곳 안에 우리('나')의 거처가 마련되어 있다. 인간의 모습(시90.3-12)에 대한 유일한 해답이신 하나님 안에서 말이다.

모세는 하나님의 계시를 받아 창세기를 기록하면서 창조에서부터 요셉까지, 그리고 요셉에서부터 출애굽을 통해 가나안에 들어가기 직전까지, 이 장구한 하나님의 역사(시간)를 통전적으로 볼 수 있는 특별한 은혜를 받았다.

거기에 자신의 120년이라는 경험 세계까지 더해지면서 이 장구한 인류의 역사와는 비교할 수 없는 하나님의 영원하심 앞에 무릎을 꿇고 경배하고 있는 셈이다.

무릇 큰 은혜를 받은 사람은 통이 다르다. 무한하신 하나님의 자원에 참여하고 보니 하나님은 그 무엇보다 크신 분으로, 동시에 인간은 좁쌀처럼 작고 유한한 존재로 느껴지는 것, 당연한 결과가 아니겠는가.

하나님을 대면하고 친히 그분을 보았던 모세였기에 하나님과 친밀한 교제를 누리면 누릴수록 영원하신 하나님을 노래할 수밖에 없었을 것이다.

보잘 것 없는 초로인생(初露人生)에 불과한 내가 이 유한한 삶을 하나님의 영원성에 비춰보는 것조차 망각하며 살아간다는 것은 그만큼 영원 안에 비춰진 나를 보지 못하고 있음이고, 그만큼 유한한 육신을 붙들고 뭔가 해 보려는 몸부림이 큰 것이기 때문이지 싶다. 이를 어찌하랴!

17. 찬송할 이유 있네!

새 노래로 여호와께 찬송하라 그는 기이한 일을 행하사
그의 오른손과 거룩한 팔로 자기를 위하여
구원을 베푸셨음이로다(시98.1)

시인은 오직 하나님만을 찬양하고 그분의 이름을 높여 드리는 경배와 찬양 앞에 서 있다. 시인처럼 하나님을 찬양할 이유가 있는 사람, 그 이유를 발견하고 깨닫는 사람은 복되다. 그럼에도 불구하고 지금 찬양하고 있는 그 순간에도 시인에게 이 일은 '기이한 일'이다. 그렇다. 하나님의 구원은 유한한 인생이 이해하기엔 여전히 초자연적이고 불가사의하기까지 한 기이한 일임에 틀림없다.

바울은 고린도전서에서 이 구원을 독특한 바울 언어로 표현해 준다 : "십자가의 도가 멸망하는 자들에게는 미련한 것이요 구원을 받는 우리에게는 하나님의 능력이라. 하나님의 지혜에 있어서는 이 세상이 자기 지혜로 하나님을 알지 못하므로 하나님께서 전도의 미련한 것으로 믿는 자들을 구원하시기를 기뻐하셨도다."(고전1.18,21)

한편 시인은 지금 '거룩한 팔'의 하나님에 의해 이 구원이 성취되었음을 찬양한다. 언젠가 성취될 것이다거나, 성취될 수 있는 가능성이 있다가 아니다. 시인이 선언하고 있는 구원의 외침은 단호하고도 분명하다. 하나님의 구원이 이미 성취되었다는 것이다. 놀랍지 않은가. 왜냐하면 이 구원을 위하여 시인은 물론이고 인간 그 누구도 한 일이 없기 때문이다. 그래서 더욱 인간 편에서 볼 때 하나님이 이루신 구원은 '기이한 일'이다.

하나님의 사람 모세는 이 진리를 알고 있는 구약의 사람 가운데 대표적이랄 수 있다. 그가 出애굽 후 곧바로 직면한 홍해의 위기 앞에서 하나님의 구원을 다음과 같이 선언하고 있다 : "모세가 백성에게 이르되 너희는 두려워하지 말고 가만히 서서 여호와께서 오늘 너희를 위하여 행하시는 구원을 보라 너희가 오늘 본 애굽 사람을 영원히 다시 보지 아니하리라. 여호와께서 너희를 위하여 싸우시리니 너희는 가만히 있을지니라."(출14.13-14)

이렇듯 하나님이 이루신 한 '기이한 일'인 홍해를 건너는 세례적 구원 사건(고전10.1-2)을 위해 이스라엘이 한 일은 없다. 그들은 단지 하나님이 이루신 구원을 "가만히 서서 … 가만히 있을지니라."는 말씀처럼 그냥 땅 같은 바다를 걸어서 건넜을 뿐이다. 이것이 우리 역시 바울과 베드로처럼 구원을 이루신 하나님을 찬양하는 이유다.

○ 너희는 그 은혜에 의하여 믿음으로 말미암아 구원을 받았으니 이것은 너희에게서 난 것이 아니요 하나님의 선물이라. 행위에서 난

것이 아니니 이는 누구든지 자랑하지 못하게 함이라(엡2.8-9)

○ 우리 주 예수 그리스도의 아버지 하나님을 찬송하리로다 그의 많으신 긍휼대로 예수 그리스도를 죽은 자 가운데서 부활하게 하심으로 말미암아 우리를 거듭나게 하사 산 소망이 있게 하시며(벧전1.3)

18. 창조의 아버지

여호와가 우리 하나님이신 줄 너희는 알지어다
그는 우리를 지으신 이요 우리는 그의 것이니
그의 백성이요 그의 기르시는 양이로다(시100.3)

하나님은 누구신가? 하나님은 어떤 분이신가? 놀랍게도 시인은 하나님을 설명하지 않고, 하나님을 선포하고 증인으로서 그분을 기쁨과 즐거움으로 노래(찬송)한다. 하나님을 아는 사람, 하나님을 만난 사람, 하나님을 경험한 사람, 하나님을 믿고 따르는 사람만이 그분 앞으로 나아갈 수 있음을 알려 주는 말씀이다. 그럼 그가 감사로 노래하는 하나님을 만나 보자.

첫째, 여호와만이 우리의 유일하신 하나님이다. 출애굽 이후 모세가 시내산에서 하나님께로부터 받은 율법 곧 소위 십계명

(출20.1-17) 가운데 첫째 되는 계명이 바로 "너는 나 외에는 다른 신들을 네게 두지 말라."(출20.3)는 말씀이다. 이 말을 오해한 사람들은 종종 하나님도 다른 신들이 있음을 인정하신 것이고, 그렇다면 하나님 역시 신들 가운데 하나라고 말한다.

하지만 그렇지 않다. 유사한 표현을 해 보면 금방 밝혀지는데 가령, "너는 나 외에는 다른 아버지들을 네게 두지 말라."고 내가 아들에게 얘기를 했다고 해 보자. 그럼 내가 아들에게 다른 아버지들이 있음을 인정한 것이고, 그렇다면 나 역시 아들에게 아버지들 가운데 하나란 말인가. 이 계명은 오직 여호와만이 유일하신 하나님이시다는 뜻이다. 시인은 지금 이 하나님만이 찬송을 받으실 분이심을 분명히 하고 있는 것이다(1-2).

둘째, 하나님은 우리를 지으셨다. 내 손목에 차고 있는 시계도 -시계는 영혼도, 구원도, 천국도, 목숨도 없는 물건이다.- 우연히 부품들이 하나 둘 만들어지고, 그것들이 다시 우연히 결합하여 시계가 되고, 또다시 우연히 우리가 정한 시간을 정확히 가리키는 것이 되었다고 한다면 이를 믿을 사람이 있을까? 하물며 우주는 물론 하나님의 형상으로 지은 바 된 우리 사람이겠는가.

하나님은 모태에서 우리를 조성하셨을 뿐만 아니라 그리스도 안에서 새로운 피조물로 지으셨다. 이는 생물학적으로는 물론이고 영적으로도 하나님만이 조물주이시다는 뜻이다. 생각해 보라. 사람도 뭔가를 발명하면 거기엔 그 발명품에 대한 분명한 목적이 있다. 즉, 발명품은 그를 만든 사람의 목적과 목표대로 움직이고 행동해야 한다.

우리 인생들도 마찬가지다. 더욱 죄와 허물로 말미암아 죽었던 우리를 그리스도의 십자가의 은혜로 살리사 새로운 존재가 되게 하셨다면 우리는 그렇게 하신 분의 목적을 위해 살아가는 것은 지극히 당연하다. 그러므로 나를 향하신 하나님의 목적, 그것이 이끌어가는 인생이 되게 하신 은혜가 나를 견인해 가도록, 그렇게 쓰임 받기를 기도한다.

셋째, 우리는 하나님의 소유된 백성이다. 사실 우리는 이미 소유권 이전등기가 끝났다. 무슨 말인가. 내가 나이지만 나의 주인은 내가 아니라 하나님이다는 뜻이다. 그런 의미에서 소유권은 하나님께 있고, 사용권(점유권)만 우리에게 있다고 할 수 있다. 그러므로 나의 주권은 하나님께 있다. 이는 곧 내가 주님의 종이다는 고백과 같은 의미다.

넷째, 우리는 하나님의 양이다. 그렇다면 목자이신 하나님이 우리를 보호하시는 것 아닌가. 시편 23편 1-6절과 요한복음 10장 1-18절 말씀은 목자이신 주님과 양인 나의 관계를 놀랍게도 주께서 선언해 주신 말씀이다. 내가 양답지 않은 양(신분은 양이지만 수준은 양이라 하기엔 너무 부끄럽고 황송한)임에도 오늘도 변함없이 양무리로, 또한 양우리에 있는 것은 순전히 다 목자이신 주님 때문이다. 그러니 창조의 아버지를 찬양하지 않을 수 있겠는가.

19. 찬양할 이유 있네!

좋은 것으로 네 소원을 만족하게 하사
네 청춘을 독수리 같이 새롭게 하시는도다(시103.5)

◎ 다윗의 시(시103.1-22)

- 찬양할 의무(1-2) : 여호와를 송축하라!
- 찬양할 내용(3-18) : 너 & 우리
- 찬양할 범위(19-22) : 하늘, 열방, 우주, 천군 천사

시인(다윗)의 영혼은 하나님을 향해 활짝 열려있다. 하나님을 송축할 수 있는 사람, 그를 향해 마음의 눈을 들 수 있는 사람은 하나님만으로 충만한 사람이다. 무릇 찬양은 그것이 그 사람의 영혼 안에 가득 넘쳐흐를 때 이처럼 밖으로 드러난다. 그럼 무엇이 다윗의 심장을 하나님을 향한 찬양으로 가득 채우게 했을까?

재미난 것은 나(다윗, 1-2)를 너(3-5)로 표현한 점이다. 이는 하나님이 나와 너에게 동일하게 이처럼 찬양할 수 있도록 해 주셨다는 확신이 아니면 불가능하다. 그렇다면 다윗은 나는 물론 너도 하나님이 이처럼 찬양할 수 있는 내용 안에 넣어주셨음을 믿고 확신하는 자리에 있다는 뜻 아닌가. 어떤 사람들처

럼 그냥 홀로(Solo) 취해 있는 것이 아니라 나(다윗)를 이처럼 찬양하도록 하신 분이 너에게도 동일하게 일하신 분이심, 이렇듯 다윗은 이스라엘과 함께 더불어 하나님 앞에 나아가는 기쁨을 맛보고 있는 사람이다.

동시에 이것은 아마도 이어지는 찬양에서 '우리'(이스라엘, 6-19)를 넘어 천사들과 만물들(19-22)까지 찬양에 초대하기 위한 시어(詩語)인 듯하다. 이로써 시인은 나와 너와 우리, 즉 온 이스라엘은 물론 하늘과 열방과 천사들까지 하나님을 찬양할 이유가 있음을 놓치지 않고 있다. 그런 나라를 다스리는 다윗, 이처럼 온 이스라엘과 열방과 천사들까지 코러스와 오케스트라가 되어 하나님을 송축한다.

그럼 왜 다윗이 이처럼 하나님을 찬양하는가? 그게 찬양할 내용(3-18) 안에 들어있다. 그 가운데 오늘 묵상은 이를 "좋은 것으로 네 소원을 만족하게 하"셨기 때문이다고 말한다. 이 점에 있어서 구약과 신약은 동일하다 : "너희가 악한 자라도 좋은 것으로 자식에게 줄 줄 알거든 하물며 하늘에 계신 너희 아버지께서 구하는 자에게 좋은 것으로 주시지 않겠느냐."(마7.11)

하나님은 우리와 비교할 수 없는 차원에서 언제나 좋은 것으로 우리(나 & 너)에게 주시는 분이시다. 그 당시엔 잘 모를 수 있다. 하지만 지나고 보면 하나님이 하신 일은 참으로 신실하시다. 우리는 무엇이 선이며, 무엇이 옳으며, 무엇이 바른가에 대해 늘 무지하다. 그래서 바울의 고백처럼 "우리는 마땅히 기도할 바를 알지 못하"(롬8.26)는 연약함에 늘 노출된다. 하지만 성령은 우리의 연약함을 도우신다. 그리하여 궁극적으로 "모든 것이 합력하여 선을 이루"(롬8.28)도록 역사하신다.

이런 승리와 영광 앞에 세우시는데 어찌 창공을 훨훨 나는 독수리처럼 복되지 않을 수 있겠는가. 하나님의 은혜에 접촉이 된 사람, 하나님의 축복의 반열에 오른 사람, 하나님이 지나온 인생 발자국을 좋은 것으로 채워 주신 사람, 그는 다윗이 당당하게 초대하는 바로 그 '너'의 몫을 부끄러워하지 않을 수 있는 사람이다. 이것이 '너'의 자리에 선 자의 영광이다.

20. 말씀의 맛이 QT에서 왔다.

주의 말씀의 맛이 내게 어찌 그리 단지요
내 입에 꿀보다 더 다니이다(시119.103)

1980년 여름, QT(Quiet Time)와의 만남이 시작되었다. 막상 들려주던 말씀에 익숙해져 있던 터라 직접 내가 듣는 말씀 앞으로 나아가려고 하니 잘 될 리가 없었다. 반복해서 계속 읽어도 뭘 찾고, 깨닫는 것인지가 참 어려웠다. 읽은 내용이 어렵거나 주제 파악이 되지 않아서가 아니라 머리로는 알겠는데 가슴으로는 특별한 어떤 작용이 없는 것, 그게 진짜 어려운 점이었다. 그런데 신기하게도 본문을 읽으면서 (1) "하나님은 누구신가?", (2) "내게 주시는 교훈은 무엇인가?"라는 이 두 질문이 활자 속에서 숨을 쉬면서 나에게 보여지고, 느껴지고, 깨달아지고, 알아지고, 믿어 확신되어 지면서 잠자던 영혼을 깨우기 시작한 것이다.

나는 모태신앙으로 3대째 믿음의 가정에서 성장했다. 그런데 말씀을 읽고 조용히 그 말씀 앞에 서 있으면 하나님이 보이고, 그것만큼 내가 보이는 신기한 일이 시작된 것이다. 하나님에 대하여(Knowing about God) 공부하던 자리에서 하나님의 호흡을 들으며, 느끼며 깨닫고, 그러면서 하나님을 아는(Knowing God) 자리로 이동해 가는 나를 흥분 가운데 지켜보는 시간이 늘어만 갔다.

그러던 어느 날 하나님이 나를 목회자로 쓰고 싶어 하신다는 소명을 느꼈다. "나 같이 부족한 자도 복음을 위해 일 할 수 있을까요? 그럼에도 하나님이 이 못난 죄인을 쓰시겠다면 나를 기꺼이 드리겠습니다."를 고백하며 수 없이 무릎 꿇었던 참으로 위대했던 여름이 말씀으로 더불어 펼쳐진 것이다. 다시 2학기가 시작되었지만 이 흐름은 변하지 않았다. 아침이면 비록 시간에 쫓기기는 했어도 QT하기는 몸에 잘 맞는 옷처럼 내 것이 되었다.

모든 게 다 하나님의 은혜요 섭리이지만 QT와의 만남은 나에게 큰 축복이었다. 그걸 통해서 성경을 보는 눈을 익혔고, 말씀을 해석하는 통찰을 얻었으며, 진리에 붙들려 사는 삶을 풍성하게 만들어 올 수 있었다. 목회자요 설교자로 선 지금 QT는 설교의 길잡이요 안내자가 되고 있으며, 하나님을 만나는 다양한 채널 가운데 바꿀 수 없는 하나가 되었다.

사랑하는 모친(母親)은 말씀과 기도를 사랑하는 분이셨다. 난 지금도 가끔 어머님이 보시던 성경을 꺼내 책 사이사이에 기록되어 있는 메모와, 중요 구절에 그어진 밑줄을 따라 말씀을 읽어보는 시간을 가지곤 한다. 돋보기를 쓰시고 소리를 내어 말씀을 읽으시던 모습! 그 바쁘고 분주한 농촌살이 중에도 1년 1독을 넘어 더 많이 읽어 내시고야 마는 말씀에 대한 남다른 애착과 사랑을 보고, 듣고, 느끼고, 경험할 수 있었던 것은 바꿀 수 없는 축복이었다.

하나님을 사랑한다는 건 구체적으로 어떤 것일까? 나는 그 중 하나가 성경(기록된 하나님의 말씀 66권)을 읽고, 그 말씀을 통해 우리에게 말씀하시며 또한 찾아오시는 하나님을 만나는 것이라 생각한다. 우리는 보통 사랑하는 사람에게 편지(문자, 쪽지, 메일)를 받으면 이를 가슴 뛰도록 읽는 쪽으로 자연스럽게 반응한다. 이를 통해 그를 알고, 그의 마음과 생각과 기질과 관심과 필요를, 그리고 그의 삶의 방향과 목표를 알게 된다.

하나님은 주의 말씀을 통해 이처럼 우리와 교제하시기를 기뻐하신다. 말씀을 가까이하면 그분이 우리 안에 생명이 되고,

그 결과 하나님 앞으로 더 나아가게 되고, 그러면 그분이 은혜로 채워주시고, 그래서 은혜는 또다시 배가(倍加)된다. 이것이 바로 말씀의 거룩한 선순환이다. 말씀이 나를 견인하여 여기까지 왔다. 물론 앞으로도...

21. 말씀의 빛, 비추소서!

주의 말씀을 열면 빛이 비치어
우둔한 사람들을 깨닫게 하나이다(시119,130)

지난 2009년 가을에 내 키만큼 자라준 떡갈고무나무 화분을 사서 안방 창가와 책상 사이에 놓았다. 그리고 이듬해 여름까지 나들이할 때마다 나무와 인사를 주고받으며 지냈다. 그런데 문제는 작년 가을쯤에 잎이 하나 둘 떨어지는 걸 보고 뭔가 이상해서 하루 종일 해를 맞을 수 있는 거실로 나무를 옮겼다. 20여 년 전 신혼 때 그렇게도 아름답고 눈부실 만큼 푸르던 벤자민이 정말이지 어느 날 갑자기 앙상한 가지가 되더니 더 이상 잎이 나지 않았던 경험이 생각나서 그랬다. 하지만 겨울을 나고 봄이 왔는데도 별로 달라진 기미가 없었다. 아마도 이 녀석은 지금 빛을 받으며 다시 새순을 터뜨리기 위해 몸부림 중일 것이고, 어느 날 다시 무성한 가지로 되돌아올 것이다. 정말 그랬으면 좋겠다.

시편 기자는 하나님이 그분의 말씀을 드러내사 빛을 비추시니, 놀랍게도 우둔한 사람이 말씀을 쉽게 깨닫더라고 고백한다. 그러니까 오직 말씀의 빛이 영혼을 펄펄 살아 움직이게 한다는 간증이다. 하나님의 말씀만이 우리 영혼을 살리는 생명의 빛이기에 그렇다. 이런 은혜는 설명으로가 아닌 경험으로 얻게 되는 선물이다. 시인은 이렇게 말씀의 빛이 우둔했던 자신을 깨어나게 했음을 이미 맛본 것이다.

영혼도 없고, 구원도 없고, 생각도 없는 나무도 빛이 비추면 생기를 회복하고 다시 싱싱한 생명으로 되돌아온다. 하물며 살아 움직이는 생명의 빛인 하나님의 말씀이 영혼을 비추면 그 영혼이 살아나고 또 빛을 향해 자라나지 않겠는가. 내게 그 빛을 밝히 비추시고, 변함없이 빛으로 오셔서 내 영혼의 어둠이 물러가게 하시고 빛의 새날을 날마다 경험하게 하시기를 빈다. 그리하여 내가 얼마나 우둔한 자인가를 깨닫게 하시기를!

1980년 여름방학에 주님은 내게 QT의 빛으로 찾아오셨다. 비로소 잠자던 내 소명과 비전이 깨어났다. 어둠에 감추어졌던 죄가 물러가고 내 삶은 구원의 기쁨과 감격으로 거듭났다. 빛이신 주님이 내게 말씀으로 찾아오신 것이다. 마침내 내가 누구인가를 알았고, 내게 빛으로 찾아오신 이유가 무엇인지 알았고, 내 모든 삶을 주님께 드리기로 그분 앞에 무릎을 꿇었다. 모태신앙이었지만 이제야 인격적인 주님을 만난 것이다. 그날 이후 하나님께 우둔했던 내가 조금씩 조금씩 말씀을 깨닫고 그분을 위해 나를 드리는 것이 기쁨이요 영광이 되었다. 이 은혜가 단지 과거형이 아닌 여전히 현재진행형이기를 이 말씀에 담아 주님께 올려드린다.

22. 고난일기

고난 당하는 것이 내게 유익이라 이로 말미암아
내가 주의 율례들을 배우게 되었나이다(시119.71)

- 의인은 고난이 많으나 여호와께서 그의 모든 고난에서 건지시는도다(시34.19)

- 고난 당하기 전에는 내가 그릇 행하였더니 이제는 주의 말씀을 지키나이다. 주의 법이 나의 즐거움이 되지 아니하였더면 내가 내 고난 중에 멸망하였으리이다. 나의 고난을 보시고 나를 건지소서 내가 주의 율법을 잊지 아니함이니이다(시119.67,92,153)

- 보라 내가 너를 연단하였으나 은처럼 하지 아니하고 너를 고난의 풀무 불에서 택하였노라(사48.10)

- 이르되 내가 받는 고난으로 말미암아 여호와께 불러 아뢰었더니 주께서 내게 대답하셨고 내가 스올의 뱃속에서 부르짖었더니 주께서 내 음성을 들으셨나이다(욘2.2)

- 자녀이면 또한 상속자 곧 하나님의 상속자요 그리스도와 함께 한 상속자니 우리가 그와 함께 영광을 받기 위하여 고난도 함께 받아야 할 것이니라. 생각하건대 현재의 고난은 장차 우리에게 나타날 영광과 비교할 수 없도다(롬8.17-18)

- 그가 시험을 받아 고난을 당하셨은즉 시험 받는 자들을 능히 도우실 수 있느니라(히2.18)

- 형제들아 주의 이름으로 말한 선지자들을 고난과 오래 참음의 본으로 삼으라. 너희 중에 고난 당하는 자가 있느냐 그는 기도할 것이요(약5.10,13a)

- 부당하게 고난을 받아도 하나님을 생각함으로 슬픔을 참으면 이는 아름다우나 죄가 있어 매를 맞고 참으면 이는 무슨 칭찬이 있으리요 그러나 선을 행함으로 고난을 받고 참으면 이는 하나님 앞에 아름다우니라. 이를 위하여 너희가 부르심을 받았으니 그리스도도 너희를 위하여 고난을 받으사 너희에게 본을 끼쳐 그

자취를 따라오게 하려 하셨느니라(벧전2.19-20)

○ 그러나 의를 위하여 고난을 받으면 복 있는 자니 그들이 두려워하는 것을 두려워하지 말며 근심하지 말고, 선을 행함으로 고난 받는 것이 하나님의 뜻일진대 악을 행함으로 고난 받는 것보다 나으니라(벧전3.14,17)

○ 오히려 너희가 그리스도의 고난에 참여하는 것으로 즐거워하라 이는 그의 영광을 나타내실 때에 너희로 즐거워하고 기뻐하게 하려 함이라. 너희 중에 누구든지 살인이나 도둑질이나 악행이나 남의 일을 간섭하는 자로 고난을 받지 말려니와, 만일 그리스도인으로 고난을 받으면 부끄러워하지 말고 도리어 그 이름으로 하나님께 영광을 돌리라. 그러므로 하나님의 뜻대로 고난을 받는 자들은 또한 선을 행하는 가운데에 그 영혼을 미쁘신 창조주께 의탁할 지어다(벧전4.13,15-16,19)

○ 너희는 믿음을 굳건하게 하여 그를 대적하라 이는 세상에 있는 너희 형제들도 동일한 고난을 당하는 줄을 앎이라. 모든 은혜의 하나님 곧 그리스도 안에서 너희를 부르사 자기의 영원한 영광에 들어가게 하신 이가 잠깐 고난을 당한 너희를 친히 온전하게 하시며 굳건하게 하시며 강하게 하시며 터를 견고하게 하시리라(벧전5.9-10)

○ 너는 장차 받을 고난을 두려워하지 말라 볼지어다 마귀가 장차 너희 가운데에서 몇 사람을 옥에 던져 시험을 받게 하리니 너희가

십일 동안 환난을 받으리라 네가 죽도록 충성하라 그리하면 내 가 생명의 관을 네게 주리라(계2.10)

23. 오 놀라운 구세주 예수 내 주

여호와께서 너를 지켜 모든 환난을 면하게 하시며
또 네 영혼을 지키시리로다 여호와께서 너의 출입을
지금부터 영원까지 지키시리로다(시121.7-8)

◎ 지키시는 하나님(1-8) : 보호자

너를 지키시는 이(3,4,5)

너를 지켜 … 네 영혼을 지키시리로다(7)

너의 출입을 … 지키시리로다(8)

인생의 진정한 안전은 어디에서, 혹은 어디에 있기 때문인가? 아니면 누구에게로부터 오는 것인가? 전자는 환경(상황)의 문제이고, 후자는 대상의 문제다. 시인은 이 부분에 대해 분명한 신앙고백을 경험적(체험적)으로 고백하고 있다(1-2). 예측 불가능한 형편으로부터 환난이 찾아올 때 그는 그렇지 않은 안전한 환경에로의 비상구나 대피로(待避路)를 찾지 않는다.

시인이 지금 [성전에 올라가는 노래]를 부르고 있는, 오늘로 얘기하면 주일에 예배 드리려고 교회로 가는 길에 있는 때에도 미지의 환난을 감지하고 있다는 것은 무슨 뜻인가? 이런 찬양과 기도를 드릴만큼의 영적 용량 안에 살고 있음에도 환난으로부터 구원을 얻는 것은 고사하고, 지금 자신에게 불어온 환난이 무엇인지조차 알지 못하고 있다. 이런 정도의 노래를 부를 사람이라면 하나님이 환난 정도는 면제해 주실만도 하지 않은가.

이렇듯 처음부터 우리의 예상은 완전히 과녁을 벗어난다. 그래서 더 놀랍다. 그 알 수 없는 위험한 상황이 어느 것 하나 해결되거나 감해지지 않았음에도 불구하고 그는 오직 '지키시는 이' 이신 하나님을 구한다.

시인은 아마도 과거 이스라엘 백성들이 출애굽과 광야교회(행7.38)를 지나 가나안으로 들어가는 노정을 생각하고 있는 듯하다. 그런 하나님이시라면 지금 비록 알 수 없는 환난의 폭풍우 중심에 놓여있다 할지라도 지키시는 하나님이심을 눈썹 하나 까딱하지 않고 신뢰하고 있다.

참으로 역설적인 것은 지금 대면하고 있는 환난이 무엇이고, 또 어떤 방향으로 흘러갈지를 알 수 없지만 피난처(구원자) 되시는 하나님이 이 모든 위험으로부터 지키실 것을 믿는 자에게는 안전이 보장되어 있다는 점이다.

다시 정리하면, 정작 위험에 처해 있으나 그것의 실체를 알지 못하는, 그러나 그것으로부터 안전하다는 것은 알 수 있다는 점이다. 이것이 시인이 찬양하는 창조주이시며, 구원자이시며, 모든 위험으로부터 당신의 백성들을 지키시는 보호자(감독자) 되시는 하나님이다.

하나님이 하시는 일은 실로 경이롭기 그지없다. 먼저, "모든 환난을 면하게 하시"기까지 지키시는 분이시다(7a). 그야말로 '모든'이다. 하나님은 신실하신 분이시다.

또한 당신을 피난처 삼는 친 백성들의 "영혼을 지키시"는 분이시다(7b). 문제는 눈에 보이는 것만이 전부가 아니다. 문제를 담고 있는 보이지 않는 영혼까지 보호하시며, 지키시며, 품어주시는 분이시다.

그뿐 아니라 그분의 보호하심은 항구적이다 : "지금부터 영원까지 지키시리로다."(8)

시인처럼 살아도 인생행로는 '환난주의보'로부터 면제되지 않는다. 그 중심기압을 통과해 가는 게 나와 너의 삶이라 하신다. 하지만 홀로가 아니다. 동반자 되시는 하나님이 친히 동행하시며, 인도하시며, 보호하시며, 지키시며, 면케 하신다. 생사를 건 위험한 행로에서도 가장 안전하고 평안할 수 있는 이유가 이 때문이다. 하나님만이 희망이다.

24. 기쁨은 눈물의 씨앗이다.

눈물을 흘리며 씨를 뿌리는 자는 기쁨으로 거두리로다(시126.5)

시편 126편은 "시온의 포로를 돌려 보내실 때에"(1), 즉 포로에서 해방된 기쁨을 안고 예배자로서 [성전에 올라가는 노래]로 주님께 드려진 찬송시다. 이로 보건대 시인은 포로기가 막을 내리기를 눈물을 흘리며 간구했던 것 같다. 바벨론 포로라는 아무런 희망이 보이지 않는 척박한 땅에서도 다시 고토(故土) 예루살렘으로의 귀환이라는 소망의 씨앗을 품고, 다윗왕국의 회복이 이루어지기를 소망하며 눈물로 이 씨앗을 뿌렸던 것이다. 그리고 마침내 그 응답을 제물(예물) 삼아 주님 앞으로 나아가고 있는 중이다.

눈물은 헛되지 않았다. 하나님은 시인의 눈물을 기쁨의 열매로, 그러니까 바벨론 포로에서 다시 예루살렘으로 돌아오는 열매로 거두게 하셨다. 이게 시인의 당찬 고백적 간증이다. 결과적으로 선(先) 눈물, 후(後) 기쁨이다. 어쩌면 시인은 눈물을 흘린 것뿐이다. 하지만 그러고 앉아 하늘만 쳐다본 게 아니다. 그는 애통함으로 휘청거렸지만 그러나 다윗언약의 영원성을 믿고 예루살렘의 회복이라는 약속의 씨앗을 눈물과 더불어 심고 또 심었다.

끝이 보이지 않는 세월이었다. 우리야 바벨론 포로기가 70년으로 끝난 걸 알고 있지만 -우리에게는 늘 재방송이니까- 포로기가 생방송이었던 사람들에게는 이 눈물 골짜기가 언제 막을 내릴지 전혀 예측할 수 없는 시계(視界) 제로 상태였다. 그럼에도 시인은 중단하거나, 포기하거나, 하나님을 원망하거나, 하늘을 향해 삿대질을 하지 않았다. 혹시 사도 바울도 이 시편 126편을 묵상하면서 영감을 받았을까 :

○ 우리가 선을 행하되 낙심하지 말지니 포기하지 아니하면 때가 이르매 거두리라(갈6.9)

유명한 〈개미와 베짱이〉 우화가 생각난다. 여름을 놀기만 하면 겨울은 피눈물이다. 하지만 여름을 땀과 함께 눈물로 씨를 심으면 겨울은 행복하고 즐겁다. 하물며 사람일까. 아니, 하물며 하나님의 나라를 바라보며 영원한 것을 뿌리고 심는 주의 자녀들일까. 그래, 맞다! 지금은 눈물을 흘릴 때다. 지금은 씨앗을 심을 때다. 아직 기쁨과 감격이 '조각구름' 만큼이라도 보이질 않는다 할지라도 흘릴 수 있는 눈물이 있고, 심을 수 있는 씨앗이 있음만으로도 희망이다. 아직 그럴 때를 빼앗지 않으신 그분의 섭리를 믿고, 알고, 구하고, 찾고, 두드리는 자라면 말이다. 내 영혼과 심령 안에 눈물이 남아있고, 내 마음과 믿음의 손에 뿌릴 씨앗이 들려있음이 든든하다. 이 밤이 지나면 열매를 거둘 기쁨의 날들도 주실 것이니까. 기쁨은 눈물을 따라 흐르고...

25. 신수성가(神手成家)의 노래

여호와를 경외하며 그의 길을 걷는 자마다 복이 있도다(시128.1)

◎ 성전에 올라가는 노래(시128.1-6)

A 여호와를 경외하며 … 복이 있도다(1).

X 가정(2-3) : 남편, 아내, 자식

B 여호와를 경외하는 … 복을 얻으리로다(4).

시인은 하나님께 제사(예배)하기 위해 성전을 향할 때마다 이 기도를 올려드렸다. 아내와 자식들(3)이 등장하는 것으로 봐 2절은 자신, 그러니까 남편인 시인 자신을 하나님께 구하고 있는 것으로 보인다. 참 건강하고 아름다운 가정의 모습이 보여지는 것 같아 마음까지 더불어 든든해진다.

좀 더 들어가 보면, "모든 성경은 하나님의 감동으로 된"(딤후3.16a) 하나님의 말씀이기 때문에 하나님은 당신을 경외하는 것을 예배로 드러내는 자를 오늘 묵상처럼 인도하시겠다는 말씀으로 받을 수 있다. 하나님은 시인의 입을 통해, 그의 말씀(예배)과 찬양(노래)으로 드려지는 신앙고백과 기도를 통해 당신을 경외하는 가정을 보증하고 계신다.

이렇듯 시인의 가정이 든든한 것은 가족들(아내와 자식들)을 당당하게 하나님께 올려드리고 있음에서 드러난다. 얼마나 든든했을까. 예배 드리러 성전을 향해 발걸음을 옮길 때마다 얼마나 당당하고, 신이 나고, 감사하고, 행복하고, 가슴 뛰는 든든함이 있었을까.

하나님은 지금 시인을 간증자로 세워놓고 이 말씀을 읽고 듣고 묵상하는 독자들을 향해 말씀하신다. 당신을 경외하는 자를 어떻게, 무엇으로, 어디까지, 어떤 사람으로 세우셨는가를 말이다.

하나님은 당신을 경외하는 자, 그중에 먼저 남편(2)을 향해 복(福)을 선언하신다 : "네가 네 손이 수고한 대로 먹을 것이라." (2a) 아마 이 사람도 수 십 년 전에는 자신의 부모의 품에 심겨진 '어린 감람나무' (3b)였을 것이다. 그가 자라 "네 자식의 자식을 볼지어다"(6a)는 말씀의 대(代)를 잇는 자가 되었다. 그리고 지금 노동의 수고를 통해 가족들을 건강하게 부양하고 있다.

그런 의미에서 그의 수고는 단지 육체적 수고만이라 할 수 없다. 그는 영육(靈肉)간에 건강한 가정을 세워 하나님을 향해 예배자로 살아가고 있는 것이다.

둘째로, 하나님을 경외하는 아내 역시 "결실한 포도나무 같으며"(3a)라고 높이신다. 결실한 인생으로 아내의 자리를, 부부의 자리를, 부모의 자리 그 한 축을 넉넉하게 결실해 내고 있는 어머니가 있는 행복한 가정이 아름답기만 하다. 이처럼 아내(엄마)가 건강할 때 이 "자식의 자식"(6a)으로 이어지는 노래가 어떠할지 생각만 해도 가슴이 뛴다.

셋째로, 여호와를 경외하는 부모(가정)의 품에 "식탁에 둘러 앉은 자식들은 어린 감람나무 같으리로다"(3b)는 말씀 안에 자식들이 들어온다. 그야말로 여호와를 경외하는 대(代)를 이어가는 믿음의 명문가문(名文家門)이다.

이들 부부(부모)는 자신들이 어린 감람나무였을 때 그런 부모의 품에서 자랐는데 그 은혜를 변함없이 자식들에게 흘려보내는 축복의 통로가 되어 있다. 그렇다면 언젠가 이 자식들 역시 2-3절의 자리에 서게 될 것이다.

여호와를 경외하는 삶이 답이다. 복은 만들어가는 게 아니라 주어지는 것이기에 그렇다. 그가 그려내는 가정엔 여호와를 경외하는 간증으로 가득하다. 하나님은 이 간증이 우리 안에서 부흥되기를 기대하신다. 지금 우리 역시 시편 128편의 증인대로(證人大路)를 걸어가고 있으니까.

26. 나를 지으신 이가 하나님(1)

주께서 내 내장을 지으시며
나의 모태에서 나를 만드셨나이다(시139.13)

◎ 나의 모태(母胎)에서!

나의 모친은 기도의 사람이었다. 비가 오나, 눈이 오나, 아무리 피곤하셔도 거의 매일 새벽기도를 드리셨다. 가끔 너무 힘드셨을 때, 혹 시간을 놓치셨을 경우에 어머님은 우리 형제가 자는 방 위쪽에서 무릎을 꿇고 기도하시곤 했다.

가끔 나는 그 기도를 들으면서 자라는 특권을 누렸다. 그것은 행운이자 하나님의 축복이었다. 눈물이 범벅이 되어도 아랑곳 하지 않고 기도하시는 어머니의 신앙은 훗날 나에게 무엇과도 바꿀 수 없는 값진 신앙의 유산이 되었다. 이불 속에서 기도를 듣다가 어머님이 울면 나도 울었고, 그러다 어떤 날은 기도를 들으면서 다시 잠이 들곤 했다. 이러한 기도와의 만남은 나에게 자연스러운 신앙교육이자 가르침이었다.

자녀들(4녀 2남)을 향한 어머니의 소원은 분명했다 : “나는 너희들에게 물려줄 재산은 아무것도 없다. 그러나 오직 한 가지가 있다면 그것은 ‘신앙’이다. 너희들의 가장 귀한 재산은 하나님의 말씀과, 은혜의 선물인 믿음이다.”

어머님은 소천하기 몇 해 전이던 1983년에 내게 사 주셨던 성경 표지에 친히 이렇게 써 주셨다 : "성경은 너의 가장 귀한 재산. 엄마로부터." 그렇다. 나는 가장 큰 유산을 상속받은 것이다. 하나님은 어머님의 기도를 받으셨고, 그 기도대로 모태에서 여기까지 나를 인도해 주셨다.

◎ 나를 지으셨나이다!

나는 태어나 돌이 되기 전에 <뇌막염>이라는, 1963년 당시로써는 사형선고와도 같은 진단을 받았다. 당시 60년대 초의 의술로 <뇌막염>은 100명당 90명이 죽고 10명이 회복되지만, 9명은 어떤 형태로든 장애가 남고, 오직 한사람 정도가 정상이지만 그래도 완전하지 않고 지능이 조금 모자라거나, 보이지 않는 장애(handicap)가 있다는 질병이었다.

하지만 모친은 나를 포기하지 않고 기도하셨다. 내가 광주 제중원(현 광주기독병원)에 입원할 때는 한참 농번기였기 때문에 어머님은 나를 혼자 병원에 입원시켜 놓고 다시 가정으로 돌아오셔야 했다. 그때 어머니의 마음은 어떠셨을까? 후에 모친은 기도 밖에 할 게 없었다고 종종 나를 바라보며 우시곤 했다.

입원 달포 후 나는 기적적으로 회복되었다. 간호사의 품에서 양손에 과자를 들고 있다가 어머니를 본 내가 금방 모친을 알아보고서 밝게 웃더라는 것이다. 나는 안다. 오직 하나님께 절대적으로 매달린 어머니의 기도와 눈물을! 그 후로 나는 늘 허약

했다. 초등학교 4학년 때는 1년을 휴학했고, 중학교 3년 동안 여름방학이면 항상 1-2주씩 병원에 입원하여 치료를 받았다.

하지만 하나님은 이런 나를 오늘의 나로 새롭게 지으시기 시작하셨다. 나는 고등학교 1학년 여름방학 때 QT(경건의 시간)를 통해 인격적으로 주님을 만났고, 말씀을 묵상하는 중에 하나님은 나를 목회자로 부르셨다 : "주님! 나처럼 부족하고 못난 사람도 주의 종이 될 수 있을까요? 주여! 나를 보내소서. 내가 여기 있나이다." 이것이 당시 내 기도와 비전이었고, 늘 눈물과 감격으로 주님 앞에 나아간 은혜의 흔적이었다.

27. 나를 지으신 이가 하나님(2)

내 형질이 이루어지기 전에 주의 눈이 보셨으며
나를 위하여 정한 날이 하루도 되기 전에
주의 책에 다 기록이 되었나이다(시139.16)

나를 나보다 더 잘 아시는 하나님! 내가 나를 만들어가는 게 아니라 나를 지으신 이가 하나님이시기에 그렇다. 나의 주인 되시는 하나님을 말씀을 따라 묵상해 본다. 내가 하나님 안에 있음이 이 얼마나 행복한 일인가. 나를 향한 하나님의 선언 앞에 서서 오늘도 기꺼이 나를 주님께 드린다.

○ 내가 날 때부터 주께 맡긴 바 되었고 모태에서 나올 때부터 주는 나의 하나님이 되셨나이다.(시22.10)

○ 내가 모태에서부터 주를 의지하였으며 나의 어머니의 배에서부터 주께서 나를 택하셨사오니 나는 항상 주를 찬송하리이다.(시71.6)

○ 주께서 내 내장을 지으시며 나의 모태에서 나를 만드셨나이다. 내가 주께 감사하옴은 나를 지으심이 심히 기묘하심이라 주께서 하시는 일이 기이함을 내 영혼이 잘 아나이다. 내가 은밀한 데서 지음을 받고 땅의 깊은 곳에서 기이하게 지음을 받은 때에 나의 형체가 주의 앞에 숨겨지지 못하였나이다.(시139.13-15)

○ 야곱아 너를 창조하신 여호와께서 지금 말씀하시느니라 이스라엘아 너를 지으신 이가 말씀하시느니라 너는 두려워하지 말라 내가 너를 구속하였고 내가 너를 지명하여 불렀나니 너는 내 것이라.(사43.1)

○ 너를 만들고 너를 모태에서부터 지어 낸 너를 도와 줄 여호와가 이같이 말하노라 나의 종 야곱, 내가 택한 여수룬아 두려워하지 말라. 네 구속자요 모태에서 너를 지은 나 여호와가 이같이 말하노라 나는 만물을 지은 여호와라 홀로 하늘을 폈으며 나와 함께 한 자 없이 땅을 펼쳤고(사44.2,24)

- 하늘을 펴고 땅의 기초를 정하고 너를 지은 자 여호와를 어찌하여 잊어버렸느냐.(사51.13a)

- 내가 너를 모태에 짓기 전에 너를 알았고 네가 배에서 나오기 전에 너를 성별하였고 너를 여러 나라의 선지자로 세웠노라 하시기로(렘1.5)

- 그러나 내 어머니의 태로부터 나를 택정하시고 그의 은혜로 나를 부르신 이가(갈1.15)

- 곧 창세 전에 그리스도 안에서 우리를 택하사 우리로 사랑 안에서 그 앞에 거룩하고 흠이 없게 하시려고, 그 기쁘신 뜻대로 우리를 예정하사 예수 그리스도로 말미암아 자기의 아들들이 되게 하셨으니, 모든 일을 그의 뜻의 결정대로 일하시는 이의 계획을 따라 우리가 예정을 입어 그 안에서 기업이 되었으니(엡1.4-5,11)

28. 승전콘서트

여호와께서는 자기 백성을 기뻐하시며
겸손한 자를 구원으로 아름답게 하심이로다(시149.4)

시편 149편 1-6절에서 시인은 이스라엘이 하나님을 찬양(노래, 1,3,6)하고 또 즐거워(기뻐, 2,5)해야 할 이유와 목적을 4절 안에 담아낸다 : "주님께서 당신의 백성을 보시고 기뻐하신다. 눌림 받는 약한 사람에게 승리의 영광을 안겨주신다."(표준새번역) 그리고 이어지는 7-9절은 전쟁에서의 승리를 이루신 하나님을 향한 예배자의 승전가(勝戰歌)다. 승리의 영광을 이만큼 실감 나게 드러낼 수 있음이 경이롭기까지 하다.

하나님은 기쁨으로 노래하는 자기 백성의 예배를 받으시고 역시 기쁨으로 이를 반기신다. 승리를 주신 이가 하나님이심을 알고, 노래하고, 기뻐하면서 이를 예배로 주께 드리며 나아오는 자들에게다. 그렇다. 승리는 이스라엘이 만들지 않았다. 고난과 슬픔이 물러가게 한 것을 위해 이스라엘은 어떤 면에서 전적으로 무능력했다. 이스라엘은 자력(自力)으로 이것으로부터 풀려날 수 있는 가능성이 없다. 하나님이 이 실패와 눈물의 고리를 끊어주시지 않았다면 149편은 영광으로 올려지는 찬송이 아니라 고난과 절망에 찬 실패가(失敗歌)가 되었을 것이다.

하나님은 전쟁의 소용돌이에 허우적거리는 이스라엘을 방치하지 않으시고 저들에게 승리를 안겨주신다. 그러자 이스라엘은 이 큰일을 이루신 하나님께 영광을 예배에 담아 올려드린다. 즉, 7-8절의 고난과 고통에 짓눌린 자들에게 승리의 영광을 안겨주신 하나님을 향해서 말이다. 하나님이 하셨다. 이를 시인은 겸손하게 인정하고 하나님께 찬양과 기쁨의 예배에 담아 다시 하나님께 올려드린다. 참으로 놀라운 송영(화답송)이라 할 수 있다.

승리가 하나님으로부터 온 것임을 아는 자, 이 승리의 영광을 자기 공로로 슬쩍 바꾸어 말하지 않는 자, 이를 하나님께 찬양과 감사의 예배로 올려(돌려) 드리는 자, 승리 이후를 이처럼 감사와 기쁨의 예배자로 이어가는 자, 그는 복 있는 사람이다. 승리는 종종 승리케 한 주어(主語)가 하나님에게서 사람으로 둔갑하거나 도적질하도록 유혹하는 묘한 부분이 있기에 오늘 말씀은 더 감격적이다.

실패와 좌절과 고통과 눈물을 시인의 간증처럼 하나님의 은혜로 반전시킨 고백과 간증은 어렵잖게 찾을 수 있는 일상과도 같은 것이 되었다. 하지만 문제는 그 이후다. 보통 기적과도 같은 반전의 이야기는 많다. 하지만 그 축복을 다시 씨앗 삼아 하나님을 높이고, 그분을 경배하고, 다시 겸손으로 허리를 동이며 은혜로 이어가는 후집회랄까, 그 이후를 건강한 삶으로 이어가고, 날마다 오늘 시편과 같은 일상의 예배를 드리며 사는 경우는 그리 흔하지 않은 것 같다. 나의 승리 이후는 어떤 그림인가? 승리까지는, 승리를 위해서는 하나님을 의지하지만, 그 이후는 내 이야기로 변주하고 있는 건 아닌가? 뭔가 켕기는 게 있긴 있나 보다.

29. THE PSALMS PHILHARMONIC ORCHESTRA

그의 능하신 행동을 찬양하며
그의 지극히 위대하심을 따라 찬양할지어다(시150.2)

시편은 150층으로 된 하나의 빌딩에 비유될 수 있다. 1층은 이 건물을 출입하는 라운지 역할을 하고 있는데, 재미난 것은 이 빌딩의 이름이 <복 있는 사람>이라는 점이다. 그러니까 누가 150층에 이르는 하나님의 이야기를 누릴 수 있는 자로 부르심을 받았는가라고 할 때 그 사람이 바로 복 있는 사람이다는 얘기다. 복(福) 있는 사람, 오직 그 사람만이 시편을 들어가고 나가며 꼴을 얻을 수 있다. 하나님은 우리를 복 있는 사람으로 부르시고, 그에게 이 모든 것을 허락하시겠다 하신다.

시편 기자는 하나님을 찬양하고 그를 경배한 150편에 이른

긴 노래의 끝에 서서 "여호와를 찬양할지어다."(6b)를 시편의 결론처럼 얘기한다. 마치 150층 스카이라운지에서 그의 성소를 향해, 하늘과 땅을 무대 삼은 〈시편 필하모닉 오케스트라〉(The Psalms Philharmonic Orchestra)의 지휘자처럼 느껴진다(3-5). 무엇보다 멜로디에 실은 메시지는 분명하다 : "그의 능하신 행동을 찬양하며 그의 지극히 위대하심을 따라 찬양할지어다."(2)

오케스트라의 악기들과 연주자들(3-5)이 만들어 연주해 내는 찬양의 하모니와 멜로디는 하나님의 능하신 행동과 지극히 위대하심에 대한 찬양이다. 그런데 시인은 하나님의 이 두 가지를 찬양한다고 할 때 뭘 생각하고 이 표현을 했을까? 이게 분명하게 손에 잡히거나 눈에 그려지지 않는다. 도대체 뭘까? 그런 의미에서 볼 때 시인은 근원적이고 근본적인 하나님의 속성에서 찬양의 영감을 찾고 있다.

이렇듯 시인이 온 피조물(우주 만물)을 무대에 올려놓고 하나님의 성소에서 "할렐루야!"로 오직 하나님을 찬양하는 것, 그것은 하나님의 전능하신 '힘'(Power)이다. 이 하나님의 능하신 손 안에 피조물이 있고, 그래서 이 피조물은 자신을 창조하신 조물주를 경배하고 찬양하고 있다. 동시에 시편 1편에서 150편까지 전체를 주도하는 하나님, 그분만이 위대하신 분이심을 찬양한다.

하나님만이 경배와 찬양을 받으실 분이시다. 시인은 자신뿐만 아니라 온 우주와 피조물들을 무대에 올려놓고 "그의 성소에서 하나님을 찬양"(1a)하고 있다. 하나님 앞에 나아간 유일한 이유가 곧 하나님을 찬양하는 것이라는 점, 쉽게 넘길 수 없는 부분이다.

온 우주 만물의 창조주이시며 주인이신 하나님께 나아갈 때 내가 뭘 드릴 수 있을까? 무엇을 드린들 그게 하나님께 흡족할까? 그러기에 시인처럼 온몸과 마음으로 나아가 내가 할 수 있는 그분을 향한 찬양을 드리는 것, 이것이 시편 150편 스카이라운지에 선 자로 내가 주께 드릴 수 있는 드림이다. 이 찬양의 드림이 내 인생보고서이기를!

잠 언

1. 지혜를 듣고 있는가?

지혜 있는 자는 듣고 학식이 더할 것이요
명철한 자는 지략을 얻을 것이니라(잠1.5)

오늘 묵상 말씀은 다윗의 아들이자 지혜의 대명사인 솔로몬이 잠언을 기록한 목적(잠1.2-6)에 같이 들어있다. 모든 성경이 다 그렇듯이 잠언 역시 보이는 저자(기록자)는 솔로몬이지만 보이지 않는 저자(원저자)는 하나님이시다. 그렇다면 하나님께서 이 잠언의 말씀을 솔로몬을 통해 주신 이유와 목적이 분명하게 있음을 간과해서는 안 된다.

누가 지혜 있는 자요 명철한 자인가? 결국 잠언의 말씀을 듣는 자가 지혜 있는 자이고, 이 말씀을 들음으로 학식이 더 풍성해질 것이라 말씀하신다. 또한 진정으로 명철한 자는 이 잠언 말씀이 그의 인생의 지략(Guidance, NIV)이 될 것이다. 하나님은 당신의 말씀을 이처럼 믿고 신뢰하는 사람들에게 말씀대로 일하시고 역사하시는 신실하신 분이시다.

한편 오늘 묵상 말씀을 곰곰이 생각해 보면 절묘한 흐름이 발견된다. '지혜 있는 자'(명철한 자)와 그와 관계된 주변 사람들과의 경사도라 할까, 다시 말하면 상호 영향을 주고받는 관계의 우선순위를 생각해 볼 수 있다. 먼저, 지혜 있는 자는 "내가 지혜자다!"는 식으로 자신의 지혜를 앞세우지 않는다. 즉, 자신을 중심에 세워놓고서 다른 사람들을 자신의 지혜라는 진공청소기를 빨아들이지 않는다는 얘기다. 그래서 솔로몬은 지혜자를 가리켜 '말하고'가 아니라 "듣고"라는 그릇에 담아낸다.

따라서 지혜자는 더 지혜로워진다. 왜냐하면 자신이 지혜자임에도 불구하고 다른 사람들의 얘기를 경청함으로써 또 다른 지혜의 샘을 깊이 파기 때문이다. 통상 주위에 보면 지동설이나 천동설이 아닌 자기를 중심으로 세상이 돌아가는 것으로 착각하는 사람들이 있다. 그의 지혜는 값싼 지혜, 삼류지혜다.

진정한 지혜는 사람에 의해 가공되고 조합되고 만들어진 것이 아니라 하나님으로부터 오는 지혜를 듣고, 그 들음에서 하나님을 알고 또 자신을 아는 견고한 자리에 서는 것에서 비롯된다. 때문에 지혜자 솔로몬은 자신의 지혜를 백성들에게 주입하고, 세뇌하고, 학습하여 이스라엘(백성)을 자기 지혜의 하수인으로 전락시키려는 파렴치함에 빠지지 않은 것이다.

잠언 기자가 결과적으로 그리는 지혜자와 명철한 자의 기초는 자기 지혜의 세계에 빠져서 사람들을 끌어들이는 것을 지혜자라 하지 않는다. 오히려 반대다. 지혜자와 명철한 자는 그 자신이 어느 정도 서 있음에도 불구하고 듣는, 더하는, 얻는 쪽에서 진정한 지혜자의 모습을 세워간다. 이것이 잠언이 이야기하는 지혜다.

2. 나의 가는 길, 주님 인도하시네!

너는 범사에 그를 인정하라
그리하면 네 길을 지도하시리라(잠3.6)

이 말씀은 내가 고등학생이었을 때 새로 산 책 표지 안쪽 면에 늘 정성스럽게 썼던 성경 말씀이다. 고등학교 1학년 여름 방학 때 QT를 시작하면서 인격적으로 주님을 만났고, 그 무렵 큐티하는 시간에 주님은 조용히 나를 목사로 쓰고 싶으시다며 부르셨다. 그때부터 이 말씀을 줄곧 암송하고 가장 좋아하는 말씀으로 마음에 품었다.

지금 젊은이들까지는 지난 60-70년대 우리 농촌의 살림살이를 기억하는 분들이 별로 없을 것이다. 그 빈농에 자식들만 줄줄이 두고 간 남편의 빈자리를 과부 홀로 감당하기는 만만찮은 살림이었을 텐데 모친은 오직 예수 그리스도를 신랑 삼아 묵묵히 부모의 자리를 감당해 오셨고, 그 많은 일들 속에서도 새벽이면 어김없이 교회당에 나아가 눈물로 하나님을 붙드셨다.

가끔 농사일에 너무 지쳐 시간을 놓친 날엔 방 한쪽 구석에 무릎을 꿇고 기도하시던 모친을 종종 본 적이 있었다. 지금 생각해 보면 그 기도 소리는 내게 교육이었고, 모친을 이해하는 가슴이었고, 하나님을 알아가는 연습이었다. 그게 그분의 영적 권위였고, 당신이 의도한 건 아니었지만 결과적으로 내게 하나님을 배워주는 신앙교육이었다.

그 시절 모친은 오늘 묵상, "너는 범사에 그를 인정하라 그리하면 네 길을 지도하시리라."는 말씀을 여러 차례 읽고 가르쳐 주셨다.

그때부터 이 말씀은 나를 비추는 등불처럼 친밀해졌고, 나를 이끌어 주시는 하나님의 살아있는 말씀이 되었다. 물론 누구보다 모친은 이 말씀을 신뢰하고 당신의 전 인생을 이 말씀에 담아 내셨을 것이다.

내게도 약속인 이 말씀! 모친이 내 영혼의 뜨락에 심어주신 말씀이 싹이 나고 자라 52년짜리 나무가 되었다. 나도 세 아들들에게 유산으로 물려줄 이 말씀을 다시 가슴에 품는다. 무엇보다 나도 이 말씀처럼 살아, 이 말씀을 내 삶에 담아, 자식들에게 물려주고 싶다. 아직 갈 길 멀지만 언젠가 모친처럼 내게도 이 말씀이 맞춤이 되게 하시기를 기도한다.

3. 마음일기(1)

모든 지킬 만한 것 중에 더욱 네 마음을 지키라
생명의 근원이 이에서 남이니라(잠4.23)

- 여호와께서 사람의 죄악이 세상에 가득함과 그의 마음으로 생각하는 모든 계획이 항상 악할 뿐임을 보시고, 땅 위에 사람 지으셨음을 한탄하사 마음에 근심하시고(창6.5-6)

- 누가 주의 이 많은 백성을 재판할 수 있사오리이까 듣는 마음을 종에게 주사 주의 백성을 재판하여 선악을 분별하게 하옵소서. 솔로몬이 마음을 돌려 이스라엘의 하나님 여호와를 떠나므로 여호와께서 그에게 진노하시니라(왕상3.9, 11.9a)

- 옛적에 아브람을 택하시고 … 그의 마음이 주 앞에서 충성됨을 보시고 그와 더불어 언약을 세우사 … 그 말씀대로 이루셨사오매 주는 의로우심이로소이다(느9.7-8)

- 주께서 내 마음에 두신 기쁨은 그들의 곡식과 새 포도주가 풍성할 때보다 더하니이다(시4.7)

- 자기의 마음을 다스리는 자는 성을 빼앗는 자보다 나으니라(잠16.32b)

○ 참는 마음이 교만한 마음보다 나으니, 급한 마음으로 노를 발하지 말라(전7.8b-9a)

○ 청년이여 네 어린 때를 즐거워하며 네 청년의 날들을 마음에 기뻐하여 마음에 원하는 길들과 네 눈이 보는 대로 행하라 그러나 하나님이 이 모든 일로 말미암아 너를 심판하실 줄 알라. 그런즉 근심이 네 마음에서 떠나게 하며 악이 네 몸에서 물러가게 하라 어릴 때와 검은 머리의 시절이 다 헛되니라(전11.9-10)

○ 주께서 이르시되 이 백성이 입으로는 나를 가까이 하며 입술로는 나를 공경하나 그들의 마음은 내게서 멀리 떠났나니 그들이 나를 경외함은 사람의 계명으로 가르침을 받았을 뿐이라. 그들이 알지도 못하고 깨닫지도 못함은 그들의 눈이 가려서 보지 못하며 그들의 마음이 어두워져서 깨닫지 못함이니라(사29.13, 44.18)

○ 그러므로 사치하고 평안히 지내며 마음에 이르기를 나뿐이라 나 외에 다른 이가 없도다 나는 과부로 지내지도 아니하며 자녀를 잃어버리는 일도 모르리라 하는 자여 너는 이제 들을지어다. 한 날에 갑자기 자녀를 잃으며 과부가 되는 이 두 가지 일이 네게 임할 것이라 네가 무수한 주술과 많은 주문을 빌릴지라도 이 일이 온전히 네게 임하리라(사47.8-9)

○ 지극히 존귀하며 영원히 거하시며 거룩하다 이름하는 이가 이와 같이 말씀하시되 내가 높고 거룩한 곳에 있으며 또한 통회하고

마음이 겸손한 자와 함께 있나니 이는 겸손한 자의 영을 소생시키며 통회하는 자의 마음을 소생시키려 함이라(사57.15)

4. 개미일기

게으른 자여 개미에게 가서 그가 하는 것을 보고 지혜를 얻으라(잠6.6)

이솝우화 중에 유명한 〈개미와 베짱이〉(The Ant and the Grasshopper) 이야기가 있다. 다 익히 아는 내용이니까 "해님이 쨍쨍 내리 쬐는 어느 무더운 여름날"에 시작되는 둘 사이의 대화를 중심으로 간략하게 정리해 본다 :

G: "개미야! 좀 쉬었다 하지 그래?"

A: "아니야, 지금 열심히 음식을 모아 둬야 추운 겨울에 따뜻하게 보낼 수 있어!"

G: "흥! 너희들은 일을 하러 태어났나 보구나!"

A: "베짱아! 겨울이 되면 어쩌려고 그렇게 놀기만 해?"

드디어 온 세상이 하얀 눈으로 뒤덮였어요.

G: "똑똑똑! 개미야! 먹을 것 좀 주렴. 제발~"

그제서야 베짱이는 여름날 개미를 놀려 댄 것을 후회하며 눈물을 흘렸답니다.

사실 곤충학자들의 연구에 의하면 집단생활을 하는 개미들 중에서 열심히 일하는 개미는 전체 중 20% 정도이고, 열심히 일하지도 않고 게으르지도 않은 중간이 60%이고, 나머지 20%는 게으름을 피우는 개미라고 한다. 결국 20%의 일꾼개미들이 나머지 80%에 해당하는 개미들을 먹여 살리는 셈이다. 더 놀라운 것은 앞서 말한 성실하게 일하는 개미인 상위 20%의 개미들 역시 전체 개미의 비율로 살아간다는 점이다. 즉, 그중에서도 또 다시 가장 열심히 일하는 쪽(20%), 매우 열심히 일하는 쪽(60%), 열심히 일하는 쪽(20%)으로 역시 분류된다는 것이다.

잠언 기자는 개미와 게으른 자를 논하는 단락(잠6.6-11)에서 개미의 지혜를 "먹을 것을 여름 동안에 예비하며 추수 때에 양식을 모으"는 것에서 찾는다. 반대로 게으른 자는 누워 잠을 자며 좀 더 자고 누워 있자 하는 사이에 빈궁과 곤핍에 처하게 된다고 말한다. 이로 보건대 아마도 이솝우화가 잠언을 묵상하며 얻은 힌트에서 쓰여진 교훈적 이야기가 아닌가 싶다.

인생의 겨울이 오는 것도 그렇다. 한 송이 국화꽃도 가을에 피려면 봄부터 소쩍새가 울어야 하고, 여름에 천둥 번개와 모진 비바람을 견디어 내어야 한다. 하물며 나 역시 인생의 겨울 앞에 설 날이 불현듯 올텐데 '게으른 자'로 살아서야 되겠는가. 베짱이를 쳐다볼 겨를도 없이 살아야 한다는 의미는 아니다. 나만 잘살자고 여름에 땀 흘려야 한다는 것도 아니다. 개미라고 다 지혜롭고 현명한 개미처럼 사는 게 아니잖은가.

오늘은 땀과 눈물을 흘려야 할 날이다. 내게 주어진 삶과 소명을 위해 흘리는 땀, 주님께 드리는 기도와 눈물이 흐르는 곳으로 주의 은혜와 축복이 흘러 갈 것을 믿기에 지금은 개미의 지혜를 배우고 열심히 일해야 할 때다. 여름이 시작되었다는 것은 곧 가을이 온다는 의미이고, 그렇다면 더 가까이 겨울도 오고 있다는 뜻 아닌가. 개미의 지혜 안에서 겨울맞이를 기대하시는 주님을 찬양한다. 나머지 80%의 개미는 물론 베짱이와도 겨울을 나누려면 개미처럼 지혜스럽게 살아야 할 때다. 지금이, 오늘이...

5. 게으름 바이러스

좀더 자자, 좀더 졸자, 손을 모으고 좀더 누워 있자 하면
네 빈궁이 강도 같이 오며
네 곤핍이 군사 같이 이르리라(잠6.10-11, 24.33-34)

한 마디로 게으름에는 대책(약)이 없다. 금방 표가 나지 않을지 모르지만 서서히, 그러나 분명하게 몰락해 가는 죽음에 이

르는 병이 바로 게으름이라는 불치병이다. 잠언 기자는 잠언 곳곳에 마치 흩뿌린 씨앗처럼 게으름에 대한 잠언들을 떨어뜨려 놓았다. 순서대로 정리만 해 봐도 게으름의 실체가 밝히 드러나는 것을 느끼게 된다.

- 게으른 자는 그 부리는 사람에게 마치 이에 식초 같고 눈에 연기 같으니라(잠10.26)
- 게으른 자는 부림을 받느니라(잠12.24b)
- 게으른 자는 그 잡을 것도 사냥하지 아니하나니(잠12.27a)
- 게으른 자는 마음으로 원하여도 얻지 못하나(잠13.4a)
- 게으른 자의 길은 가시 울타리 같으나(잠15.19a)
- 자기의 일을 게을리 하는 자는 패가하는 자의 형제니라.(잠18.9)
- 게으름이 사람으로 깊이 잠들게 하나니 태만한 사람은 주릴 것이니라(잠19.15)
- 게으른 자는 자기의 손을 그릇에 넣고서도 입으로 올리기를 괴로워하느니라(잠19.24, 26.15)

○ 게으른 자는 가을에 밭 갈지 아니하나니 그러므로 거둘 때에는 구걸할지라도 얻지 못하리라(잠20.4)

○ 게으른 자의 욕망이 자기를 죽이나니 이는 자기의 손으로 일하기를 싫어함이니라(잠21.25)

○ 게으른 자는 말하기를 사자가 밖에 있은즉 내가 나가면 거리에서 찢기겠다 하느니라(잠22.13, 26.13 참조)

○ 내가 게으른 자의 밭과 지혜 없는 자의 포도원을 지나며 본즉 가시덤불이 그 전부에 퍼졌으며 그 지면이 거친 풀로 덮였고 돌담이 무너져 있기로, 내가 보고 생각이 깊었고 내가 보고 훈계를 받았노라(잠24.30-32)

○ 문짝이 돌쩌귀를 따라서 도는 것 같이 게으른 자는 침상에서 도느니라(잠26.14)

○ 게으른 자는 사리에 맞게 대답하는 사람 일곱보다 자기를 지혜롭게 여기느니라(잠26.16)

최소한의 생활(생존)에서까지 게으른 것을 볼 때 과연 이 사람이 믿음 생활은 부지런하게 할 수 있을까에 대해 전혀 신뢰가 가지 않는다. 따라서 그의 육신 생활은 물론 영혼까지 피곤하고 곤고할 것이 분명하다. 그야말로 영육(靈肉)간에 전혀 소망이 없는 셈이다. 게으름이라는 질병이 결국 영혼에까지 영향을 미친다는 점, 쉽게 간과해서는 안 될 것 같다. 육신은 편안한 것에 얼마나 쉽게 적응하고 익숙해지는지, 배우지 않았음에도 이 게으름이라는 바이러스는 우리 영육을 서서히 망가뜨린다. 게으름에 이르는 병에 감염되지 않도록 다시금 잠언기자의 지혜를 배우고 묵상 앞에 서 있다.

6. 흥망성쇠(興亡盛衰)

성읍은 정직한 자의 축복으로 인하여 진흥하고
악한 자의 입으로 말미암아 무너지느니라(잠11.11)

문맥의 의미로 볼 때 성읍은 도시나 건물로서의 어떤 지역을 포함하면서도 성읍을 이루고 사는 사람들을 지칭하는 의미가 더 강하다. 그러니까 성읍 공동체(성읍 사람들)다. 농경사회를 배경으로 한 잠언 기자의 시대를 우리네 1960-70년대 시골과 연결시켜 보면 쉽게 이해되는 면이 많다. 당시 지나가는 어른께 인사를 올리면, 그가 누구네 자식이고 부모가 어떤 사람인지 다 알만큼 소통하며 살았던 시절을 자연스럽게 떠올려 볼 수 있음에서 그렇다.

오늘처럼 방송과 활자(인터넷이나 책)가 의사소통을 주도하기 이전에는 사람들 사이에 오가는 대화, 그리고 그 대화가 관계와 사귐 안에서 각자의 뇌리일람표 안에 저장되고 기억되어 다시 재생산되던 시절이었다. 그러니까 거의 절대 수치에 가까운 서로 사이의 소통이 '말'(言)에 의해 이루어지던 때였다.

그런 차원에서 오늘 묵상을 좀 더 성경 안에서 그 예(case)를 찾아보면 쉽게 이해될 것 같다. 출애굽 후 가나안 정복을 앞에 두고 가나안 땅에 12 정탐군을 보냈는데 이들이 돌아와 결과를 보고한 내용을 생각해 보자. 자, 당시엔 인터넷도, 페이스북도, 카카오톡도, 트위터도, 신문과 방송도 없었다. 서로가 보고 듣고 말하고 경험한 것이 전부였다.

◎ 정직한 자의 축복(A) : 여호수아와 갈렙 ⇨ 모세의 기도

> 우리가 곧 올라가서 그 땅을 취하자 능히 이기리라 하나, 이스라엘 온 회중에게 말하여 이르되 … 다만 여호와를 거역하지는 말라 또 그 땅 백성을 두려워하지 말라 그들은 우리의 먹이라 그들의 보호자는 그들에게서 떠났고 여호와는 우리와 함께 하시느니라(민13.30, 14.7-9)

◎ 악한 자의 입(B) : 10 정탐군 ⇨ 이스라엘 자손이다(All the Israelites)

우리는 능히 올라가서 그 백성을 치지 못하리라 그들은 우리보다 강하니라 하고, 이스라엘 자손 앞에서 그 정탐한 땅을 악평하여 이르되 …(민13.31-)

놀라울 만큼 오늘 잠언의 말씀이 정탐군들의 전혀 다른 두 보고와 만난다. 마침내 가나안에 들어가기도 전에 오늘 묵상처럼 온 이스라엘은 "악한 자의 입으로 말미암아 무너지"(B)게 될 형편이다. 온 회중, 즉 "이스라엘 자손이 다"(All the Israelites) 부정적 보고를 한 10 정탐군을 따라 모세와 하나님을 원망하면서 '악한 자의 입' 바이러스에 감염되었기 때문이다.

하지만 오직 여호수아와 갈렙, 그리고 모세는 "정직한 자의 축복으로 인하여 진흥하"(A)는 긍정적 메시지를 성취하는 쪽에서 있다. 이 대목이 절묘하다. 왜냐하면 하나님이 이들 손을 들어주셨기 때문이다. 사람이 얼마나 옳고 바른가, 또한 잘한 선택인가도 중요하다. 그러나 이 모든 것보다 더 중요한 것은 하나님의 결정이다.

하나님은 '악한 자의 입'(B)을 가진 자들과 함께 부화뇌동(附和雷同)한 온 이스라엘 백성들은 가나안에 들어가지 못하고 광야에서 다 무너지게 하셨다. 하지만 하나님의 계획과 신실하심에 맞춰 '정직한 자의 축복'(A)의 말을 한 여호수아와 갈렙은 가나안에 들어가는 흥(興)한 인생의 간증으로 세우셨다. 나는 공동체(성읍, 가정, 교회)의 흥망성쇠 중에 어느 편에 서 있는가?

7. 구제를 흐르게 하는 통로로 살라!

흩어 구제하여도 더욱 부하게 되는 일이 있나니
과도히 아껴도 가난하게 될 뿐이니라(잠11.24)

◎ 구제하기(잠11.24-26)

24a 구제 … 더욱 부하게 되는 일이 있나니

25a 구제 … 풍족하여질 것이요

25b 남을 윤택하게 하는 자(이타적 나눔) … 자기도 윤택하여지리라.

26b 파는 자(나눔) … 그의 머리에 복이 임하리라.

⇔

24b 과도히 아낌(자린고비) … 가난하게 될 뿐이니라.

26a 곡식을 내놓지 아니하는 자(사재기) … 백성에게 저주를 받을 것이나

자기 것이 아깝지 않고, 귀하지 않은 사람이 세상에 있을까. 조금이라도 더 쥐고, 품고, 쌓고, 크고, 많게 하고 싶어 인륜과 천륜까지 넘나드는 극도로 이기적인 세상에서 말이다. 결국

자본이 힘이요 권력(power)인 세상에서 그것에 도덕-윤리라는 깨끗함을 묻고 찾는 일은 웃음거리가 된 지 오래다.

산수(계산)로 셈을 해 보면 구제하면 가난하게 되고, 그만큼 부족하여질 것이요, 점차 자신은 핍절하게 될 것이라는 답이 나온다. 생각해 보라. 내게 10이 있는데 3을 누군가에게 나눠주면 남는 것은 7이다. 그만큼 작아진 것이다. 그런데 잠언 기자는 구제의 결과를 셈법과 전혀 다른 방식으로 발표한다. 10이 있는데 3을 누군가를 위해 구제하면 그 사람에게 남는 것이 7이 아니다는 식으로 들리는 오늘 잠언 묵상을 두고 하는 말이다.

그렇다면 "흩어 구제하여도 더욱 부하게 되는 일이 있"(24a)다는, "구제를 좋아하는 자는 풍족하여질 것이"(25a)라는 잠언 기자의 코멘트는 무슨 말일까? 무엇보다 구제는 재물의 주인은 하나님이고, 자신은 그분의 재물을 맡은 청지기로 여기는 태도에서 나온다. 자기의 소유마저도 자기 것이 아닌 맡은 자라는 소명이 그로 하여금 흩어 구제하는 것을 좋아하고 즐기도록 이끈다. 그러니 재물주(財物主) 하나님이 그를 더 풍족하게 하시는 것은 당연하다.

하지만 과도히 아끼는 자린고비 같은 사람(24b)은 재물의 주인이 하나님이시며 자신은 이를 맡은 청지기라는 신앙(생각, 사상)이 없다. 그러니 한 부자 비유(눅12.13-21)에서 소출이 풍성하게 되자 쌓아두기만을 계획하는 부자처럼 "자기를 위하여 재물을 쌓아 두고 하나님께 대하여 부요하지 못한 자"(21)로 전락하는 것이다. 그는 재물의 주인이신 하나님께로부터 자칫 목숨도 재물도 다 잃게 됨으로써 결국 가난하게 될 처지에 놓이게 된다.

이것이 산수(셈법)가 감히 범접할 수 없는 부분이다. 때문에 가장 어리석고 못난 사람 가운데 하나가 재물의 주인이신 하나님 없이 자기 자신이 재물을 얻고, 유지하고, 누리고, 더 풍성하게 할 수 있다고 생각하는 자이다. 재물 창고의 주인은 하나님이며, 그 문을 열고 닫는 자 역시 하나님이심을 믿고 신뢰할 수 없으니 그처럼 사는 것 아닐까.

구제하는 사람은 자신이 맡은 재물이 뿌리가 깊은 나무, 샘이 깊은 물로부터 온 것임을 알고 있다. 그래서 그 샘이 또 다른 사람에게 흐르게 하는 통로로 산다. 하나님은 오늘도 더 많이 맡았으면서도, 그럼에도 '배달 사고' 내지 않을 그런 청지기를 찾고 계신다.

8. 평안한 마음이 생명의 저수지다.

평온한 마음은 육신의 생명이나
시기는 뼈를 썩게 하느니라(잠14.30)

조선일보(2011.10.08)에서 읽은 MD앤더슨 종신교수 김의신 박사의 癌이야기1("'먼저 갈게' 태평하게 농담하는 환자가 癌 이기더라.") 기사 중 오늘 묵상과 연결되는 내용 일부를 그대로 옮겨본다 :

> 30년 동안 매일 암 환자들을 봤다. 환자를 처음 맞닥뜨리면 '이 환자는 치료가 잘 되겠구나!' 아니면 '안 되겠구나!' 짐작이 간다. 결론부터 말하면, 암에 걸렸어도 담대하고 비교적 표정이 밝은 환자는 치료가 잘 되고, 암 치료를 시작도 안 했는데 벌써 걱정이 태산인 사람은 이상하게 잘 낫지 않는다.
>
> 가만 보면 재미교포나 한국서 온 환자들은 유난히 근심이 많다. 어느 중년의 유방암 환자는 수술도 받기 전에 자기가 죽으면 남편이 어떤 여자랑 재혼할까 걱정한다. 회사 중역은 자기 아니면 회사 결딴난다고 생각하고, 정치가는 자기 아니면 한국이 망한다고 초장부

터 안절부절못한다. 직업이 의사인 환자들도 마찬가지다. 항암제 관련 자료를 뒤져서 유독 부작용 관련 내용만 줄줄 외운다. 그리고는 이 약이 괜찮으냐고 따진다. 그런 상태에서 약이 들어가니 치료가 잘 되겠나 싶을 때가 잦다. 대개 시골에서 온 환자들이 서울 같은 대도시에서 온 환자보다 치료가 잘 된다. 시골 환자들은 큰 병원에 왔다는 것에 만족하고 표정이 밝다. 병원밥도 맛있다며 잘 먹어 암 치료에 잘 견딘다.

한국 환자들은 수치에 일희일비(一喜一悲)한다. 암이 얼마나 치료됐는지를 알기 위해 CT를 찍으면, 그날부터 결과에 목숨을 건다. 밤새 초조해하다가 새벽에 전화를 걸어와 물어보기도 한다. 약간 나빠졌다고 말하면, 그때부터 환자는 잠을 못 이룬다(항암 치료과정에서 병세가 오르락내리락하는 것은 흔한 일이다). 일주일 뒤 병실에 가보면 그동안 밥도 안 먹어 바짝 말라 있고, 얼굴에는 수심이 가득하다. 제풀에 자기가 죽는 꼴이다.

미국 환자는 환자 같지 않은 환자가 많다. 항암 치료 사이에 태평스럽게 골프를 치거나, 악기를 신나게 연주하는 이도 많다. "하늘나라에 먼저 가 있을 테니 나중에 보자"라고 농담을 하는 환자들도 있다. 그런데 희한하게 그런 사람이 잘 낫는다. 한국 사람들은 일만 하다 살아서인지 고통을 잊고 항암 치료의 무료함을 달랠 방법을 모른다. 일을 못하면 인생이 끝난 것 마냥, 그냥 방에 갇혀 근심 속에 시무룩하게 지낸다. 암세포가 좋아할 일이다. 아무거나 잘 먹고 배짱 좋은 환자, 종교를 믿고 모든 것을 신에 맡기는 담대한 사람, 취미가 뚜렷해서 스트레스를 잘 관리하는 사람, 매사에 긍정적이고 희망을 찾는 환자들의 암 치료 결과가 좋다. 물론 예외도 있다. 확률적으로 그렇다는 것이다.

우리 몸에서 암세포를 잡아먹는 대표적인 면역세포가 '자연 살해(殺害)세포'(NK · Natural Killer Cell)다. 이게 많으면 암 치료가 잘 되고 암에도 잘 걸리지 않는다. 여러 사람을 대상으로 이 세포의 수치를 조사했더니, 항상 웃고 즐겁게 사는 사람에서 수치가 높게 나타났다. 교회 성가대 찬양대원들은 일반인보다 그 수치가 1,000배 높게 나와, 나도 놀란 적이 있다. 기쁨 속에서 노래하고, 감사 기도하고, 인생을 밝게 사는 사람이 암에 대한 저항력이 높은 것이다. 이는 이제 의학계에서 정설이 됐다. '찬양대원의 NK 세포 천 배' 의미를 되새기며 살아가길 바란다.

9. 혀를 지배하라!

유순한 대답은 분노를 쉬게 하여도
과격한 말은 노를 격동하느니라(잠15.1)

말의 흐름으로 볼 때 '유순한 대답'은 가는 말이다. 그리고 '과격한 말'은 오는 말이나 가는 말 모두에 해당된다. 그렇다면 다음 몇 가지로 오가는 대화의 유형이 가능하다. 첫째, 상대방이 과격한 말을 통해 노를 격동하게 하더라도 유순한 대답을 한다면 그 분노는 힘을 잃게 된다. 둘째, 상대의 과격한 말에 맞불을 놓듯 과격한 대답을 한다면 불 위에 기름을 붓는 것처럼 분노의 불길이 타오르게 될 것이다. 셋째, 제일 좋기로는 피차간에 유순한 말이 오간다면 분노가 설 자리가 없을 것이다. 넷째, 유순한 대답을 했는데 되돌아온 말이 과격한 말이었을 때 그때에도 다시 유순한 대답을 한다면 더는 과격한 말을 할 수 없을 것이다.

말이라는 게 묘한 생물(生物)이다. 언중유골(言中有骨)이라 해서 끝까지 들어보면 소위 말에 뼈가 들어 있는가 하면, "말 한마디로 천 냥 빚을 갚는다."는 속담처럼 경우에 합당한 말 한마디가 결코 해결될 것 같지 않던 문제를 일시에 해결하기도 한다. 서로의 관계가 돈독하거나 인격적 신뢰에 기초할 때는 무슨 말이든 오해되는 쪽으로 흐르지는 않지만 '아' 다르고

'어' 다르다는 말처럼 종종 사소한 것이 돌이킬 수 없는 문제로 비화되기도 한다.

사실 말의 실수와 그것이 가져오는 고통은 가까운 사이에서, 상하관계에서, 부모와 자식 사이에서, 부부 사이에서, 이렇듯 관계된 사이에서 오가는 말에 의해 가공될 때가 더 많다. 상처가 된 말은 좀처럼 지워지지 않을 뿐만 아니라 그 다음 스텝에도 영향을 미친다. "저 사람이 나에게 그럴 수가 있어?"라는 섭섭함이 두고두고 증폭되곤 하는 면에서 그렇다.

"가는 말이 고와야 오는 말이 곱다."는 속담처럼 잠언 기자는 오는 말이 유순하면 말로 인한 분노에 찬 갈등이 아침 햇살에 안개가 사라지는 것처럼 그렇게 분노까지도 멈추게 될 것이라 얘기해 준다. 결국 내가 하는 말의 값을 내가 받는 셈이다. 말 역시 심는 그대로 거두는 법이다.

지내놓고 보면 정말 보잘 것 없는 사소한 것인데 왜 그걸 그리 이러쿵저러쿵하며 마음까지 상하게 되는지... 좀 듣기에 거북하고, 어찌 그럴 수 있을까 싶어도 내가 하는 대답이 유순하다면 문제가 커지는 게 아니라 오히려 문제가 해결되는 경우를 볼 때가 더 많다. 남 탓할 이유가 없다. 내게서 나오는 대답이 유순하면 된다. 말이 실수가 없을 순 없겠지만 분노를 가져오게 하는 말보다는 노(怒)를 그치게 하는 입술이 되기를 기도한다. 오늘도 "주님, 내 입술에 파수꾼을 세우소서!"라는 기도 제목을 더 크신 은혜로 붙들고서 잠언 앞에 선다.

10. 천상의 언어를 고백하십시오.

사람은 그 입의 대답으로 말미암아 기쁨을 얻나니
때에 맞는 말이 얼마나 아름다운고(잠15.23)

우리 속담에도 말과 관련하여 ① "아 다르고, 어 다르다.", ② "말 한마디로 천 냥 빚을 갚는다.", ③ "웃는 얼굴에 침 뱉으랴.", ④ "가는 말이 고와야 오는 말이 곱다."는 등 여러 교훈들이 있다. 그런데 가까울수록, 그리 조심하지 않아도 되는 사이라고 생각할수록, 어릴수록, 가족일수록 말이 더 함부로 나가는 것은 무슨 조화일까. 다시금 내 입술에 파수꾼을 세워주시고, 내 입에 재갈을 먹여주시기를 바라며 "때에 맞는 말"의 아름다운 모범을 구약에 등장하는 인물들을 중심으로 정리해 본다.

먼저, 17세에 꾼 꿈과는 반대로 소년 가장이 되어 13년이라는 파란만장한 생애를 산 후에 30세에 애굽의 총리대신이 되는 요셉이다(창37.2, 41.46). 그는 막장 인생(노예)의 처지에 전락했음에도 하나님 앞에서 살고 있음을 보디발의 아내 앞에서 토해낸다(창39.9). 또한 총리가 된 뒤 9년이 지난 후, 22년 만에 만난, 자신을 판 형들 앞에서도 놀라우리만큼 건강한 언어로 하나님의 때에 맞는 간증을 담아낸다(창45.5).

둘째로, 보아스의 아내가 되어 다윗 가문의 조상이 된 이방의 땅 모압 여인 룻이다. 그녀는 베들레헴에서 모압으로 이민을 온 시어머니 나오미와 10년을 함께 살면서 하나님을 아는 지식을 기반으로 하나님 앞에서 살았던 것 같다(룻1.1-4). 하지만 과부가 된 후 역시 과부인 시모를 따라 다시 시댁의 고향인 베들레헴으로 돌아가겠다는 고백을 시모 나오미에게 때에 맞는 아름다운 고백으로 토해낸다(룻1.16-17).

셋째로, 아람의 군대장관 나아만을 따라 선지자(요단강)를 방문한 무명의 히브리 여종 어린 소녀다(왕하5.1-14). 그녀는 아람의 포로가 되어 졸지에 나아만의 아내에게 수종 드는 종이 되었다. 그럼에도 나아만의 나병을 치유하기 위해 때에 맞게 아름다운 간증을 하면서 이 밑바닥 인생에서 하나님을 바라보고 있는 건강한 삶을 중단 없이 유지하며 살아가고 있었다. 이는 자신의 형편과 처지라는 상황이 주도해 가는 삶을 뛰어 넘어야만 그 사람의 언어 역시 건강하다는 걸 보여준다.

마지막으로, 멸족 위기에 있는 이스라엘 민족을 구한 모르드개와 에스더다. 포로의 땅에서 왕후가 되었으면 세상 부럽지 않게 살 만도 했다. 하지만 하만의 음모에 의해 민족이 위기에 처해 있을 때 이 두 사람 사이에 오고 간 대화야말로 때에 맞는 아름다운 말의 진수를 보여준다(에4.13-16).

놀라운 것은 앞에 잠시 살펴본 사람들의 공통적인 특징은 한결같이 자신은 하나님 뒤에 감추고 하나님을 간증해 내는 시의적절(時宜適切)한 천상의 아름다운 말을 당당하게 고백 해낸다는 점이다. 진정으로 아름다운 말은 하나님을 높이고 영화롭게 하는 말이다. 그럴 수 있으려면 무엇보다 그 하나님을 만나고, 그분과의 친밀한 교제가 보이지 않는 기초에 자리해야 함도 놓칠 수 없는 묵상이다. 내 안에 살아계신 하나님 아버지의 이름이 높임을 받으시도록 때에 맞는 아름다운 말을 내 영혼의 샘에서 퍼 올릴 수 있는 건강한 삶을 꿈꾼다.

11. 하나님의 열심

마음의 경영은 사람에게 있어도 말의 응답은
여호와께로부터 나오느니라(잠16.1)

하나님은 인간의 모든 생사화복(生死禍福)을 결정하실 뿐만 아니라 모든 사람을 주관하시는 분이시다. 이를 신학(神學)에서는 하나님의 주권이라는 의미에 담아낸다. 잠언 기자는 계속해서 사람이 그 마음에 계획을 할지라도 그 마음으로부터 말로 나오는 것을 인도하시며 응답하시는 분은 하나님이시다(1,3,9)는 점을 분명히 한다. 하나님께서 이를 창세기를 통해 신실하게 응답해 가시는 몇 장면들을 묵상해 보자.

[1] 아브라함 : 아브라함은 이신칭의(以信稱義, 창15.6)의 은혜를 얻게 된 이후임에도 불구하고 "이스마엘이나 하나님 앞에 살기를 원하나이다."(창17.18)라고 칭의의 은총을 불신하는 듯하게 말했지만 하나님은 "아니라 네 아내 사라가 네게 아들을 낳으리니 너는 그 이름을 이삭이라 하라."(창17.19a ⇨ 창21.1-7)로 응답하셨다. 이렇듯 이삭은 결코 아브라함의 실력으로 된 게 아니다.

[2] 이삭 : 아브라함은 100세에 낳은 아들 이삭을 하나님의 명령대로 번제로 드리기 위해 모리아산으로 오르는 노중(路中)에서 "불과 나무는 있거니와 번제할 어린 양은 어디 있나이까."(창22.7b)라는 이삭의 질문에 "번제할 어린 양은 하나님이 자기를 위하여 친히 준비하시리라"(창22.8 ⇨ 13)로 응답한다. 아직 미래의 사건이지만 이미 과거와 현재가 실행된 것처럼 말하는 것은 아브라함이고, 이를 성취하고 응답하는 분은 오직 하나님이시다. 하나님은 아브라함과 이삭 보다 먼저 모리아산 정상에서 어린 양을 준비해 놓고 앞서 노중에서 대화를 나눈 부자(父子)의 언행에 응답하시기 위해 저들을 기다리고 계셨다.

[3] 야곱 : 하나님은 야곱이 태어나기도 전 아직 어머니 리브가의 태중에 있을 때에 수태고지(受胎告知)를 통해 "두 국민이 네 태중에 있구나 … 큰 자가 어린 자를 섬기리라."(창25.23 ⇨ 32.26-29) 말씀하셨으나 이와 달리 꾀돌이(수완, 처세, 욕망)스럽게 자수성가로

이루어지는 것처럼 언행하는 야곱을 꺾으시고 얍복 나루터에서 신수성가(神手成家)의 인생으로 응답하셨다. 야곱의 인생행로만큼 말의 응답은 여호와께로부터 나온다는 것을 실감나게 보여주는 게 있을까 싶을 정도다.

[4] 요셉 : 요셉은 17세에 형들에 의해 애굽의 노예로 팔려 30세에 애굽의 총리가 되고(창37.2, 41.46), 바로의 꿈에 대한 해석처럼 흉년 2년인 그의 나이 39세에 온 가족들에게 자신을 드러낸다(창45.1-6). 그 후에 여러 말로 "당신들(형들)은 나(요셉)를 해하려 하였으나"(창50.20a), 그러나 "하나님이 큰 구원으로 당신들의 생명을 보존하고 당신들의 후손을 세상에 두시려고 나를 당신들보다 먼저 보내셨나니 그런즉 나를 이리로 보낸 이는 당신들이 아니요"(창45.7-8a), 반대로 "하나님은 그것을 선으로 바꾸사 오늘과 같이 많은 백성의 생명을 구원하게 하시려 하셨"(창50.20b)다고 간증한다. 하나님은 이처럼 합력하여 선을 이룰 것을 예측할 수 없는 절망의 끝을 희망과 소망으로 응답하신 것이다.

우리는 보통 내 입술의 고백대로 그 열매를 얻게 된다는 생각을 하며 산다. 하지만 이는 하나님의 은혜와 섭리를 무능하게 만드는 미련하고 어리석은 불신앙에서 온 가짜다. 내 행위가 내 복을 만든다면 하나님 없이도 인생을 끌고 갈 수 있다는 얘기가 될 수 있기 때문이다. 잠언 기자의 깊은 경험적 묵상에서 인생의 해답은 하나님의 열심에서 비롯된다는 점을 다시 금 주목하게 된다. 우리의 언행은 하나님의 열심을 드러내는 도구일 뿐이다.

12. 마음일기(2)

노하기를 더디하는 자는 용사보다 낫고
자기의 마음을 다스리는 자는 성을 빼앗는 자보다 나으니라(잠16.32)

○ 예루살렘아 네 마음의 악을 씻어 버리라 그리하면 구원을 얻으리라 네 악한 생각이 네 속에 얼마나 오래 머물겠느냐(렘4.14)

○ 주께서 그들을 심으시므로 그들이 뿌리가 박히고 장성하여 열매를 맺었거늘 그들의 입은 주께 가까우나 그들의 마음은 머니이다(렘12.2)

○ 여호와께서 이와 같이 말씀하시니라 무릇 사람을 믿으며 육신으로 그의 힘을 삼고 마음이 여호와에게서 떠난 그 사람은 저주를 받을 것이라. 만물보다 거짓되고 심히 부패한 것은 마음이라 누가 능히 이를 알리요마는(렘17.5,9)

○ 내가 여호와인 줄 아는 마음을 그들에게 주어서 그들이 전심으로 내게 돌아오게 하리니 그들은 내 백성이 되겠고 나는 그들의 하나님이 되리라(렘24.7)

○ 내가 그들에게 한 마음과 한 길을 주어 자기들과 자기 후손의 복을 위하여 항상 나를 경외하게 하고, 내가 그들에게 복을 주기 위하여 그들을 떠나지 아니하리라 하는 영원한 언약을 그들에게 세우고 나를 경외함을 그들의 마음에 두어 나를 떠나지 않게 하고, 내가 기쁨으로 그들에게 복을 주되 분명히 나의 마음과 정성을 다하여 그들을 이 땅에 심으리라(렘32.39-41)

○ 너희가 나를 너희 하나님 여호와께 보내며 이르기를 우리를 위하여 우리 하나님 여호와께 기도하고 우리 하나님 여호와께서 말씀하신 대로 우리에게 전하라 우리가 그대로 행하리라 하여 너희 마음을 속였느니라(렘42.20)

○ 우리가 모압의 교만을 들었나니 심한 교만 곧 그의 자고와 오만과 자랑과 그 마음의 거만이로다(렘48.29)

○ 바위 틈에 살며 산꼭대기를 점령한 자여 스스로 두려운 자인 줄로 여김과 네 마음의 교만이 너를 속였도다 네가 독수리 같이 보금자리를 높은 데에 지었을지라도 내가 그리로부터 너를 끌어내리리라 이는 여호와의 말씀이니라(렘49.16)

- 우리가 스스로 우리의 행위들을 조사하고 여호와께로 돌아가자. 우리의 마음과 손을 아울러 하늘에 계신 하나님께 들자(애3.40-41)

- 여호와의 영이 내게 임하여 이르시되 너는 말하기를 여호와의 말씀에 이스라엘 족속아 너희가 이렇게 말하였도다 너희 마음에서 일어나는 것을 내가 다 아노라(겔11.5)

13. 내일 일은 난 몰라요!

너는 내일 일을 자랑하지 말라 하루 동안에
무슨 일이 일어날는지 네가 알 수 없음이니라(잠27.1)

하루살이가 저녁에 친구에게 "자, 그럼 내일 만나자!"와 같은 헤프닝은 어렵잖게 우리네 삶의 이야기가 되곤 한다. 내일(미래)이 오늘(현재)이 되더니 곧바로 어제(과거)로 쌓이는 걸 일상처럼 살아가다 보면 당연히 내일도 내 앞에 펼쳐질 것이라 믿어 의심치 않는다. 무엇보다 인생이 순풍에 돛을 단 배처럼 형통하고 희망과 긍정의 법칙으로 굳어지는 것처럼 보일 때 더 그렇다. 여기 예수님이 비유로 들려준 이야기처럼 말이다.

◎ 어리석은 부자 이야기(눅12.13-21)

13 무리 가운데 누군가 말했다. "선생님, 제 형에게 명하여 집안의 유산을 제게 공평하게 떼어 주라고 말씀해 주십시오." 14 예수께서 대답하셨다. "이 사람아, 어떻게 내 일이 너희의 재판관이나 중재자가 되는 것이겠느냐?" 15 예수께서 사람들에게 말씀하셨다. "조심하여라! 털끝만한 탐심에도 빠져들지 않도록 너희 자신을 지켜라. 너희의 소유가 많더라도, 그 소유가 너희의 삶을 규정해 주지 않는다."

16-19 그 후에 예수께서 그들에게 이런 이야기를 들려주셨다. "어느 부자의 농사가 풍년이 들었다. 그가 혼잣말로 말했다. '어쩌지? 이 수확물을 두기에 내 창고가 좁구나.' 그러다가 이렇게 말했다. '이렇게 하자. 창고를 헐고 더 크게 짓자. 그리고 내 곡식과 재산을 다 모아들이고 내 자신에게 이렇게 말해야겠다. "잘했다! 너는 크게 성공했으니 이제 은퇴해도 좋다. 편안히 네 인생을 즐겨라!"' 20 바로 그때에 하나님께서 나타나 말씀하셨다. '어리석은 사람아! 오늘 밤 너는 죽는다. 그러면 창고에 가득한 네 재산은 누구 것이 되겠느냐?' 21 너희의 창고를 하나님이 아니라 너희의 자아로 채우면 바로 이렇게 된다."

인생은 AS가 불가능하다. 지나간 물이 물레방아를 돌릴 수 없듯이 이미 지나온 생의 수레바퀴를 되돌릴 순 없다. 또한 연필로 쓴 노트처럼 지우개로 지우고 다시 쓸 수 있는 그런 게 아니다. 무대와 시합에는 연습이나 리허설이 있으나 우리네 인생은 한번 해 본 후에 이제 진짜로 시작이라고 할 수 있는 그런 기회가 결코 새롭게 주어지지 않는다.

나는 나다. 그래서 "손을 올리라" 그러면 올라가고, "침을 삼키라" 명하면 그대로 된다. 그런데 모든 것이 다 그런가. 아니다. 병든 내 몸을 가리켜 "건강해지거라" 한다고 그렇게 되어지지 않는다. 이것이 문제다. 내가 나를 주도하고, 내가 나의 과거와 현재와 미래를 결정(선택)하는 것 같아도 인간은 전능하지 않다. 인간은 자신이 만든 게 아니라 조물주이신 하나님의 피조물이기에 그렇다.

사후약방문(死後藥方文)처럼 "소 잃고 외양간 고치기" 식(式)은 꽝이다. 그래서 진정한 그리스도인은 하나님의 주권 앞에 무릎을 꿇는다. 이것이 믿음이고 하나님 앞에서 사는 생이다. 인생의 생사화복(生死禍福)과 생로병사(生老病死)가 다 하나님의 손에 달려있음을 믿기 때문이다.

이걸 인정하지 않기에 자신이 의지한, 그렇게도 든든하고 견고하게 보였던 바로 그것에 그만 넘어져 끝나 버린다. 그걸 똑똑하게 보면서 살아감에도 불구하고 똑같은 실수를 범하며 사는 것, 이게 "내일 일을 자랑하"며 사는 인생의 비극 아닐까.

14. 여호와를 경외하는 여자를 찾습니다.

고운 것도 거짓되고 아름다운 것도 헛되나
오직 여호와를 경외하는 여자는 칭찬을 받을 것이라(잠31.30)

◎ 현숙한 아내(31.10-31)

A 삶이 아름답다(10-27).

B 여호와를 경외하고, 가족의 칭찬을 받는다(28-31).

이곳저곳에 흩어 뿌리듯 적절하게 이야기하던 여성에 대한 언급이 마지막 31장에 이르러 포르테처럼 절정(climax)을 이룬다. 분위기도 매우 밝고 좋다. 어쩌면 아들, 그것도 지혜로운 아들에게 집중되었던 잠언의 관심, 그러나 그 아들의 가장 가까이에 있을 수밖에 없는 여인, 결국 바늘과 실이 한 쌍을 이루듯이 잠언은 이처럼 지혜자의 또 하나의 축인 여인을 이야기하는 것으로 잠언의 글은 마무리된다. 이렇듯 잠언은 아들로 시작하여 여인으로 끝나는 독특한 구조를 이루고 있지만 사실은 같은 이야기인 이유가 여기에 있다. 그것도 여호와를 경외하는 주제로 통합하면서 말이다(1.7, 31.30).

지혜 역시 부부 사이의 협력과 조화를 통해서 극대화된다는 사실을 일찍이 꿰뚫어 본 잠언의 통찰은 지혜의 정상이라 아니할 수 없다. 그렇다. 지혜의 근원이신 하나님께서 바로 그 지혜의 일면을 우리에게 소개함으로써 하나님의 지혜, 예수 그리스도를 아는 지식에까지 자라가기를 원하시는 주님의 사랑을 여기서도 발견하게 된다. 이게 진짜 지혜니까.

현숙한 여인에 대한 잠언의 가르침은 하나님(A)과 사람(B)에게 공히 칭찬을 받는다. 이것이 균형 잡힌 그리스도인의 모습이다. 현숙한 여인은 이렇게 산다(A; 10-27)에 이어, 현숙한 여인은 여호와를 경외하며 그 결과 가족들은 그녀를 높인다(B; 28-31)는 점에서 말이다. 여기서 주목할 것은 어디를 보아도 육체적 매력에 대해서 말하지 않는다는 점이다.

"일찍 핀 꽃이 일찍 진다."는 말을 좋아한다. 사실 너무 일찍부터 예뻐(피어) 보이려고 야단들인데 뭘 모르는 행동이다. 그것만큼 일찍 진다는 것을 알아야 한다. 마치 '반짝스타' 처럼 젊음 한 때뿐인 사람은 현숙한 지혜의 여인이 아니다. 이렇듯 아직도 겉보기에 곱고 아름다운 것에 집중하고 있다면 그는 잠언의 지혜와는 아주 거리가 있는 사람이다. 하나님의 지혜와 눈높이를 일치시키면 '여호와를 경외하는 여자' 가 되고, 또 그렇게 준비된 현숙한 사람이 눈에 들어오기 시작할 것이다. 이게 여호와를 경외하는 자의 영성이다.

'하나님을 사랑하고, 하나님도 사랑하는 사람' 이라는 말을 들을 수 있다면 그는 행복한 사람이다. 하나님의 칭찬을 받는 것이 인생의 목표(기본기)가 되어 있기 때문이다. 이렇게 될 때 심은 대로 거둔다는 말씀처럼 열심히 뿌린 지혜의 씨앗이 자라 마침내 열매가 되어 또 다른 축복의 씨앗으로 다시 되돌아오는, 이를 다시 하나님을 경외하는 시각에서 읽어내는, 그래서 계속해서 주께 영광을 돌리는, 이런 선순환을 경험하며 살아가게 된다.

어디 그뿐인가. 주변의 사람들로부터도 칭찬을 받는다. 우리 속담에 "안에서 새는 바가지 밖에서도 샌다."는 말이 있다. 결국 때가 되면 다 드러난다. 해서, 잠시 몇 사람을 속일 수는 있어도 한평생 주위 사람들을 속이면서 두 얼굴을 가진 사람으로 살 수는 없다.

덕행 있는 여자는 한결같은 평가를 받게 되어 있다. 겉푸름이 아닌 속푸름으로 가득 찬 하나님을 경외하는 사람을 그분이 찾아내신다는 점에서 볼 때 더 그렇다.

전 도 서

1. 솔로몬 왕 구하기

범사에 기한이 있고 천하 만사가 다 때가 있나니(전3.1)

전도서를 대할 때마다 약간의 혼돈과 함께 드는 생각이 있다. 먼저, 저자가 솔로몬이라는 점에서(그의 인생후반전을 어느 정도 안다는 게 좀...), 더 좁히면 전도서를 쓴 시기가 과연 은혜 안에 있을 때였을까(A, 초기) 아니면 타락하고 망나니처럼 살았을 때(B, 말기)였을까 라는 점이다. 다른 하나는, 혹시 전자(A)일 때 썼을지라도 후에 이어지는 모습이 북왕조처럼 살았기에 그런 사람이 쓴 전도서를 어찌 봐야 할 것인가 또한 곤혹스럽다.

물론 후자(B)처럼 사는 중에 전도서를 썼을 것 같지 않다는 점을 전제할 때 그렇다. 또 다른 하나는, 전도서를 쓴 때는 어쩜 그가 앞의 B를 지나 거의 인생 말년에 하나님 앞에 회개하고 지나온 자신의 삶을 돌이켜 참회하는 마음으로 쓰지 않았을까 하는 생각이다.

그는 다 가진 자였다. 아버지 다윗으로부터 부귀영화와 왕권을 포함하여 모든 것을 받았고, 마침내 성전을 봉헌함으로써 성전시대의 새 장을 열었다. 앞의 것이 보이는 것이라면, 그는 무엇보다 보이지 않는 하나님의 선물인 열방에 소문이 날 정도의 신적(神的) 지혜까지 겸비했으니 하늘 아래 솔로몬만큼 유무형의 부귀와 영화를 다 손에 쥔 자가 또 있을까 싶을 정도다. 하지만 그는 이 모든 것을 가능케 하신 하나님, 값없이 은혜로 주신 선물(그는 왕이 되기 위해 특별히 한 일이 없다), 아이러니하게도 그는 이것에 의해 미끄러지고 넘어진다.

"넘치는 건 부족한 것만 못하다."고 했다. 아버지 다윗은 1차 기름부음(삼상16.13)에서부터 2차 30세(삼하2.4), 3차 37세(삼하5.3)에 기름부음을 받을 때까지 무수한 날들을 숨 막히는 야전(실전)에서 생생하게 왕위수업을 했다.

하지만 그는 왕자로 태어나 왕으로 기름부음을 받을 때까지 왕궁에서 자랐다. 결과적으로 볼 때 솔로몬은 은혜를 감당하지 못했고, 서서히 죄와 더불어 침몰해 갔다. 어떤 면에서 그는 쉽게 모든 걸 얻었고, 그래서 당혹스러울 만큼 쉽게 그걸 땅에 쏟아버린다. 비극이다.

하나님은 당신의 주권적인 섭리의 시간표를 따라 인간에게 임하는 모든 때를 주관하시고, 또 그것을 성취해 가시지만 그럼에도 그것의 시종(始終)을 다 깨닫지 못하도록 이를 당신의 주권 안에 두셨다. 이 부분만큼이 하나님과 인간의 질적 구분이 아닐까 싶다.

인간이 노력하고, 애쓰고, 수고하고, 지혜와 지식을 따라 연구하고 학습한다 할지라도 이것들을 통해서 하나님의 섭리의 때를 인간이 다시 배열하거나, 축소하거나, 조정하거나, 바꾸거나, 가감(加減)할 수 없다.

이렇듯 만사는 하나님의 예정된 시간에 시작되고 끝난다. 세상에 우연이란 없다. 다 때가 있다. 그런데 인생이 이걸 모르니, 할 수 있는 모든 수단과 방법을 다 동원하여 하나님의 섭리를 역행한다.

하지만 그것은 솔로몬이 고백했듯이 헛된 수고에 불과하다(1,2-2,23). 그러면 그럴수록 더 수고와 슬픔과 괴로움이 가중되고 결과적으로 죽음에 이르고 마는 것이다.

나는 내 인생보고서, 즉 신력서(信歷書)가 "범사에 기한이 있고 천하 만사가 다 때가 있나니"를 제발 소 잃고 외양간 고치기 식이 아니었음 싶다. 더 이상 손 쓸 게 아무것도 없을 타임아웃을 앞두고서 "이랬을 걸, 저랬을 걸!" 풍의 허망가(虛妄歌)를 처량하게 부르는 그런 비참함은 피하고 싶다.

아직 코에 호흡이 있고, 일할 기회를 주시고, 나 같은 놈을 위해서도 오래 참아주시는 은혜가 흐르고 있을 지금 이때가 전도서 3장 1절을 노래하며 나의 텅 빈 영혼을 추스를 때다. 내가 부를 노래는 이렇게 희망으로 남아있어야 한다. 아직은.

2. 마음은 초상집 vs 마음은 혼인집

지혜자의 마음은 초상집에 있으되
우매한 자의 마음은 혼인집에 있느니라(전7.4)

지혜자와 우매자가 초상집과 혼인집으로 비유(대칭)되면서 묵상의 앵글 안으로 들어온다. 오늘 잠언적 메시지는 혼인집에 가는 게 나쁘다거나, 초상집에 가는 것만이 좋다는 뜻이 아니다. 이처럼 표면적이자 일차원적인 문자주의에 빠지면 성경을 알고 하나님을 믿는 사람들에게도 대부분 모 아니면 도 식으로 반응하게 되는 약점이 생기게 된다. 그렇다면 전도서 기자는 왜 이같은 교훈적 메시지를 전할까? 이를 통해 그가 말하려고 하는 교훈은 무엇일까? 여기서는 무엇보다 '마음'의 방향을 얘기하고 있음을 주목해야 한다.

먼저, "지혜자의 마음은 초상집에 있다."는 말씀이다. 아들이나 딸을 잃은 부모, 사랑하는 배우자를 떠나보낸 상실감에 깊은 비통에 잠긴 친구, 부모와 형제를 먼저 보내야 하는 절망과 후회스러움으로 가득 찬 장례식을 생각해 보라. 그리고 바로 그런 자들 곁에 마음을 둔 사람을. 그가 왜 이런 장례식에 참여했을 것 같은가?

고통과 절망으로 흐느적거리는 장례식 사람들에게 내가 시간과 마음을 내어 참여한 것으로 그들에게 깊은 위로와 힘이 되어준다면 그는 이미 지혜자로 서 있는 것이다. 그는 뭔가 얻으려고, 어떤 사사로운 목적을 이루기 위해 장례식에 참여한 게 아니다. 하나님은 전도자의 입을 통해 두 종류의 사람들을 불꽃 같은 눈동자로 지켜보고 계심을 말씀하고 계신다. 이를 통해 우리네 마음이 어디를 향해야 하는가를 깨닫게 하고 계신다.

자 그렇다면 이어서, "우매자의 마음은 혼인집에 있다."는 말씀은 무슨 뜻일까? 일단 혼인집에서 그가 할 일은 없어 보인다. 단지 혼인(파티)의 즐거움에 참여하거나, 밝은 분위기에 맞춰 흥겹게 지내면 된다. 폼 나는 옷 입고, 적절한 사교적 제스처를 통해 자신의 사사로운 목적 하나라도 취할 수 있는 그런 행운이 적당히 따라주기를 바라면서 말이다.

사실 어떤 혼인집에 초대를 받는다는 것은, 더더욱 어떤 혼인집에 초대를 받고 싶다는 것은 -우리 동양적 결혼풍습과 다르다는 점을 기억할 필요가 있다.- 그만큼 유력하고 힘이 있는 가정(가문)의 눈에 들기 위해 이런저런 의도적 애씀도 보이게, 보이지 않게 여러 형태로 작용되었을 것이다.

그렇다면 그는 이미 권력 지향적이며, 결혼식에 초대된다는 사실만으로도 자신의 신분이나 영향력을 과시하는 것이 된다. 생각해 보라. 한 나라의 왕(王)의 초대까지는 아니어도 그에 준한 혼인식에 앉아 있다는 것이 무엇을 의미하는가를.

지혜자로 혼인집에 있을 수도 있고, 반대로 우매자로 초상집에 있을 수도 있다. 겉으로 보기엔 오늘 말씀과 반대 상황이고, 해서 우매자가 지혜자로 둔갑한 것을 아무도 알아내지 못할 것이다. 세상은 온갖 권모술수와 처세가 난무하다. 마음까지 위장하고 변장해서 그럴듯하게 사람들의 마음을 도적질 해낼 수 있다. 이게 요지경이 아니고 무엇이랴.

오늘 묵상은 전도자의 메시지이지만 무엇보다 하나님의 말씀이다. 하나님은 그 사람의 마음을 보고 계신다. 하나님은 마음과 삶이 같은 사람을 주목하신다. 오늘 내 마음이 고통과 절망과 탄식과 눈물 가운데 있는 사람들과 함께 있다면 지혜자로 살아가는 것이다.

마음은 구호나 다짐이 아니다. 마음은 삶이고 방향이다. 진실한 믿음의 사람은 그 곁에 있는 사람들을 보면 알 수 있다. 그가 언제나 결혼식만 생각하고 있다면 그는 가짜다. 그의 마음과 생각의 방향이 초상집과 같은 그런 삶의 자리에서 떨고 있는 자들 곁에 있다면 그는 진짜다. 하나님은 그를 지혜자라 말씀하신다. 이렇듯 하나님이 인정하시는 지혜자이고 싶다.

3. 새는 두 날개로 비상(飛上)한다.

형통한 날에는 기뻐하고 곤고한 날에는 되돌아 보아라
이 두 가지를 하나님이 병행하게 하사 사람이 그의 장래 일을
능히 헤아려 알지 못하게 하셨느니라(전7.14)

◎ 하나님의 주권(전7.1-14)

A "…이 …보다 나으니라."(1-12)

X "하나님께서 행하시는 일을 보라."(13)

B "형통한 날 … 곤고한 날 … 두 가지를
하나님이 병행하게 하사"(14)

전도서 기자는 "…이 …보다 낫다"(A)에 들어있는 모든 것이 다 "하나님께서 행하시는 일"(X)이다는 점을 분명히 한다. 이처럼 A(1-10)라는 쉼 없이 반복되는 일상 안에 전혀 다른 "두 가지를 하나님이 병행하게 하사"(B), 보다 더 나은 것으로 나아가는 길목에서 만나는 것들까지도 버릴 것이 없이 합력하게 하신다. 이게 하나님의 주권 안에 있는 인간의 진짜 지혜다(11-12). 이것이 해 아래서 헛된 욕망과 허무의 늪에 함몰되어가는 것을 막아내는 진정한 힘이다.

때때로 "…이 …보다 낫다"(A)는 일상에 전혀 다른 두 화음이 불협화음이 될 경우가 허다하다. 그리고 오늘 좋은 게 내일

도 좋으리라는 보장이 없고, 오늘 슬픈 게 내일 웃음이 되지 말라는 법이 없다. 이 변화무쌍한 삶의 멜로디에 마음을 줄 수 없어 방황할 때도 있을 수 있다. 그러면서 무엇이 진리이며, 정답인지 알 수 없어 불가지론자(不可知論者)처럼 살아버릴 수도 있다.

그래서 전도서 기자는 A(1-12) 안에 있는 B(14) 역시 하나님의 작품(X)임을 새삼스럽게 발견한다. 이것이 전도자 안에 하나님이 선물로 주신 지혜의 통찰이다. 결국 하나님의 주권적 섭리가 인간의 언행심사(言行心事)에 우선한다. 하나님은 전혀 어울릴 것 같지 않은 상황(사건, 형편, 처지)을 통해서도 멋진 작품을 준비하시는 분이시다.

형통과 곤고가 이처럼 합력하여 선을 이룬다(롬8.28). 지혜 밖에 있는 어리석고 헛된 것을 추구하는 사람들은 이 역설의 진리와 지혜를 결코 알지 못한다. 결국 보이는 대로, 느끼는 대로, 생각하는 대로, 마음 가는 대로, 발 가는 대로 언행(言行) 하며 사는 자는 결코 '참는 마음'의 끝을 맛보지 못한다. 그만큼 지혜와 상관없이 자가발전(自家發電)하며 살아가기 때문이다.

하나님은 형통한 날만 만들지 않으셨다. 때로 세상이 무너진 것 같은 곤고한 날도 우리네 인생행로에 집어넣으신다. 마치 조개가 모래 한 알을 품고 씨름하듯 한순간으로부터 시작된 이야기는 앞을 예측할 수 없는 변주를 거듭한다. 하지만 알잖은가. 모래를 받아들인 조개가 그것을 품고 씨름하는 과정을 거치고, 또 견디어야만 영롱한 진주가 만들어진다는 것을! 영혼도 없고,

구원도 없고, 천국도 없는 한낱 미물에 불과한 진주도 그러할진대 하나님의 형상으로 지은 바 된 하나님의 자녀들이랴!

형통과 곤고의 변주는 우리네 삶을 영적 긴장감으로 충만하게 한다. 어느 것으로도 "그의 장래 일을 능히 헤아려 알지 못하게 하셨"(14b)기 때문에 그렇다. 모든 것이 다 "하나님께서 행하시는 일"(X)이기에 시간이 흐를수록 하나님을 의존하고, 바라보고, 따르고, 맡기고, 믿고, 신뢰하며 그분의 뒤를 따라가는 것 아닐까. 그게 가장 안전하니까!

4. 지혜는 성공의 어머니다.

철 연장이 무디어졌는데도 날을 갈지 아니하면
힘이 더 드느니라 오직 지혜는 성공하기에 유익하니라(전10.10)

일상의 일들이 반드시 내가 원하는 결과만을 만들어주는 것은 아니라고 하는 것을 인정하는 것이 지혜라는 생각이 든다. 지금 하고 있는 일의 결과를 어찌 알겠는가. 하지만 결과는 일의 시작과 함께 시작되었고, 시작한 일과 무관하지 않다(8-11). 때문에 캄캄한 방에서 떡을 반듯하게 잘 썰 수도 있지만 손을 다칠 위험이 항상 도사리고 있다는 점을 간과해서는 안 된다.

결국 내가 지혜롭다는 것이 모든 일의 성공과 복된 성취만을 보장하는 것은 아니라는 뜻이다. 지혜는 어리석은 실패가 면제되도록 해주지 못하며, 지혜가 자동적인 성공을 보장하지는 못한다. 지혜를 따라 살아가는 길에는 변화무쌍(變化無雙)한 복병들이 놓여져 있다. 역설적이지만 이걸 아는 게 지혜다.

하지만 아무 일도 하지 않으면 어떤 일도 일어나지 않는다. 실패하지 않으려면 아예 일을 시작하지 않으면 된다. 그렇다면 지혜롭다는 것은 일어날 수 있는 부정적 결과 때문에 그냥 넋 놓고 있어야 하는가? 아니다. 오늘 묵상은 철 연장이 무디어졌다면 날을 가는 게 지혜임을 일깨운다. 이처럼 지혜를 따라 행동하는 것이 성공이다.

이런 동화(우화)가 생각난다. 나무 찍기가 시작되었는데 한 사람은 곧바로 힘을 다해 나무 찍는 일을 시작하고, 다른 한 사람은 먼저 도끼날을 차분하게 간 후에 바로 그 도끼를 이용해 나무를 찍기 시작했다. 그런데 분명 전자(前者)가 먼저 시작했는데 결과는 후자(後者)가 더 빨리 나무를 찍어냈다는 얘기다(10). 여기가 지혜가 서는 자리다.

어리석음보다 지혜가 더 낫다. 전도자의 지혜 우위론은 "작은 실수가 전체를 망하게 할 수 있다."(8-11)는 점을 후렴구처럼 강조함으로써 우매의 거친 도전으로부터 지혜를 지키기 위한 세심함이 얼마나 아름다운가를 깨우친다. 지혜를 무너뜨리는 것은 작은 우매일 수 있다. 또한 지혜는 전혀 뜻밖의 복병들 앞에 힘없이 무너질 수 있다.

그러므로 지혜 역시 아차 하는 순간에 점차 무디어질 수 있음을 잊지 않아야겠다. 나의 게으름이나 우매한(그릇된, 낡은) 생각 때문에, 그래서 도끼가 무딘데도 불구하고 쉽게 생각하고 덤벼드는 오만한 습성 때문에 지혜롭게 사는 것이 힘들어지지 않도록 지혜로 가는 길을 늘 살피며 살아야겠다.

고장 난 것은 고치면 되고, 잘못 간 길은 다시 돌아오면 되고, 기술(기능)은 연습하면 된다. 하지만 지혜는 배운다고 얻어지는 것은 아니다. 조금씩 깨닫는 것은, 지혜는 그것의 주인이신 하나님께로부터 온다는 믿음이다. 세상이 주는 처세술이 아니라 하나님이 주시는 진짜 지혜가 내 안에 가득하기를 기도하는 이유가 여기에 있다.

나 자신은 물론이고 사람들을 평안하게 해 주는 지혜, 사람을 살리는 지혜, 절망이 아닌 희망과 용기와 격려를 주는 지혜, 이렇듯 하나님의 지혜의 통로로 살고 싶다. 얼마 전까지만 해도 오직 앞만 보고 달리는 것이, 잠시도 쉬지 않고 끊임없이 뭔가를 하는 것이 충성된 일꾼의 모습이라 생각했다. 그렇게 사는 것도 즐겁고 행복했다. 하지만 많이 일하는 것도 중요하지만 잘 하는 것이, 그리고 바르게 하는 것이, 무엇보다 하나님식(式)으로 하는 것이 더 중요하다는 것을 만지작거리고 있다. 휘어지지 않으면 언젠가 부러지고 만다.

아 가

1. 사랑이 나를 깨우다.

예루살렘 딸들아 내가 비록 검으나 아름다우니
게달의 장막 같을지라도 솔로몬의 휘장과도 같구나(아1.5)

◎ 상견례(1.1-7)

A 너_신랑(솔로몬) : 예수 그리스도 & 교회

B 나_신부(술람미 여인) : 성도 & 나

아가('노래들 중의 노래')는 한 여인과 한 남자의 서로에 대한 순전하고도 순수한 사랑 이야기를 시(詩)로 표현한, 제목 그대로 최상의 노래다. 먼저 연인들이 소개되는 첫 단락(1.1-7)에서 신부인 술람미 여인이 오늘 묵상에 살포시 얼굴을 내민다. 포도원지기인 그녀는 많은 여인들(처녀들, 예루살렘 딸들) 중에서 신랑(왕)의 연인으로 선택되었기 때문이다.

신랑(나)의 사랑이 신부(너)의 모든 한계를 넘게 했다. 먼저 여인은 비천한 포도원지기로서 존귀한 왕의 사랑을 입게 된다. 이것은 허물과 죄로 죽었던 진노의 자식이었으나 하나님의 은혜로 말미암아 그리스도의 십자가 사랑으로 구원을 얻은 우리를 생각나게 한다. 그분이 찾아 오시자 우리의 모든 약점이 사라지고 그분의 강점의 지배를 받게 된 것처럼 말이다.

놀라운 것은 그 사랑에 대한 여인의 반응이다. 그녀는 왕의 사랑을 받을 자격이나 조건이 없음을 진심으로 인정한다. 자신을 과장하지도 않으며, 사랑을 받게 되자 그럴 만해서 간택(선택)되었다는 식으로 과정과 과거를 호도(왜곡)하지도 않는다.

얼른 보면 외모에서 뭔가 콤플렉스를 보이는 듯함에도 말이다. 그도 그럴 게 예루살렘 딸들은 -왕의 여인이 될 수 있으리라고 생각했던 여인들이라면 삶의 자리와 형편이 어떠했으리라는 것은 쉽게 예측이 가능하다.- "햇빛에 쬐어서 거무스름할"(6a), 좀 촌스럽다고 할만도 한 술람미 여인과는 전혀 다른 세련미(도시미)를 갖췄을 것임에 틀림없기 때문이다.

하지만 "내가 비록 검으나 아름다우니"라는 말에는 아름다움이 단지 겉모습만이 아닌, 그러니까 장렬하게 내리쬐는 햇볕에도 불구하고 자기에게 주어진 일에 최선을 다한 것에 대한 당당함이 느껴진다. 그녀는 보통의 시각이 갖는 미의 기준 때문에 자기에게 주어진 포도원지기로서의 소명에 불성실하거나 이를 포기하지 않았다. 좀 검은 게 어떻단 말인가.

이 당당함과 담대함과 자신감은 연인(너, 왕, 솔로몬)에 대한 사랑의 확신에서 왔다. 세상에 통용되는 미(美)와는 거리가 있으나 솔로몬에게서 사랑을 받고 있다는 확신이 있었기에 적극적으로 자신의 아름다움을 노래하고 표현하고 있음을 볼 때 그렇다.

나는 약하고 부족하고 못났지만 너를 만난 이후부터 나는 감춰지고 너의 강점이 나의 것이 되는 것, 이것이 죄인이었으나 그리스도로 말미암아 존귀하게 된 성도의 정체가 아니고 무엇이겠는가.

사람들은 너(솔로몬)를 만나기 전에 나(술람미 여인)의 겉모습을 보고 '게달의 장막' 같이 검다고 했지만 신랑(예수 그리스도)을 만난 이후의 신부(그리스도인)를 보고서는 '솔로몬의 휘장'을 보는 듯하다고 말한다.

동시에 이것이 그리스도 안에서 새로운 존재로 변화된 모습에 대한 자기 존재감이다. 이런 거룩한 자존감이 술람미 여인을 깨어나게 한다. 어떻게든 주님과의 닮은 모습을 찾고, 구하고, 두드리는 우리네 모습을 보는 듯하지 않은가. 내가 비록 세상의 눈에는 볼품없게 보일지라도 주님의 모습이 보여지기 시작한다면 이미 그것만으로도 아름답다 칭해지기에 충분하다. 그래, 사랑은 주님을 향한 방향이다.

| 4부 |

예언서

•

•

•

이 사 야

1. 하나님의 은혜, 그 다음이 순종이다.

너희가 즐겨 순종하면 땅의 아름다운 소산을 먹을 것이요(사1.19)

◎ 영적 교차로(사1.18-20)

A 순종대로(順從大路) : 19 ⇨ 24-27

B 배반대로(背反大路) : 20 ⇨ 28-31

유다는 하나님의 해법(16-17)을 해결할 만한 형편과 수준이 못 된다. 죄(2-14)는 결과적으로 이미 그들을 15절로 묶어 놓아 버렸기 때문이다. 사실 유다 백성들이 하나님이 제시한 해법을 행하는 것으로부터 죄가 용서되거나 죄의 짐으로부터 자유하게 되는 것은 아니다. 어느 누구도 행위로부터 죄의 책임과 그것의 대가를 지불할 수는 없기 때문에 그렇다. 인간의 행위가 죄의 문제를 해결할 수 있는 것이라면 죄를 심기도 하고 죄를 없애기도 하는 주체가 자기 자신이다는 얘기가 되는 셈이다. 하지만 인간 자력에 의한 죄 문제 해결은 불가능하다.

그래서 18절의 초청이 참으로 빛난다. 여전히 구원의 손길은 하나님 편에서 제시되고 시작된다. 하나님과 유다의 화해의 핵심은 하나님이 주도권을 잡고 계신 사죄의 은총이다(18).

마침내 유다는 순종이냐, 배반이냐 라는 교차로(19 vs 20) 앞에 서 있다. 어떻게 사느냐는 자유지만 그 대가를 지불해야 하는 것은 필수다. 순종대로(順從大路, 19 ⇨ 24-27)와 배반대로(背反大路, 20 ⇨ 28-31)는 명백하게 설교 되고 있다.

이렇게 된 이상, 이제는 더 이상 핑계할 수 없다. 심는 대로 거둘 뿐이다 : "사람이 무엇으로 심든지 그대로 거두리라."(갈 6.7b). 다시금 하나님의 눈물겨운 오래 참으심이 진한 여운으로 내 마음을 적신다. 죄는 미워하시지만 죄인은 사랑하시는 하나님, 그래서 이사야를 보내사 죄로부터 해방되는 용서와 회복의 길을 유다의 심장에 세우고 계신 하나님을 만난다.

하지만 문제는 이것이다. 죄를 심었으나 해결할 능력이 전적으로 무능력한 인간을 위해 하나님이 하신 일에 대한 인간의 반응이라는 게, 다시 말하면 은혜로 받은 18절임에도 불구하고 그 이후의 결과가 19-20절이라는 두 그룹("순종하면" vs "거절하여 배반하면")으로 나누인다는 점이 문제다.

그러니까 인간 순종이 주도권을 잡고 인간 죄의 문제를 해결하는 것이 아니라는 뜻이다. 인간 순종은 그만한 능력이나 가치가 없다. 때문에 순종과 불순종은 하나님이 하신 일 그다음 순서라는 점을 주목할 필요가 있다.

만일 전후문맥을 읽거나 이해하는 것 없이 곧바로 19-20절로 가면 마치 인간 순종이 그럴듯한 결과를 낳을 수 있는 기초(근원, 원인, 근거)라고 생각해 버릴 수 있다. 하지만 순종은 하나님이 하신 일의 다음에 위치한다. 그럼에도 불구하고 하나님의 은혜에 대해 이를 "거절하여 배반하"는 게 인간일 수 있다는 것이 생각할수록 씁쓸하다.

한편 하나님의 은혜와 사랑에 대해 다시 더 놀라는 것은 이것이다. 무엇이냐 하면, 하나님의 은혜에 대해 '순종'의 손을 내밀어 은혜에 응답한 자의 인생을 하나님이 책임지시겠다 하시는 말씀 때문이다.

이것이 인간 순종이 자리하는 위치다. 이 진리를 잘못 이해하니까 하나님의 은혜에 반응하는 인간 순종을 마치 벼슬하듯 폼 잡는 것이다. 그래서 종종 선(善)으로 위장한 놀부 심보로 순종하는 척하는 버릇없는 순종을 만나곤 한다. 다 하나님을 아는 지식에서 무지하기 때문이다.

2. 유다야, 너 더는 안 되겠다.

이 백성의 마음을 둔하게 하며 그들의 귀가 막히고
그들의 눈이 감기게 하라 염려하건데 그들이 눈으로 보고 귀로 듣고
마음으로 깨닫고 다시 돌아와 고침을 받을까 하노라 하시기로(사6.10)

오늘 묵상 말씀은 그 자체로도 난해하지만 전후 문맥(구조)을 이해하지 않으면 좀처럼 실마리를 찾기가 쉽지 않다. 소위 이사야의 소명(사6.1-8) 텍스트에 -"내가 누구를 보내며 누가 우리를 위하여 갈꼬?"(사6.8a)- 이어지는 말씀인데 하나님은 범죄한 이스라엘에게 이사야가 가겠다고 응답하자 그만 그가 해야 할 일을 흐름상 전혀 다른 방향으로 다시 말씀하신다. 이것이 이사야 6장 9-10절의 위치다.

이스라엘을 향한 이사야의 소명을 보라 : "이 백성의 마음을 둔하게 하며 그들의 귀가 막히고 그들의 눈이 감기게 하라."(10a) 왜 하나님께서 이처럼 명하시는가? : "염려하건대 그들이 눈으로 보고 귀로 듣고 마음으로 깨닫고 다시 돌아와 고침을 받을까 하노라."(10b) 그럼 이 말씀은 무슨 뜻인가? 이사야가 유다에서 하나님의 사명을 맡아 하나님의 말씀을 보고 듣게 해도 하나님의 심판(1.1-4.1, 5.1-30)에 대한 선언은 결과적으로 바뀌지 않을 것이라는 의미다.

이렇듯 이사야라는 특별한 선지자가 활동하더라도 유다의

포로기 예언(11-12, 5.13,26)은 한층 강화된다. 캄캄한 죄악의 흑암 속에서 찬란한 하늘의 영광의 빛을 이사야에게 보여주시지만 그럼에도 불구하고 이사야는 이미 도도하게 흐르고 있는 심판의 물줄기를 돌릴 수는 없다. 하나님이 이사야를 통해 비록 타락한 유다이지만 그 유다와 함께하고 계심에도 말이다.

그렇다면 오늘 묵상 말씀은 하나님이 친히 유다의 죄악을 국문(鞫問)하시겠다는 강력한 의지의 표명인 셈이다. 이스라엘은 이미 죄로 만신창이가 되었고, 만일 그럴 경우에 결국 포로기를 맞게 될 것에 대해 창세기에서부터 줄기차게 예고되었었다. 그런데 미봉책으로 그냥 무릎 꿇고 비는 것으로 문제가 해결될 수 있을까. 근본적인 회개(돌이킴)를 요구하는 하나님의 결정은 확고하다. 어찌 보면 이사야 네가 해결할 문제가 아니라는 뜻도 된다는 점에서 더욱...

그러면 이것으로 파국인가. 아니다. '남은 자'(사6.13)의 희망이 그루터기로 보존된다. 유다가 이방의 포로가 되는 것으로 하나님의 이야기가 완전히 끝나는 것이 아니라는 뜻이다. 죄에 대한 심판은 분명히 시행되겠지만 그러나 하나님은 그 속에서도 아브라함(창12.1-3)과 모세(출19.5-6)와 맺은 언약을 기억하실 것이다. 참으로 소름끼치도록 놀라는 것은 하나님이 얼마나 죄를 싫어하시고 분노하시는가이다. 역으로 유다의 죄가 얼마나 무겁고 큰 것이었으면 하나님이 이처럼 행동하시겠는가.

이사야는 눈과 귀와 마음이 다 병들어 있는 유다를 홀로 품고서 선지자로 세워진다. 그가 당면한 목회 환경은 실로 바닥이다. 희망이 없다. 그럼에도 당신의 종을 파송하시는 하나님, 그럼에도 그분의 부르심에 응답하는 이사야, 그 둘 사이에 영광(사6.1-4)과 죄악(사6.5-7)은 불꽃처럼 타오른다. 이사야에게 놀라는 것은 그런 순간에도 선지자로 이스라엘 앞에 선다는 점이다. 그리고 묵묵히 소명에 응답해 간다는 점이다. 하나님이 친히 여시고(사6.1), 동시에 다시 닫으심(사6.9-10)에도 불구하고 그는 부르심의 자리를 묵묵히 지킨다. 이 자리가 내가 서야 할 자리이다.

3. 희망은 메시야를 따라 흐른다.

내 거룩한 산 모든 곳에서 해 됨도 없고 상함도 없을 것이니
이는 물이 바다를 덮음 같이 여호와를 아는 지식이
세상에 충만할 것임이니라(사11.9)

◎ 이사야 11장 1-16절

A 메시야의 오심(1-5) : "이새의 줄기에서"

B 메시야 왕국(6-9) : "그때에"

C 그 나라의 백성(10-16) : "그날에 … 모으시며"

유다의 미래는 현재의 죄악으로 말미암아 특별히 영적 시계(視界)가 제로 포인트다. 이사야의 메시지는 온통 이것으로 채워져 있다(1.1-4.1, 5.1-30, 7.17-8.22, 9.8-10.4). 그럼에도 그의 설교는 계속되고 있다는 점이 인상적이다. 심판으로 끝나는데, 희망이 없는데 말이다. 하지만 인간의 절망에도 불구하고 하나님의 희망의 여백은 아직 남아 있다. 이것은 회복(4.2-6)인데, 크게 메시야 예언(7.10-16, 9.1-7, 11.1-10)과 남은 자의 복음(1.8-9, 6.13, 10.20-23, 11.11-16)으로 이사야의 시야에 들어오기 시작한다. 이게 오늘 묵상이 들어있는 11장의 위치다.

세상은 이처럼 이중주(심판 vs 희망)의 곡예 속에서 살아가야 할 존재인지도 모른다. 이는 분명 죄의 형상들이다. 그런 형편 중에도 이사야는 메시야 예언의 희망의 불씨를 다시 살린다(9.1-7 ⇨ 9.8-10.34 ⇨ 11.1-). 심판의 메시지가 처절하면 할수록 메시야의 오심을 통한 하나님의 희망은 꺼지지 않고, 끊어지지 않고, 다시 골고다의 언덕을 향해 움이 돋는다.

오늘 묵상은 메시야의 오심(A)을 통해 시작될 메시야 왕국(B)이라는 '그때에'(6a) 될 일들을 그림을 그리듯 소개해 준다. 메시야가 오셔서 회복할 나라의 모습은 '에덴'이다(6-8). 하지만 이 나라는 물리적으로 만들어지는 나라가 아니며, 인간이 개조하여 갱신한 나라도 아니다. 그러니까 인간의 힘과 능력으로 세울 수 있는 나라가 아니라 '메시야' 그분이 성취하실 것이다. '여호와의 열심'(9.7)이 이를 이루실 것이다. 메시야는 물이 바다를 채우듯, 주님을 아는 지식이 땅에 가득하게 하심으로써 하나님이 태초에 의도하셨던 당신의 나라를 다시 회복하신다. 메시야는 오셔서 이 일을 이루실 것이다.

이사야는 내다보았지만 신약의 우리는 이미 시작된 천국을 보고 있다. 무슨 말인가? 이미 그날은 성령님으로 더불어 우리 안에 시작되었고(요16.4-15), 그 영광스러움을 초대교회 역시 이미 맛보았다(행2.42-47). 그리고 하나님을 아는 지식이 충만해지면 나 역시 이를 경험하며 살 수 있다. 메시야가 오신 것은, 그래서 나를 구원하시고, 성령님을 보내사 나와 함께 하시는 것은 이곳에서 저곳의 영광을 누리도록 하시기 위함이다. 교회의 사명이 이것 아닌가. 무엇보다 메시야 왕국의 기초는 '여호와를 아는 지식'(9b)이라는 점이 안심이다.

이 영광스러운 그림이 환상 가운데 지금 이사야의 갤러리(gallery)에 걸려있다. 이 그림은 구약 700년을 지났고, 다시 신약 2,000년이 더 지났지만 한 번도 수정되거나 보완된 적도 없다.

하나님은 이사야에 걸어 놓으셨던 이 그림을 예수 그리스도 안에서 성취하셨다. 무엇보다 이 그림을 바라 보게만 하지 않으시고, 이 그림 안에 한 알의 밀알처럼 나를 부르사, 영광스럽게도 나를 통해서도 천국이 계속해서 성장하고 부흥하는 복을 누리도록 하신다. 이사야가 본 바로 이 영광스런 나라를 함께 보게 하신 주님을 찬양한다.

4. 오늘은 '그날에' 부를 노래의 리허설이다.

주께서 심지가 견고한 자를 평강하고 평강하도록 지키시리니
이는 그가 주를 신뢰함이니이다(사26.3)

누가 이 '기쁨의 노래'(사26.1-19)를 따라 하나님을 찬양할 수 있을까 : "그날에 … 이 노래를 부르리라!"(1a) 하나님의 구원을 맛본 자이며, 그 구원의 깊이와 넓이와 풍성함을 아는 자다. 이사야는 지금 이 복음으로 온 유다와 더불어 노래하는 '그날에'의 꿈을 펼쳐 보인다. 무엇보다 하나님은 누구 편이며, 인간은 무엇으로 사는 것이 영원한 찬양을 부를 수 있는가를 명백하게 배운다. 하나님은 누구를 들어서 당신을 찬양하게 하시는가?

유다는 돌로 쌓은 성(城)이 아닌 하나님의 구원이라는 신비한 날개 아래 보호를 받는다(1). 하지만 아무나 이러한 구원의 은총을 받게 되는 것은 아니다. 하나님은 믿음을 지키는 의로운 자들을 당신의 품에 품으신다(2). 이사야는 이처럼 주님을 의지하는 자들을 가리켜 '심지가 견고한 자'(3a)라 칭하면서, 그들을 완전한 평강으로 지켜주시기를 소망한다.

놀라운 것은 주님 오시기 약 700년 전에 이사야는 벌써 종말론적인 '그날에'의 영광의 복음을 희미하게나마 보고 있었

다는 점이다. 하나님은 변화무쌍(變化無雙)한 세상, 치열한 영적 전쟁이 쉼 없이 반복되는 바로 그 역사 안에서 영광으로 가는 길을 예비하시며, 그 문으로 들어서도록 아낌없이 일하신다. 하나님은 구원의 날개로 성을 품고 계시며(1), 이렇듯 신앙의 노정을 "오직 믿음으로!" 지키는 의로운 자들을 영원한 잔치에 초대하신다(2).

한편 '그날에' 이미 예약된 영광의 잔치를 방해하는 것은 '악인' (26.5,10)들만이 아니다. 바로 '그날에' (27.1a)까지 사탄은 꿈틀거리고 있고, 하나님 역시 죄인들을 벌하시는 일을 계속하시며 역사를 이끄신다(26.21). 결코 만만한 싸움이 아니다. 영광으로 나아가는 길은 이처럼 멀고도 험하다. 그런데 주님만큼 이것을 실감 나게 보여주셨던 분이 또 있을까. 부활의 찬란한 영광의 아침이 있기까지 골고다의 처참한 저주의 저녁이 있었음을 기억해 본다.

그렇다면 지금 좀 어렵고 힘들다고 예서 멈출 순 없다. 주님 오시기 700여 년 전을 살았던 이사야도 이 비밀을 희미하게나마 보고 즐거워했다면 하물며 성령 안에서 살아가는 우리일까. 주님의 뒤를 따라 우리 역시 악인들과의 치열한 영적 전투에서 거둘 값진 승리이기에 찬양할 때의 감격이 더 클 것이다. 이렇듯 지금은 그곳에서 부를 영광의 노래를 준비할 때다.

어찌 보면 주께서 이미 다 이겨 놓은 승리다(요16.33b). 이기기 위해서 싸우는 게 아니라 이긴 싸움이고, 그 부스러기를 만나처럼 거두는 게 우리의 인생 여정이 아닌가. 나 역시 저 본향(本鄕)에서 귀국 독창회를 갖게 될 텐데 '그날에' 부를 노래를 준비하며 산다는 것이 신나는 일이다 싶다.

평지에서 순탄하게 자란 나무는 악기의 재료가 되지 못한다. 모진 비바람과 북풍한설(北風寒雪)을 다 이겨내며 끈질긴 생명의 호흡으로 다져진 나무만이 명기(名器)로 거듭난다. 나 또한 내 삶을 악보 삼아 "그날에 … 이 노래를" 부르고 싶다.

그렇다. 이처럼 '악인들'(26.5,10)과 사탄(27.1a)은 물론 죄악의 파도가 넘실거리는 삶의 현장에서 이사야는 심지가 견고한 자를 평강으로 지키시는 주님을 기대하고 소망한다. 이 어찌 이사야만의 신앙일까.

이렇듯 주를 의지하는 자를 주님은 "그날에 … 이 노래를 부르리라!"는 영광의 자리에 초대될 것을 믿음으로 고백하도록 오늘이라는 무대에 우리를 초대한다. 오늘, 이 노래를 연습하고 준비할 수 있는 특권, 포기할 수 없는 영광이다.

5. SO DO NOT FEAR!

두려워하지 말라 내가 너와 함께 함이라
놀라지 말라 나는 네 하나님이 됨이라
내가 너를 굳세게 하리라 참으로 너를 도와주리라
참으로 나의 의로운 오른손으로 너를 붙들리라(사41.10)

◎ 이스라엘의 문제 vs 하나님의 해답(41.8-16)

내가 너와 함께 함이니라!(10a)

나는 네 하나님이 됨이니라!(10b)

내가 너를 붙들리라!(10c,13a)

내가 너를 도와 주리라!(10b,13b,14a)

⇨ 두려워 말라!(10a,13,14)

변론장에 나온 열방(1), 그리고 이스라엘(8-14)은 하나의 공통점이 있다. 그것은 두려움이다. 특별히 이스라엘은 "노하던 자들 … 다투던 자들 … 싸우던 자들 … 치는 자들"(8-13) 때문에, 생존을 위한 치열한 산전수전(山戰水戰)을 겪으면서 "지렁이 같은"(14-16) 볼품 없음과 연약함이라는 낮은 자존감 때문에, "가련하고 빈핍한 자가 … 골짜기 가운데 … 마른 땅으로 … 광야"(17-20)처럼 여러모로 불리할 수밖에 없는 삶의 여건들 때문에 두려워하고 있다.

섬들(열방, 40.15 참조)은 두려운 나머지 우상을 의지함으로 피난처를 찾았지만(7) 이스라엘은 이 문제를 하나님께 가지고 나아가지도 않았다. 이게 문제다. 하나님은 이 영적 불감증이라는 흐름을 '그러나'(8a)로 역전시키고 싶어하심에도 불구하고 말이다. 이스라엘은 불신앙이라는 두려움의 불청객이 둥지를 내릴 수 없도록 두려움이 자리하려는 그곳에 하나님을, 너를 "붙들며 … 부르고 … 택하고 … 버리지 아니하"(9)시는 하나님을, 그리하여 아브라함과의 언약을 지키시는 하나님을 세웠어야 했다.

하나님은 매우 단호하게 말씀하신다 : "난 너의 두려움이 정말 싫구나." 두려움을 하나님보다 더 신뢰하고, 따르고, 의지하는 불신앙을 몹시도 싫어하신다고 말이다. 이스라엘은 왜 이처럼 두려워할까? 두려움보다 더 강한 분, 그 두려움을 완전히 제압하시는 분, 두려움으로부터 나를 해방하시는 분을 바라보지 못하는 불신앙 때문이 아닐까.

하나님을 의지(신뢰, 의존)하지 못하기 때문에 두려움이라는 거인 앞에 무릎을 꿇는 것이다. 두려움이라는 불청객의 노예가 되지 않고 그걸 이기며 사는 비결은 없을까. 과연 누가, 무엇으로, 어떻게, 이처럼 밀려오는 두려움이라는 성난 파도를 막아낼 수 있을까. 오직 '하나님' 한 분뿐이다. 그리고 그 하나님을 믿는 '믿음'이다. 세상, 돈, 권력, 지위, 젊음, 유능함, 지식, 배경, 환경, 운수, 요행, 우연, 등등 이러한 것들은 내가 만나는 근본적인 두려움을 해결해 줄 수 없다. 이런 허망한 것들을 기웃거리던 어리석은 자리에서 이제는 일어날 때도 되었다.

한 손에는 성경을, 다른 한 손에는 자기 자신을, 그리하여 시작부터 이미 실패가 예고된 허망한 싸움을 이겨보려고 발버둥 치는 우리네 꼬락서니가 하늘에 그대로 녹화되고 있는 중이다. 하나님 앞에 서야 한다. 더 이상 두려움 앞에 서지 말기로 하자. 두려움이라는 유동적이며 변하는 허상 때문에 하나님이라는 불변하는 실상을 보지 못하게 되는 어리석은 자리에 더 이상 자신을 정박해 두지 않기로 하자. 답은 생각보다 가까이에 있다.

6. 고레스 프로젝트

나는 빛도 짓고 어둠도 창조하며
나는 평안도 짓고 환난도 창조하나니 나는 여호와라
이 모든 일들을 행하는 자니라 하였노라(사45.7)

오늘 말씀 중 '이 모든 일들'이 뭘까? 이것이 고레스(CYRUS) 이야기(사44.24-45.8)를 읽어야 하는 이유다. 이사야는 앞서 바벨론의 몰락을 예언했다(13.1-14.23, 21.1-10). 이 말씀이 선포될 당시는 앗수르가 열방을 지배하던 때였는데 유다가 바벨론에 의해 멸망을 당하리라는 예언은 충격적이다(BC 586, 39장). 그리고 이 바벨론은 바사, 즉 고레스에 의해 멸망을 받게 될 것이며(BC 538), 이렇게 해서 바벨론 포로기가 막을 내리는 귀환과 함께 다시 예루살렘과 성전은 중건될 것이다(BC 515, 대하36.22; 스1.1-4, 6.15-16 참조)는 일련의 예언들이 지금 이사야를 통해서 예고되고 있다(44.28-45.8).

고레스(Cyrus)는 BC 559-30년까지 30년 정도 바사제국(페르시아)을 다스린 초대 왕이다. 그런데 지금 고레스를 다루는 본문은 그가 태어나기 약 150여 년 전에 이사야에 의해 예언되었다. 그러니까 이사야는 지금 150년 후를 내다보고 있고, 그 사람의 이름까지 정확하게 제시하고 있다. 물론 이 일은 하나님이 직접 말씀하신다 : "나 여호와는 … 이스라엘의 하나님인 줄을 알게 하리라."(45.1-3)

그럼 이방인을, 그것도 고레스가 하나님 "나를 알지 못하였"(45.4,5)음에도 불구하고 왜 그를 선택하셨을까? 고레스의 소명, 곧 하나님께서 그에게 복(福)을 주신 것은 이사야 45장 3-6절에 있는 것처럼 온 열방이 하나님을 알게 되는 그 날 때문이다. 고레스(3) ⇨ 이스라엘(4) ⇨ 열방(6)이 하나님을 아는 날이 오는 것을 말이다.

그렇지만 하나님은 단지 고레스 한 사람의 입신양명(立身揚名)을 위해서 이와 같은 은혜를 그에게 주시고, 또한 그를 통해 이스라엘과 땅끝까지 하나님을 알게 하는 축복의 통로로 쓰시는 게 아니다. 이를 성취하시는 하나님은 빛과 어두움, 평안과 환난, 이 모든 일을 행하시는 분이시다(7). 즉, 이런 축복을 고레스에게 주셨다고 해서 하나님은 우주로 여행을 떠나시고 역사에 불간섭하시는 것이 아니라는 얘기다. 7절과 같은 섭리는 창조주로서의 당연한 권리다. 이처럼 세상은 전적으로 하나님의 주권 안에 있다.

이를 고레스가 알아야 하듯 이 말씀의 동일한 독자들인 우리들 역시 마찬가지다. 하나님은 지금도 "나는 … 이 모든 일들을 행하는 자니라!"라고 말씀하신다. 이를 위해 고레스를 부르셨듯이 나를 부르신다. 이 소명으로 부름 받은 그리스도인으로, 이 소명으로 보냄 받은 제자로 살아가기 위해 다시 이 말씀 앞에 선다.

7. 외치니까 파수꾼이다!

좋은 소식을 전하며 평화를 공포하며 복된 좋은 소식을 가져오며
구원을 공포하며 시온을 향하여 이르기를 네 하나님이 통치하신다 하는 자의
산을 넘는 발이 어찌 그리 아름다운가(사52.7)

이스라엘의 바벨론(앗수르)으로부터의 귀환 나팔이 시온을 향한다(7). 이사야 선지자는 귀환의 복음(福音)을 외치는 파수꾼을

주목한다 : "어찌 그리 아름다운고!"(7b) 아마도 이것은 포로기를 살아가는 '흩어진 자들'(남은 자)에게 삶의 방향을 어디로 설정하여야 할 것인가를 결단하게 하는 희망의 메시지였음에 틀림없다. 하나님이 통치하신다는 소식과, 그것이 이루어져야 할 곳이 바로 잃어버린 시온이고, 그래서 그 땅 시온에로의 귀환의 발걸음이 아름답다는 것을 공포하는 것이야말로 저들이 들어야 하고 또 노래해야 할 좋은 소식이다.

오늘 묵상 단락(사52.7-12)에서 이스라엘은 마침내 이 복된 소식처럼 바벨론을 떠나 하나님이 통치하시는 고토(故土)로 가야 한다. 이를 위해 시온을 향한 '복된 좋은 소식'(평화, 구원)의 나팔이 울려 퍼진다 : "네 하나님이 통치하신다!"(7) 그리고 이 복음(福音)을 품고 바벨론을 떠나 시온산을 넘는 귀환 행렬의 아름다운 미래가 희망을 따라 그려진다(7b).

이사야의 가슴은 이미 이 복된 소식이 그대로 시행되고 있는 것처럼 숨 쉬고 있는 듯하다. 그는 남은 자들이 이 소식을 들어야 하고(8-9), 이를 노래하기를 기대한다(10). 뿐만 아니라 이 모든 것을 품고 出바벨론을 실행하기를 촉구한다(11). 하나님이 앞뒤를 호위하며 행하시니 뭐가 두려울 게 있으랴!(12)

이처럼 이스라엘은 예루살렘(시온)으로 다시 귀환케 하시는 하나님의 계획을 들어야만 한다. 이 소식은 파수꾼(이사야)에게 들려졌고, 다시 파수꾼들은 고토(故土)로 돌아갈 남은 자들에게 "소리를 높여 일제히 노래"해야 한다. 단지 이스라엘만이 아닌 여호와께서 시온으로 돌아오시기 때문이다(8). 이 부분이 出바벨론의 복음이 전하고자 하는 메시지의 절정이다.

이것은 마치 에스겔이 본 여호와의 영광, 즉 다시 하나님이 성전으로 임하시는 것을 생각하게 한다(겔43.2,4; 10.18 참조). 하나님이 부재중인 예루살렘은 아무런 의미가 없지 않은가. 이렇듯 포로기의 이스라엘은 단지 장소적으로 예루살렘(성전)을 떠나 있는 것만이 아니라 하나님으로부터 분리(단절)된 상태에 있다. 그런데 하나님께서 귀환하는 남은 자들과 함께 시온으로 돌아오시겠다 하신다(8b). 이것이야말로 표류하는 배처럼 희망을 잃고 침몰해가는 이스라엘이 들어야 할 복된 소식, 곧 복음(福音)이 아닌가.

"하나님이 통치하신다!"는 복음이 이사야를 통해 내게로도 왔다. 이 평화의 복된 좋은 소식은 파수꾼들이 만들어낸 소리가 아니다. 이 구원의 좋은 소식은 절망의 세대 앞으로 배달된 하나님께로부터 온 메시지다. 하나님은 이스라엘을 통치하기 위해 저들에게 다른 걸 요구하거나 어떤 조건을 내걸지 않으신다.

하나님과 이스라엘 사이에 선 파수꾼을 주목한다. 하나님은 '좋은 일'(구원, 出바벨론)을 공포하는 것을 이번엔 파수꾼을 통해 알리신다. 여기 파수꾼에게서 설교자(증인)의 모습을 생각한다. 그는 메시지를 만드는 자가 아니다. 단지 전하는 자다. 전할 메시지가 있다는 것, 그렇게 쓰임 받는다는 것, 외치는 자로 서 있으니까, 받은 것을 외치니까 파수꾼이다. 오늘 '복된 좋은 소식'의 파수꾼처럼 우리 시대에 하나님이 쓰시는 복음의 증언자이고 싶다. 나도 하늘의 소식을 외치는 증인으로 쓰이는 우리 시대의 파수꾼이기를 묵상으로 품어본다.

8. 종의 노래, 나의 노래

그는 실로 우리의 질고를 지고 우리의 슬픔을 당하였거늘
우리는 생각하기를 그는 징벌을 받아
하나님께 맞으며 고난을 당한다 하였노라(사53.4)

고난 받는 종의 생애를 백성들의 죄악의 속죄라는 대속적 고난의 관점에서 노래한 것이 네 번째 종의 노래(사52.13-53.12)의 핵심이다. 하나님이 말씀하신 바로 그 '내 종'으로 온 그를 배척한다는 예언적 신언가(神言歌)는 이사야가 대략 종의 오심 600여 년 전에 계시의 통로로써 선취(先取)하고, 종이신 그리스도가 이 땅에 오셔서 이를 성취(成就)하고, 그 이후에야 비로소 이를 알게 된 증인들('우리')은 노래에 담아 이를 증언하는 형식이다.

독특한 것은 53장은 이를 '우리' 공동체의 증언 형식에 담아 고백하고 있음이다. 여기서 "전에는 …"(52.14)에 해당되는 자로서의 '우리'(53.1-4)는 바로 이스라엘 백성이다. 정리하면,

그럼 하나님이 대속을 위해 보내신 바로 그 종을 이스라엘이 끝내 거부할 것을 말씀(예언)하고 계신다는 의미가 된다.

이 종의 노래가 주전(BC) 7세기에 이사야에 의해 기록되었다는 것은 진정 경이롭기까지 하다. 왜냐하면 네 복음서가 증언하는 그리스도의 생애가 놀라울 정도로 이사야스럽기에 그렇다.

오늘 4절은 절묘하게 이중적 대조(종의 실제:A vs 우리의 생각:B)를 이룬다. 종의 실제(A)는 "실로 우리의 질고를 지고 우리의 슬픔을 당하였"(4a)으나 역설적이게도 우리의 생각(B)은 그 반대였다 : "그는 징벌을 받아 하나님께 맞으며 고난을 당한다."(4b)

다른 하나는, -이어지는 4절 이하의 노래와 잘 이어서 들어보면- 놀랍게도 증인들은 후에야 자신들의 생각이 틀렸음을 노래한다(B). 그 틀린 생각을 따라 산 결과 저들은 "그릇 행하여 각기 제 길로 갔"(6a)다. 하지만 그럼에도 불구하고 종의 고난은 바로 그들 때문이었고(A,5), 하나님은 "우리 모두의 죄악을 그에게 담당시키"(6b)심으로써 그의 질고(슬픔, 찔림, 상함, 징계, 채찍)가 대속(代贖)적 희생이 되게 하셨다.

이렇게 해서 증인들(우리 공동체=이스라엘)은 종으로 하여금 A 하게 하신 분이 하나님이심을 놀랍고도 정확하게 깨닫는다. 그럼에도 우리의 질고 때문인데 하나님께 징벌을 당한다고 생각했으니 이 얼마나 참담한 언행이었는가. 이것이 헛 똑똑이의 실상이다. 이 그릇된 생각(B)까지를 끝까지, 묵묵히 품고 오직 종으로 자신을 드리셨기에 마침내 우리의 허상(B)이 끝난 것이다.

◎ [묵상일기]

오늘도 묵상 앞에 나아가 하나님을 구했다. 그냥 하나님을 구했다. 나를 나보다 더 잘 아시는 분이시기에 그분만을 구했다.

"하나님, 나는 다윗처럼 아무도 알아주지 않는 여덟 번째 아들입니다. 예선전에도 끼워주지 않는 괄호 밖의 인생입니다. 하나님은 하나님의 사람을 세우시는 것을 믿습니다. 하나님은 하나님의 사람을 사용하시는 것을 믿습니다. 사람이 세우고 결정하는 자리는 원하지 않습니다. 사람이 세우고 결정하는 자리는 아무런 관심도 없습니다."

이 기도와 함께 하나님만을 구하고 또 구했다.

예수님이 바로 그 종으로 오셨고, 또 그리 사셨다면 그럼 나는 어찌해야 할까. 아, 나의 인생후반전은 어떤 노래로 그분 앞에 설까. 나는 지금 어떤 노래를 연주하는 인생일까. 과연 나의 목양가(牧羊歌)는 주님께서 들으실 만한 노래일까.

주님 앞에 나를 드리며, 내가 드릴 나의 노래를 이사야 묵상에 담아 다시 되새김질해 본다.

9. 죄의 바이러스가 보이는가?

여호와의 손이 짧아 구원하지 못하심도 아니요
귀가 둔하여 듣지 못하심도 아니라(사59.1)

◎ 이사야 · 이스라엘 · 하나님(사59.1-21)

① 이스라엘의 무능력(1-8) 진단

A 기도의 동맥경화(1-2) : 너희의 막힌 기도

B 원인대조표(3-8) : 너희의 도덕적 붕괴

② 이사야의 중보기도(9-15a) : 우리의 책임

③ 하나님의 구원(15b-21) : 처방

이사야의 설교는 허공을 치는 메아리가 아니다. 왜냐하면 무엇이 하나님으로 하여금 이스라엘을 위해 아무것도 할 수 없는 무능한 분으로 -"구원하지 못함, 듣지 못하심, 듣지 않으시게 함"- 오해될 처지에 놓이게 하는가를 통찰해 내고 있음에서 그렇다(1-2). 선지자가 지금 정확하게 보고 있는 너희와 하나님 사이의 단절은 다름 아닌 '오직 너희 죄악' 때문이다(2a).

이유가 하나님 편에 있는 게 아니라 "너희 죄가 그의 얼굴을 가리어서 너희에게서 듣지 않으시게 함이"(2b)다는 메시지는 참으로 적절하고도 정확한 지적이다. 그렇다. 죄악이 이스라엘과 하나님 사이를 갈라놓았고, 이 기도의 동맥경화가 이스라엘의 기도가 응답되는 것을 가로막고 있는 것이다. 죄는 이처럼 하나님과의 단절이라는 처참한 결과를 가져왔다.

한편 하나님이 들으시고 구원해 주시는 은혜와 기도의 응답이라는 보이지 않는 영적 시계가 바르게 소통되고 있지 않음에 대한 바르고 적절한 통찰은 아무나 할 수 있는 영역이 아니다. 영적으로 깨어있지 않으면, 하나님에 대한 영적 민감함을 유지하고 있지 않으면, 하나님의 마음으로 맡은 소명을 읽어낼 수 없다면 이러한 문제의 원인을 찾아내는 것은 거의 불가능하다. 이것이 이사야의 깊이 앞에 머리를 숙이는 이유 중 하나다.

이스라엘과 하나님 사이에 서 있는 선지자를 생각한다. 그는 이스라엘의 죄를 보며 탄식한다. 나는 이사야는 아니지만 이사야처럼 설교할 수는 있을까. 나는 내가 발을 내리고 사는 땅의 문제를 이처럼 통찰할 수 있는 영성을 소유하고 있는가 (①A). 사람들이 내가 하는 메시지를 받느냐 그렇지 않느냐는 뒤로 하고, 과연 나는 우리 시대를 이사야처럼 하나님 앞에서 읽어낼 수 있는 통찰력이 있는가. 이사야가 그러했듯이 나의 메시지는 사람들을 변화시키는 능력이 있는가. 사람들만이 아닌 하나님께서도 내 메시지를 긍정하시고, 그 메시지가 땅에 떨어지지 않도록 열매로 이어가게 해 주실까.

죄의 동맥경화로 하나님과 막혀있는 이스라엘을 향해 "이스라엘아, 죄의 바이러스가 보이는가?"를 외치는 선지자의 심장

소리가 들리는 듯하다. 문제는 이스라엘('나')이다. 언제 죄의 혈관이 터질지 모른다. 아직 코에 숨이 남아 있는 시간만큼이 하나님께로 돌아갈 수 있는 아직 남은 은혜다. 바로 지금, 생각보다 절박하다.

10. 소명자는 잠들지 않는다.

일어나라 빛을 발하라 이는 네 빛이 이르렀고
여호와의 영광이 네 위에 임하였음이니라(사60.1)

◎ 이사야 신학 : 메시야(Messiah) / 유다왕(1.1)

[1] 1-39장 : 심판

● 1-6장

○ 웃시야(6.1; 대하26.1-23_52년) : 善

○ 요담(7.1; 대하27.1_16년) : 善

※ 이사야 소명(6.1-13)

● 7-14장

○ 아하스(14.28; 대하28.1-27_16년) : 惡

○ 메시야 탄생(7.14, 8.8, 9.6-7) : 임마누엘

○ 메시야 사역(11.1-16) : 싹

● 15–39장

○ 히스기야(36.1, 39.8; 대하29.1- _29년) : 善

※ 바벨론 포로(유다 멸망 예언) ⇨ 39.6

[2] 40–66장 : 구원 & 회복(出바벨론)

※ 메시야 사역(42.1-9, 48.5-6, 50.4-9, 52.13-53.12) : 종

※ 메시야 심판주(63.1-6, 66.15-19)

이사야가 있어도 유다는 하나님의 심판의 메시지를 들어야 할 처지에 있다. 어찌 보면 이것이 사역자의 고민이자 고통이다. 예루살렘에서부터 시작된 하나님의 질타는 이방으로까지 확장된다(1-12장 ⇨ 13-27장). 그리고 바벨론 포로생활(BC 586-)의 예고 앞에 서게 된다 : "보라 날이 이르리니 네 집에 있는 모든 소유와 네 조상들이 오늘까지 쌓아 둔 것이 모두 바벨론으로 옮긴 바 되고 남을 것이 없으리라 여호와의 말이니라."(사39.6)

그럼에도 불구하고 하나님의 구원(소망)의 빛이 임한다(40-66장). 창조 ⇨ 타락 ⇨ 구속의 섭리의 역사가 총체적인 타락에 직면한 유다와 온 인류를 향해 펼쳐지는 것은 순리인지도 모른다.

죄의 혼합물로 가득한 이사야의 현장에 메시야의 오심에 대한 소망의 메시지가 울려 퍼지고 있는 절정에서 더 그렇다(사7.14, 9.6-7, 11.1-10, 53.1-12, 61.1-3). 유다는 죄를 심어 심판을 거두지만 하나님은 메시야의 언약(예언)을 심어 구원을 약속하신다.

오늘 묵상에서 유다에 하나님의 빛(영광)이 임하였다는 것은 다시 하나님이 시작하신 이스라엘의 구원을 뜻한다(사60.1). 이스라엘은 빛이 아니라 자신에게 이른 여호와의 빛을 받는 자요, 그 빛을 발해야 하는 자들이다. 지금 하나님은 이스라엘을 이처럼 영광스럽게 하실 것을 말씀하신다. 희망은 이렇게 하나님으로부터 빛으로 임한다.

한편 놀라운 것은 예루살렘은 빛과 하나님의 영광이, 반대로 이방은 어둠과 캄캄함으로 덮였다(사60.2). 그런데 이방이 이스라엘을 통해 동일한 빛(광명) 앞으로 나아오게 될 것이라 하신다(사60.3). 이스라엘의 사명, 참으로 놀라운 하나님의 영광이 아닐 수 없다.

때문에 하나님은 이사야를 통해 이스라엘에게 위대한 소명이자 사명을 선언하신다 : "일어나라 빛을 발하라! … 여호와의 영광이 네 위에 임하였음이니라!" 주여, 나 또한 당신의 영광이 임한 보냄 받은 소명자의 자리를 향해 일어나게 하옵소서!

11. 시온의 영광의 새날, 나에게서 너에게로!

나라들은 네 빛으로,
왕들은 비치는 네 광명으로 나아오리라(사60.3)

⇨ 만민(나라들; 3) : 빛으로 나아오리라!

⇨ 너(시온; 1-2) : 빛을 발하라!

나(여호와; 7) : 영광(빛)

포로의 바닥에서 너(시온; 사49.14-21 참조)의 영광이라는 하늘을 본다. 선지자 이사야는 시온(이스라엘)이 얻게 될 出바벨론이라는 하나님의 구원을 이처럼 내다보고, 이를 통해 그분이 이루실 영광의 빛(통치)을 노래한다. 아무 희망이 없던 포로기라는 암흑의 때에 복된 영광을 읽어내는 것, 이것이 하나님의 사람이 감당해야 할 마땅한 영적인 통찰이다. 영원히 누릴 동일한 영광의 복이 이 말씀을 읽고 묵상하는 중에 내게로도 왔으면 하는 바램이다.

하나님의 빛(영광)이 임하였다는 것은 다시 시작될 이스라엘의 구원을 뜻한다(1). 이스라엘은 빛이 아니라 자신에게 이른 여호와의 빛을 받는 자요, 그래서 그 빛을 발해야 하는 자들이다. 지금 하나님은 이스라엘을 이처럼 영광스럽게 하실 것을 말씀하신다. 이것이 여호와의 영광이 임하였다는 선언의 용량이다.

한편 예루살렘은 빛과 여호와의 영광으로(1), 이방은 어둠과 캄캄함으로였다(2a). 그런데 이 이방이 이스라엘을 통해 동일한 빛(광명) 앞으로 나아오게 될 것이라 하신다(2b-3). 이스라엘의 사명, 참으로 놀라운 하나님의 영광이다. 시온을 통해 이방에까지 하나님의 영광이 확장될 것이라는 메시지는 미래에 임할 영광스러운 사도행전적 복음에 대한 이사야의 희미한 통찰처럼 들린다.

◎ 오직 성령이 너희에게 임하시면 너희가 권능을 받고 예루살렘과 온 유대와 사마리아와 땅 끝까지 이르러 내 증인이 되리라 하시니라(행1.8)

이스라엘은 영광을 만들 자격이나 수준이 못 된다는 -여전히 포로가 아닌가?- 점을 잊지 말자. 중요한 것은 그럼에도 하나님은 저희를 영광스럽게 하시겠다 하신다. 뿐만 아니라 그 시온(예루살렘)을 통해 온 세상 열방이 저들이 발한 빛으로 나아오게 될 것이다. 이스라엘을 등대와 같이 사용하실 것이라는 뜻이다.

이스라엘이 하나님의 영광의 빛을 발하여 이방 나라들까지 그 빛으로 나아오게 하는 것이나, 성령이 임하심으로 땅 끝까지 복음의 증인으로 쓰이는 것이 이처럼 놀라우리만큼 중첩(OL)되고 있음이 경이롭기만 하다. 이것이 이사야에게는 유다의 소명이었듯, 사도행전에서는 증인의 소명이다.

내가 어느 자리에서, 누구 때문에, 어떤 복을 얻고 살아가는가를 한시도 잊지 말아야 할 이유를 다시금 되새겨 본다. 나를 통로요 도구로 삼으시는 주님! 나를 통해 또 다른 사람이 이 영광을 유통하는 소명자로 세워지기까지, 내가 살아야 할 삶을 붙들고 빛 앞에 선다.

12. 메시야는 늘 앞서 일하신다.

무릇 나 여호와는 정의를 사랑하며 불의의 강탈을 미워하여 성실히 그들에게 갚아 주고 그들과 영원한 언약을 맺을 것이라(사61.8)

◎ 메시야 텍스트

① 메시야의 소명(1-3)

② 메시야의 소명 성취(4-9)

③ 메시야의 기쁨(10-11)

예수님께서 "회당에 들어가사 성경을 읽으려고 서시매 선지자 이사야의 글을 드리거늘"(눅4.16b-17a) 이를 받으사 이사야 61.1-2절을 읽으셨다. 공생애를 시작하는 예수님께서 이를 읽으시면서 당신이 이를 성취하셨다고 선언하신다(눅4.21) : "이 글이 오늘 너희 귀에 응하였느니라."(눅4.16-20 ⇨ 21 참조) 이로 보건대 이사야 61장은 메시야의 사역을 예언(예고)하는 텍스트다. 그럼 이 노래를 부르는 종은 메시야, 곧 예수님이시다.

결국 이사야 61장을 메시야 텍스트에 담아보는 것은 자연스럽다. 예수님은 메시야의 소명(1-3)을 성취하실 것이며(4-9), 이것이 그분의 기쁨(10-11)이 될 것이다.

한편 오늘 묵상은 메시야가 자신의 소명을 열방(이방)과 이스라엘에게 성취할 것이라는 단락에 들어있다. 무엇보다 하나님께서는 메시야를 통해 당신의 백성과 '영원한 언약'을 맺을 것이다(9).

여호와께로부터 소명을 받은 바로 그 '나'에게 여호와의 신이 임함으로써 새로운 역사가 시작된다(1). 여기 '임하였으니'의 의미는 단회적이 아니라 "임하여 있다"는 계속적인 상태를 가리킨다.

마침내 하나님은 당신의 뜻이 이루어지는 것을 위해 지속적으로 일하실 것이다. 이스라엘이 포로기를 끝내고 다시 예루살렘으로 돌아오는 일을 위해 아무런 공로가 없는 때에 이 메시지가 선포되고 있다는 점이 좀 특별하다.

시온의 회복을 위해 삼위 하나님이 일하신다. 아버지 하나님(주 여호와)은 성자 예수님(종인 나, 메시야)에게 성령님(여호와의 신)을 임하게 하심으로써 가난한 자들에게 복음을 전하신다.

놀라운 것은 하나님과 이스라엘의 관계가 이렇게 해서 '영원한 언약'(8; 24.5, 55.3)으로 들어간다는 점이다. 이 언약은 불의(不義)를 미워하시고 공의(公義)를 사랑하시는 하나님에 의해 맺어진다. 그렇다면 이제 이스라엘이 걸어가야 할 길은 하나님이 사랑하시는 공의로운 길이다. 이것만이 이스라엘과 하나님 사이가 영원한 언약 관계에 있음을 드러내 준다.

하나님은 메시야의 소명을 그리스도를 통해 성취하실 것이고, 이 일은 정의(공의)에 기초할 것이며, 이 언약이 성취된 자들과 영원한 언약을 맺을 것이다. 메시야이신 독생자 예수 그리스도를 통해 성취할 이 일에 대한 하나님의 열심은 영원하다. 하나님이 작정하신 것이기에 그렇다.

이렇게 해서 이 은혜가 우리에게로까지 온 것이다. 나의 남은 인생시간표 안에도 이 영원한 언약의 복이 가득 차기까지 나보다 앞서 하나님이 일하시니 신나는 일 아닌가.

예 레 미 야

1. 신비어천가(神飛御天歌)

옛적에 여호와께서 나에게 나타나사 내가 영원한 사랑으로
너를 사랑하기에 인자함으로 너를 이끌었다 하였노라(렘31.3)

◎ 회고(2-3)

- 칼(애굽)_벗어난 백성이
- 광야(40년)_은혜를 입었나니
- 안식(가나안)_얻게 하러 갈 때에
- 말씀(여호와)_옛적에 이스라엘에게 나타나 이르기를

예레미야가 유다 요시야 13년에 소명을 받아 선지자로 등장할 때(BC 627, 렘1.1-3 참조)는 이미 북왕국 이스라엘은 멸망(BC 712)한 이후다. 그리고 예레미야의 마지막 부분에서 유다마저 바벨론의 포로로 멸망한다(렘39.1-10, 52.1-). 이런 시대의 격동기에 하나님의 선지자 예레미야는 하나님의 마음과 생각과 뜻을 이 땅에 전달하는 계시의 통로였다.

이러한 때에 지난날들을 추억한다는 것은 무슨 의미일까? 과거를 회상한다는 것은 두 가지 이유일 수 있다. 하나는 지

금의 영광이 과거와 연동이 되는 경우다. 다른 하나는 오늘의 절망이 과거와 오버랩(OL) 되는 경우다. 본문은 후자다. 이빨 빠진 사자처럼 국운이 다 해 가는 풍전등화(風前燈火)와 같은 유다의 오늘 앞에 지나간 어제의 화려한 영광을 추억하고 있다. 누가 그런가? 하나님이 선지자의 입을 통해서...

그렇다면 하나님은 지금 이스라엘(유다)이 지난날의 영광이 다시 부흥하는 날을 꿈꾸고 계심이 아닌가. 이것이 이 말씀 안에 들어있는 뜨겁고 강렬한 하나님의 심장소리, 곧 하나님의 유다를 향한 사랑의 음성이다. 동시에 지금 뿌리까지 흔들리는 유다에 대한 하나님의 눈물이고, 이스라엘을 향한 부성(父性)에 찬 권면이고 사랑의 고백이다.

좀 더 들어가 보자. 지금의 일그러진 유다의 몰골마저도 품고 계시는, 그렇기에 오늘의 못남이 하나님의 진노이거나 싫어버린 바 된 것으로 끝날 수 없다는 하나님 자신을 보여주심이다. 해서, 절망의 오늘을 그대로 방치하거나 끝장내지 않으시고 어제의 영광의 땅에 죄 범벅된 오늘을 묻어버리시겠다 하신다. 그리고 다시 저 오늘 너머에 있는 내일의 사랑(인자)의 여백에 고장 난 유다를 "내가 영원한 사랑으로 너를 사랑하기에 인자함으로 너를 이끌었다"로 채우고 싶다 하신다. 아, 하나님의 지고(至高)한 사랑이여!

나의 오늘이 죄록(罪錄)일지라도 하나님의 오늘은 여전히 예나 지금이나, 아니 내일까지도 변함없고 영원한 애록(愛錄)으로 만들겠다고 말씀한다. 이것이 유다는 물론 나의 희망이다. 죄 가운데 있어도 그것마저도 "영원한 사랑으로 너를 사랑하기"에 올 미래마저도 "인자함으로 너를 이끌었다"로 되게 하실 것이기에... 이 분이 내가 영원토록 섬기고 사랑해야 할 하나님이시다. 이 사랑이 오늘도 예레미야를 통해 나를 찾아왔다.

2. 예레미야처럼 기도하기

슬프도소이다 주 여호와여 주께서 큰 능력과 펴신 팔로
천지를 지으셨사오니 주에게는 할 수 없는 일이 없으시니이다(렘32.17)

◎ 예레미야 이야기(렘32.1-44)

- 투옥(1-5) : 시드기야 10년(느부갓네살 18년)
- 설교(6-15) : 밭을 사라.
- 그 이유(16-44)
  - ⇨ 예레미야의 질문(16-25) : 기도
  - ⇨ 하나님의 대답(26-44) : 응답

예레미야 32장 앞부분은 유다가 바벨론에게 멸망을 당하게 될 것을 예고한 것 때문에 유다의 마지막 왕 시드기야에 의해 투옥(1-5)된 예레미야가 자신에게 임한 하나님의 말씀을 선포(6-15)하는 이야기다. 실제로 유다가 바벨론에 포로가 되어 나라의 문을 닫으려는 -렘38장에서 바벨론에 의해 예루살렘이 함락되고 시드기야는 눈이 뽑힌 후 바벨론으로 끌려가 여생을 마친다.- 형편 중임에도 "밭을 사라"(7,8)는, 쉽게 이해하기 어려운 하나님의 메시지가 예레미야에게 임한다.

지금 선지자는 시드기야 왕의 시위대 뜰에 갇혀있고, 나라는 곧 멸망이 임박해 있고, 하나님은 자신이 이해하기 어려운 말씀을 실행(시연)하라 하시고, 유다와 자신을 둘러싼 정국은 한 치 앞을 예측할 수 없는 소용돌이 속에 선지자가 하고 있는 일은 무엇인가? 이것은 우리에게 역시 위기와 고난의 때를 준비하는 중요한 교훈이 된다.

첫째로, 그는 하나님께 기도한다. 그는 현 시국에 대한 하나님의 계시의 통로로 쓰임 받고 있다. 하지만 그럼에도 만신창이가 된 유다를 위해 할 수 있는 일이 하나님께 무릎 꿇는 것임을 잊지 않는다. 다른 길은 없고, 오직 구국(救國)의 길은 기도에 있음을 선지자에게서 배운다.

둘째로, 그는 하나님의 전능하심에 유다의 앞날을 호소한다. 이렇듯 "주에게는 할 수 없는 일이 없으시"(17b)다는 하나님을 아는 지식은 역사의 주관자가 하나님이심을 믿는 믿음에서 나온 고백이다. 아무리 바벨론이 당시 역사의 패권을 쥐고 있는 것처럼 보여도, 그래서 바벨론에 의해 유다 역시 포로가 되는 초읽기에 들어갔다 해도, 오직 인류의 생사화복(生死禍福)의 키(key)는 하나님께 있음에 대해 전혀 흔들리지 않는다. 창조주 하나님은 지금 이 순간에도 역사하시는 분이심을 알고 믿고 확신하기에 그렇다.

셋째로, 비록 유다의 현재와 미래에 대해 시드기야는 물론 제사장이나 다른 어떤 사람에게가 아닌 선지자 자신에게 하나님이 말씀하고 계심에도 불구하고 그는 "슬프도소이다!"를 토해낼 만큼 민족의 위기 앞에 심장이 끊어지는 아픔을 느끼고 있다. 성경은 민족주의를 뛰어넘는다. 하지만 동일한 성경은 자신이 속한 민족을 위해 통곡하는 사람을 결코 정죄하지 않는다. 또한 동시에 하나님은 그 사람의 기도를 외면치 않으신다.

3. 시위대 뜰에 갇혀 있어도 좋다.

일을 행하시는 여호와, 그것을 만들며 성취하시는 여호와,
그의 이름을 여호와라 하는 이가 이와 같이 이르시도다(렘33.2)

오늘 묵상 예레미야 33장 말씀이 예레미야에게 임한 때는 "예레미야가 아직 시위대 뜰에 갇혀 있을 때"(1a)다. 이때가 "여

호와의 말씀이 그에게 두 번째로 임하"(1b)는 순간이다. 하나님이 찾아 오신다는 것은 예사로운 일상이 결코 아니다. 이것은 아무나 경험할 수 없는 매우 특별하신 하나님의 은혜요, 신적 사건이다.

하지만 여호와께서 말씀으로 임하신 영광의 때임에도 불구하고 예레미야는 여전히 시위대 뜰에 갇혀 있다. 그의 형편과 상황은 32장 2절과 무엇 하나 달라지지 않았다는 뜻이다. 하나님이 찾아 오셔도 시위대 뜰에 갇혀 있음이 해결되지 않는다는 점, 이를 어떻게 이해해야 할까? 이것은 하나님이 함께 하신다 하더라도 문제가 해결되지 않는다는 것을 말하려는 게 아니다. 하나님이 계시의 말씀으로 임하시고, 예레미야가 말씀의 채널로 쓰임 받고 있음에도 불구하고 인생의 문제가 해결되지 않을 수도 있음을 얘기하고 있는 것이다.

신약의 스데반을 생각해 보라. 결과적으로 볼 때 성령충만하고, 설교 잘한 것 때문에 그는 돌에 맞아 죽는다. 이렇듯 인간의 삶이 엉킨 실타래처럼 뒤죽박죽되어 있는 것이 하나님을 사랑한다는 것 때문에 자동적으로 해결되는 것은 아니다. 이것이 기독교가 다른 종교와 다른 독특성이다.

기독교는 인간의 노력과 땀과 공로와 선행과 착한 행실이 기계적(자동적)으로 좋은 결과를 낳는 원인이 된다는 것만을 가르치지 않는다. 오히려 앞에 예시한 것들을 누구보다 잘 행하고 살아간다고 하더라도 그에게 처해지는 인생시간표는 아브라함으로 따지면 이신칭의의 은혜 안에 있어도 무자(無子)한 시간의 연속이었고, 요셉으로 말하면 감옥이고, 욥처럼 살아도 극한의 고난이고, 예레미야처럼 계시의 통로로 쓰임 받아도 시위대 뜰에 갇혀 있을 뿐이다.

그럼에도 불구하고 예레미야에게 놀라는 것은 이처럼 취급되고 있다 할지라도 눈썹 하나 끄떡하지 않고 "나는 하나님이 세우신 선지자다."라는 영적 권위로 당당하게 선지자로서 정(正) 위치해 있다는 점이다. 이것보다 더 하나님이 함께 하시는 증거가 또 있을까 싶다.

하나님은 '아직' 여전히 시위대 뜰에 갇혀 있는 예레미야에게 다시 나타나신다. 우리가 쉽게 생각하는 '당근'을 들고 위로하시기 위해서도, 갇혀 있음의 사슬을 풀어주시겠다는 약속을 가지고서도, "이제야 너의 진실과 진정성을 알았도다!"는 상장을 들고 오신 게 아니었다. 앞에서 이미 예고하셨던 유다와 이스라엘의 회복을 언약하는 바로 그 "일을 행하시는 … 그것을 만들어 성취하시는 … 그의 이름을 여호와라 하는 이"로서 예레미야를 찾아오신다.

심장이 멈춰버릴 것 같은 충격이다. 하나님은 그만큼 예레미야를 믿고 신뢰해 주시는 것이고, 예레미야는 어떤 형편과 처지 속에서도 영적 평정심을 잃지 않고 있음이 조금이나마 느껴져서 그렇다. 이렇듯 하나님과 예레미야의 당당함과 무한 신뢰가 시위대 뜰을 통과하고 있는 순간이다.

바로 그분이 유다와 이스라엘의 회복을 다시 약속하시면서 이어지는 기도를 명하신다. 이것이 하나님이 찾으시는 기도다. 기도란 단지 원하고 바라는 것을 얻어내는 수단쯤으로 이해하는 자들이 결코 범접할 수 없는 것임을 다시금 깨닫는 순간이다. 결국 예레미야의 희망은 그의 형편과 처지가 아니라 그런 상황에 있어도 그를 찾아오신 하나님이다.

4. 기도는 하나님의 명령이다.

너는 내게 부르짖으라 내가 네게 응답하겠고
네가 알지 못하는 크고 은밀한 일을 네게 보이리라(렘33.3)

◎ 시위대 뜰에 찾아오신 하나님

A "예레미야는 … 시위대 뜰에 갇혔으니"(렘32.2b)

B "여호와의 말씀이 내게 임하였느니라"(렘32.6)

A′ "예레미야가 아직 시위대 뜰에 갇혀 있을 때에"(렘33.1a)

B′ "여호와의 말씀이 그에게 두 번째로 임하니라"(렘33.1b)

예레미야는 여전히 시위대 뜰에 갇혀 있고, 그 상태에서 하나님이 말씀의 통로로 계속해서 사용하고 계시는 때에, 하나님은 그에게 한 가지 제안을 한다. 이게 오늘 묵상이다. 흥미롭게 관찰해야 할 핵심은 예레미야 쪽에서 시도한 것이 아닌 하나님으로부터 온 명령이라는 점에 있다. 그러니까 예레미야가 지금 힘들고 지치니까 "아, 그래! 기도해야겠구나!"라고 생각해 낸 해법이 아니라는 점이다.

그럼 무엇인가? 하나님이 예레미야에게 명하신 명령인데 그게 바로 '기도'다. 즉, 기도는 인간의 선택(해법)이 아니라 하나님의 명령이다.

하나님은 예레미야를 자유의 몸으로 만들어 주겠다거나, 네가 원하는 게 무엇이냐고 확인하시거나 하는 보너스를 가지고 그에게 임하신 게 아니다. 어쩌면 이런 것에 대해서는 별 관심이 없으신 듯하다.

그렇다면 기도는 단지 구하는 것이 다가 아닌 그 이상의 뭔가가 들어있는 것이라 할 수 있다. 따라서 기도는 "네가 알지 못하는 크고 은밀한 일"과 연결되고, 하나님이 이를 보이실 것이라는 말씀과 불가불 연결되어 있다.

사실 기도 보다 더 급한 것은 없다. 사람은 어떠한 일을 만날 때 무엇보다 먼저 기도를 생각하지 못한다. 그래서 그 문제(상황, 사건, 형편)에 매이거나, 그렇지 않으면 사소한 것에 목숨 걸고 살아간다. 바쁘고, 분주하고, 열심히 뛰어다니는 것 같은데 아무것도 얻을 수 없고, 점점 꼬이고 복잡해진다.

따라서 기도 보다 더 우선한 그 무엇이 있다고 믿는 사람은 그것만큼 실패하고 있는 것이다. 기도를 뒤로하고 행동하는 것만큼 그는 기도가 갖는 은총과 멀리 있는 사람이기 때문이다. 왜 그런가? 기도하지 않는 것은 하나님의 도움 없이도 무엇인가를 할 수 있다고 생각하는 것이기에 그렇다.

다른 말로 하면, 이는 내가 할 수 있고, 내가 해야 한다는 자기중심적이라는 말이다. 그렇다면 그것은 불신앙이다. 결국 기도하지 않는다는 것은 하나님 없이 살겠다는 것으로써 이는 그 어떠한 것보다도 큰 교만이자, 죄다.

기도하라! 이는 주님의 명령이다. 기도는 선택이 아니라 필수다. 기도하는 것만큼 주님의 풍성하신 은총 안에서 살아가게 된다. 기도 속에 길이 있다. 문제가 문제가 아니라 기도하지 못하는 불신앙이 문제다. 그런데 이 통찰은 기도하지 못하면 결코 깨닫지 못한다. 기도에 길이 있다는 걸 말이다.

기도는 인간이 고안해 낸, 예레미야가 시작한 하나님의 문을 여는 열쇠가 아니다. 기도는 하나님이 친히 명하신 하나님의 일이며, 그분이 펼치시는 섭리의 세계로 초대되는 문이다. 주님은 그 문을 당신께 부르짖는 기도로 열어 보일 것을 말씀한다. 부르짖는 것이 만능열쇠가 아닌 이유가 여기에 있다.

예 레 미 야 애 가

1. 예루살렘 환상곡

여호와여 우리를 주께로 돌이키소서 그리하시면
우리가 주께로 돌아가겠사오니 우리의 날들을
다시 새롭게 하사 옛적 같게 하옵소서(애5.21)

◎ 예레미야애가 5장

A 기억하소서!(1-18)

X 사죄의 고백(6-7,16)

B 회복하소서!(19-22)

열방을 섬기는(섬겨야 할) 예루살렘이 바벨론을 섬기는 자로 몰락했다. 하나님의 진노 앞에 서서 예루살렘의 멸망을 놓고 고뇌하는 예레미야가 보인다. 하지만 이 절망에 찬 애가(哀歌)에는 회복의 날을 소망하는 선지자의 간절한 희망이 기도의 눈물이 되어 함께 흐르고 있다. 무엇보다 이 절망에의 끝에서도 하나님을 바라보고 있음이 놀랍다(1.1-2 ⇨ 5.19-22).

이제 희망이 있다면 그것은 오직 하나님께 매달리는 것뿐이다. 멸망하여 포로의 자리로 추락한 하나님의 기업인 이스라엘

(아비 없는 외로운 자식, 2,3)의 처량한 처지를 기억해 주시기를 -이렇게 된 것은 죄(罪) 때문이다(6-7,16).- 기도한 후 곧바로 하나님으로부터 오는 회복을 간구한다(1-18 ⇨ 19-22).

다시금 "우리가 주께로 돌아가겠사오니"(21a)라는 회개의 멜로디가 기도의 향이 되어 하나님께 드려진다(3.40-41). 이것이 절망의 애가(哀歌) 안에 들어있는 소망의 애가(愛歌)다. 예루살렘은 '이미'(already) 절망이지만 하나님은 변함없이 '아직'(not yet) 희망이다 : "여호와여 주는 영원히 계시오며"(19a, 3.31-33 참조) 그렇다. 포로(멸망)라는 참담한 비극에서 하나님의 영원한 실존(통치)을 잊지 않고 있음, 이것이 '회복'의 노래가 시작되는 지점이다.

한편 역설적이게도 바로 그 '우리'(1-18)는 "오히려 소망이 있"다(3.21). 그것은 "여호와의 자비와 긍휼이 무궁하시므로 우리가 진멸되지 아니함"(3.22)이라는 신뢰 때문이다. 이것이 애가(哀歌)의 바닥을 치고 회복(희망)을 향해 비상할 수 있는 이유다. 바로 이 비밀을 아는 자가 예레미야애가 한복판에 무릎 꿇고 엎드려 회복의 기도를 드리는 기도자 예레미야다. 포로기(바벨론)의 밤이 깊어갈수록 회복기(예루살렘)의 아침은 밝아오고 있다.

정리하면, '슬프다'(1.1-2)는 절망적 탄식으로 시작한 애가(哀歌)는 하나님께로 돌아가는 희망의 노래(기도)로 끝나고 있다(5.19-22). 예레미야애가는 죄(罪)가 가져다준 인간의 애가(哀歌)를 외치고 선포하지만, 그럼에도 불구하고 사랑으로 이 문제를 해결하시려는 하나님의 애가(愛歌)를 포로의 땅과 백성들 안에 심는 일을 결코 포기하지 않는다.

그러므로 모든 것이 다 끝났다고 생각되는 바로 그 자리에서 예레미야애가를 부를 수 있는 자는 복되다. 그는 죄로 물든 땅 갈보리, 바로 그곳에 세워진 십자가를 보는 자이기 때문이다.

하나님은 전혀 이질적인 이 두 이야기를 당신 안에서 하나로 만드신다. 내가 만든 애가(哀歌)를 끝내고 하나님이 주신 애가(愛歌)로 이를 씻어내는 일, 날마다 예레미야애가를 연주하며 살아가는 내게 주어진 소명이다. 그래야만 이 둘의 하모니를 아는 자로, 느끼는 자로, 듣는 자로, 무엇보다 그 속에 들어있는 하나님 아버지를 보고 아는 자로 다시 새롭게 설 수 있지 않을까.

자꾸만 깊어가는 나의 애가(哀歌)에도 불구하고 슬쩍슬쩍 끼워 넣어주시는 하나님의 애가(愛歌)를 보며 예레미야애가를 통해 하나님 아버지를 만난다.

1. 잃어버린 목자를 찾습니다.

목자가 없으므로 그것들이 흩어지고 흩어져서
모든 들짐승의 밥이 되었도다(겔34.5)

◎ 거짓 목자(1-10) : "화 있을진저"

- "자기만 먹…되 양 떼는 먹이지 아니하는도다."(2b-3)
- "잃어버린 … 흩어졌으되 찾고 찾는 자가 없었도다."(4,6)
- "내 목자들이 내 양을 찾지 아니하고 자기만 먹이고"(8)
- "내가 목자들을 대적하여"(10a)

오늘 묵상 단락(1-10)에서 하나님은 양(羊)을 가리켜 '내 양'(6,8,10)이라 말씀하신다. 물론 이스라엘 목자들, 즉 왕을 포함한 백성의 지도자들 역시 '내 목자'(8)라 하신다. 그런 의미에서 하나님은 이스라엘이라는 목장의 목장주이시다. 그렇다면 목자들 역시 하나님의 양무리를 맡은 청지기들이 아닌가. 그럼에도 이처럼 자기 소명을 게을리할 뿐만 아니라 직무유기(職務遺棄)를 하고 있으니 하나님께로부터 '화 있을진저'(2b)라는 하나님의 진노의 잔을 받을 수밖에 다른 대안이 없는 처지가 되고

만 것이다.

거짓 목사들의 고소장(2-8)에 빼곡하게 들어있는 죄목록을 보면 이미 저들은 목자가 아니다. 목자가 양을 위해 있는 것인지, 양이 목자를 위해 있는 것인지 혼돈스럽다.

지금 이스라엘의 영적 상황이 이와 같이 참 목자가 없다(5a). 백성(양) 위에 군림하고, 탐관오리(貪官汚吏)스럽게 권력의 맛을 즐기고, 지치고 상한 병들고 가난한 자들은 더 이상 보호를 받지 못하고 있고, 그래서 급기야 "흩어지고 흩어져서 모든 들짐승의 밥이 되"(5b)어가고 있음에도 목자라는 것들은 살진 양을 잡아 자기만 먹고 양 떼는 먹이지 않고 있다(2b,3,8b).

그래서 급기야 하나님이 전면에 나서신 것 아닌가. 놀라운 것은 일부 양들은 거짓 목자에게 밥이 되고, 또 다른 일부는 들짐승의 밥이 되어가고 있음이다. 목자가 있음에도 말이다. 이런 놀라운 사건이 지금 이스라엘 한복판에서 벌어지고 있다. 아, 이게 어찌 에스겔 선지자가 고발하고 있는 그 시대에만 있었던 일이겠는가.

목자의 진정한 모델은 다윗이다. 다윗에게서 하나님이 주목하신 목자의 도(道)를 읽어보자 : "다윗이 사울에게 말하되 주의 종이 아버지의 양을 지킬 때에 사자나 곰이 와서 양 떼에서 새끼를 물어가면, 내가 따라가서 그것을 치고 그 입에서 새끼를 건져내었고 그것이 일어나 나를 해하고자 하면 내가 그 수염을 잡고 그것을 쳐죽였나이다. 주의 종이 사자와 곰도 쳤은즉 살아 계시는 하나님의 군대를 모욕한 이 할례 받지 않은 블레셋 사람이리이까 그가 그 짐승의 하나와 같이 되리이다."(삼상17.34-36)

구약에서 목자는 주로 왕을 칭하는 용어이면서 넓게는 지도자들을 가리킨다. 예나 지금이나 세상이 칭하는 목자는 널려 있으나, 하나님이 주목하시는 목자는 없다. 이것이 현실이다. 거짓 목자의 판별리스트에 나를 올려놓아 보아도 별반 다른 결과가 나올 것 같지 않다. 그러고도 나는 하나님의 목자임을 의심치 않고 있다. 어찌할까.

다윗이 아버지의 목장을 돌보는 목동에서, 일약 이스라엘이라는 거대한 목장을 맡아 '하나님의 마음에 합한 사람'이라는 하나님의 칭찬을 받는 자로 세워질 수 있었던 것은 목자의 마음 때문이다(시78.70-72). 하나님의 판단은 옳고 정확했다. 오늘 묵상 앞에 나를 세워놓고 다시 당신의 양을 향해 목자의 마음을 보여 주시는 건 분명 은혜다. 그래, 정말이지 기회다.

2. 추락하는 것은 날개가 있다.

네가 너를 죽이는 자 앞에서도 내가 하나님이라고 말하겠느냐
너를 치는 자들 앞에서 사람일 뿐이요 신이 아니라(겔28.9)

두로의 몰락은 충분히 예견된 것이었다. 그들은 이미 '교만'이라는 첫 단추를 끼웠기 때문이다(2-4). '교만'에는 약이 없다. 치료가 불가능하다. 교만을 여러 면에서 설명할 수 있으나 한마디로 말하면 '주제 파악'이 안 되는 경우를 가리킨다. 지금 두로가 그렇다. 두로가 행한 가장 가증한 태도는 자신을 하나님과 동급으로 올려놓은 것이다.

그렇다면 지금 두로가 왜 이처럼 하나님 앞에서 교만스러워졌을까. 한마디로 말하면 '재물' 때문이다(5). 이게 바로 성공 뒤에 오는 위기이다. 모든 것이 잘될 때, 막히는 것이 없을 때, 감히 두려울 것이 없을 때, 바로 그때가 가장 위기의 때다. 문제는 가난하고, 못 배우고, 높은 지위에 있지 못하고, 평범하게 살아가는 곳에서 만들어지지 않는다. 오히려 반대로 성공할 때, 높아질 때, 잘 될 때, 힘이 있어질 때, 올라갈 때, 형통할 때, 부러울 것이 없을 때, 바로 그때가 문제다. 이때가 바로 보이지 않는 위기다.

중요한 것은 인간이 교만하면 하나님이 개입하신다. 하나님은 교만을 그대로 간과하지 않으시는 분이시라는데 그 심각성

이 있다(6-10). 마침내 하나님은 두로를 멸하시겠다고 선언하신다. 이는 자업자득인 셈이다. 두로는 스스로를 하나님이라고 소리 높였으나 사람에게 멸망을 당하게 된다. 참으로 역설적인 그들의 몰락(추락)을 만난다.

먼저, 강포한 자를 통해서 너를 칠 것이라 하신다(7a). 하나님은 언제나 사람 막대기와 인생 채찍을 통해서 자신의 계획을 이루신다(삼하7.12-17 참조). 그러므로 우리는 사람들로부터 시험을 만나고, 사람들로부터 눈물을 흘리게 될 때 이렇게도 생각해 볼 수 있어야 한다 : "하나님께서 저 사람을 통해서 나에게 말씀하시는 것이 아닐까?"

또한, 네 지혜의 아름다운 것을 치리라 말씀하신다(7b). 인간의 지혜(지식)는 하나님의 심판을 막아내지 못한다. 결코 그럴 수 없다. 하나님보다 의지하는 것이 '지혜'라면 그것이 두로('나')를 통곡하게 만들고서 그를 떠날 날이 있다.

뿐만 아니라, 네 영화를 더럽히리라 선언하신다(7c). 하나님의 심판으로 말미암은 몰락은 언제나 그 결과가 추악하다. 꽃은 아름답지만 그러나 그 꽃이 시들어 썩으면 악취가 나는 법이다. 그리하여 버려지게 된다. 이때는 아무도 그 꽃을 찾지 않는다. 이렇듯 하나님 없이 꽃피운 영화가 있다면 그것은 오히려 비극이다. 하나님 없이 만들어진 영화의 끝을 두로를 통해 보는 중이지 않은가.

우리는 두로의 몰락에서 두렵고 떨리는 마음으로 교훈을

얻게 된다. 그것은 하나님의 공의로우심에서 비롯되는 분명한 심판이다. 인간은 잘되면 하늘 높은 줄 모르고 날개를 휘날린다. 그러나 "추락하는 것은 날개가 있다." 교만한 말은 얼마든지 쏟아 낼 수 있다. 그러나 그 말의 책임은 무엇으로 감당할 것인가? 이것이 문제다.

인간의 비극이 참으로 어처구니없는 것은 망하면서, 몰락하면서, 완전히 추락하면서, 그 자리에서야 비로소 하나님을 알게 된다는 사실이다. 이 얼마나 큰 비극인가? 두로의 비극은 용서가 불가능한 것이었다. 그들은 아주 철저하게, 완전히, 흔적 없이 소멸되어 버리고 만다. 이게 하나님의 '심판'이다. 하늘 높은 줄 모르고 까불다가는 이처럼 '꽝'이다.

3. 그래도

주 여호와께서 이같이 말씀하셨느니라 그래도 이스라엘 족속이
이같이 자기들에게 이루어 주기를 내게 구하여야 할지라
내가 그들의 수효를 양 떼 같이 많아지게 하되(겔36.37)

◎ 하나님의 열심 vs 이스라엘의 열심(36.32-38)

A 내가 이렇게 … 말하였으니 이루리라(32-36)

- ‘모든 죄악에서 정결하게 하는 날’(33a)
- ‘전에는’(33b-35a)
- ‘이제는’(35b-36)

B 그래도 … 이루어 주기를 내게 구하여야 할지라(37-38)

에스겔서의 핵심은 포로기라는 영적(靈的) 암흑기 제6년 6월과 7년 5월 사이 어느 시점에서(8.1, 20.1 참조), “여호와의 영광이 성전 문지방을 떠나”(10.18)는, 그러나 다시 “우리가 사로잡힌 지 25년이요 성이 함락된 후 14년 1월 10일”(40.1) 이후 어느 싯점에서 “이스라엘 하나님의 영광이 동편에서부터 오는”(43.2) 장면이다. 정리하면 오늘 묵상 단락은 하나님의 부재(不在)중인 때에 계시된 말씀이다. 이런 때에도 하나님은 이스라엘의 회복을 위해 일하고 계신다. 놀랍다.

유다(1-24장)와 이방(25-32)에 대한 ‘심판’의 메시지는 비로소 33장에서 예루살렘에 대한 소식을 접하고서야 ‘회복’으로 바뀐다. 예루살렘 성은 이미 함락되었다(33.21). 그렇다면 이것으로 끝인가? 에스겔의 설교처럼 심판이 성취되었다. 그러나 에스겔은 심판이 이스라엘 역사의 종점이 아니라 새로운 시대를 여는 하나의 시작임을 분명히 이야기한다. 이것이 에스겔 후반부의 주제가 이스라엘의 ‘회복’인 이유다.

특별히 36장은 이스라엘의 외적 회복(1-15)과 내적 회복(16-38)을 말씀하는데 우선 내적 회복을 간단히 말하면 하나님이 다

하신다는 메시지다. 그런데 에스겔은 독특하게도 '先 정결, 後 회복'(33 ⇨ 34-36)이라는 이중주로 이 문제를 접근해 간다. 놀라운 것은 하나님의 부재와 이스라엘의 죄악이 낳은 이스라엘의 처참한 상황인 '전에는'(33b-35a)이 '이제는'(35b-36)으로 하나님이 다 회복하시겠다 선언하신다. 그런데 이 성취에 앞서 이스라엘에게 요구되는 것은 '모든 죄악에서 정결하게 하는 날'(33a)이다. 이것 역시 이스라엘이 스스로 깨끗게 되는 게 아니라 하나님이 그렇게 하시는 날이다. 이처럼 결국 모든 것이 다 은혜다.

하나님이 다 하신다. 짧은 단락 안에 '나'('내가', '나를')로 일컬어지는 하나님이 무려 9번이나 된다. 이는 인간의 생사화복(生死禍福)의 주도권이 전적으로 하나님께 있음을 시사하는 대목이다. 그런데 "내가 … 이루리라."(A) 말씀하는 성경이 동일하게 "그래도 … 내게 구하여야 할지라."(B)라고 말씀한다. 하나님이 다 하시는데 이게 지금 나의 기도를 통해 이루어지는 것으로 요구되고 있음이 흥미롭다. 하나님이 다 하셔도 내 기도로 되게 하시겠다니...

기도는 내가 하는 것이고, 그래서 응답 역시 내가 그리해서 되는 것 같다. 하지만 오늘 에스겔서에서는 하나님이 다 하셔도 이스라엘('나')로 하여금 기도하라고 말씀한다. 결국 기도는 하는 것으로 끝이 아니라 하나님이 그 기도를 이루신 것을 보는 것이다. 때문에 기도하지 않으면 하나님이 하신 일이 무엇인지 모른다. 이것이 '그래도'의 절묘함이다.

다 니 엘

1. 다니엘 찬송가

그는 깊고 은밀한 일을 나타내시고
어두운 데에 있는 것을 아시며 또 빛이 그와 함께 있도다(단2.22)

◎ 다니엘의 신앙(1.1-6.28) : 하나님의 복

- ○ 바벨론 느부갓네살 아래에서의 생활(1.1-4.37) : 포로
- ○ 바벨론 벨사살 아래에서의 생활(5.1-30) : 승리
- ○ 바사 다리오 아래에서의 생활(5.31-6.28) : 사자굴 시험

다니엘은 어릴 때부터 모든 면에서 달랐다(1장)는 것을 시작으로 다니엘의 신앙이 전기적(轉記的)으로 그려지고 있다. 특별히 세 친구와 함께 풀무불 속에서의 승리(3장)와 사자굴 사건(6장)은 압권이다.

따라서 다니엘을 중심으로 진행되는 일련의 사건들은 포로기의 백성들에게 모든 것이 끝난 것 같은 포로기의 고난을 이겨내고 승리하는 것에 대해(단1.19, 2.48, 3.30, 5.29), 동시에 이를 통해 하나님이 이스라엘에게 기대하시는 것이 무엇인가를 생생하게 깨닫게 한다. 이 점이 다니엘서를 단순한 영웅담과 구별하

게 만든다.

느부갓네살은 자신이 얻은 꿈과 그 해석을 동시에 알게 하라는 명령을 내리고, 이 때문에 다니엘과 세 친구를 포함한 바벨론의 모든 박사들이 다 죽음에 처하게 될 위기의 때에 다니엘이 전면에 등장하는 것이 배경이다(단2.1-16).

그는 먼저 해석을 약속한 후에 세 친구들에게 중보기도를 부탁하고(단2.17-18), 하나님은 그에게 임하신다 : "이에 이 은밀한 것이 밤에 환상으로 다니엘에게 나타나 보이매 다니엘이 하늘에 계신 하나님을 찬송하니라."(단2.19) 그리고 다니엘의 감사기도가 이어지고(단2.20-23), 마침내 왕 앞에 나아가 꿈과 해석을 동시에 알게 하고(단2.24-45), 느부갓네살은 다니엘을 높인다(단2.46-49).

여기서 주목할 부분은 다니엘이 언행(言行) 하는 흐름, 즉 16절부터 22절의 순서다. 다니엘은 자신의 확신이나, 행위로서의 자신의 능력을 앞세우지 않는다. 19절이 아직 없을 때 16절을 선언한다. 그리고 그 사이에 17-18절을 놓는다. 이게 절묘하다.

그렇다면 왕이 꾼 꿈과 그 해석에 대한 어떠한 조각구름도 보이지 않았을 때에 하나님을 믿고, 의지하고, 신뢰하고, 확신한 것이 먼저였다. 다시 말하면, 그는 우리가 흔히 밟는 순서와 거의 역순(逆順)으로 일을 풀어갔던 것이다.

다니엘은 깊고 은밀한 일을 나타내시는 하나님을 경험한다(19a,22a). 그러자 모든 어둠이 물러가고 광명이 찾아왔다(22b). 이처럼 은혜는 공부해서 터득하는 게 아니라 경험되어지는 영역이다.

그는 지금 하나님이 나타나 보이심으로 맛보아 알게 된 것을 기도의 향으로 다시 하나님께 올려드리고 있다. 소위 말하면 내가 얼마나 능력 있는 사람인가, 내 기도가 얼마나 센가, 내가 얼마나 특별한 존재인가와 같은 그런 삼류 간증형 '내가'가 없다. 있다면 오직 하나님만이 영광을 받으신다.

나는 어떤 하나님을 알고 있고, 말하고 있고, 또 뭘 가지고 그분 앞에 나아가고 있나? 다니엘은 포로기의 참담한 어둠 속에서도 "은밀한 일을 나타내시"는 하나님의 영광의 찬란한 빛을 보았다. 비록 포로기일지라도 이렇듯 희망은 늘 하나님께로부터 온다.

불확실성의 시대의 칠흑처럼 어두운 절망의 세대에서 하늘을 바라본 다니엘에게서 다시 희망의 불씨를 본다. 이 신앙 선배를 따라 "나타내시고 … 아시며 … 함께 있도다!"로 이어지는 다니엘 찬송가 앞에 선다. 이 노래가 내 노래가 되게 하시기를 구하며...

2. 지금은 다니엘 때처럼

그의 권세는 소멸되지 아니하는 영원한 권세요
그의 나라는 멸망하지 아니할 것이니라(단7.14b)

◎ 다니엘의 환상 : 네 짐승(단7.1-28)

- 네 짐승 환상(1-8)
- 옛적부터 항상 계신 이(9-14)
- 해석(15-28)

다니엘서는 구약의 계시록이라고 할 만큼 요한계시록과 유사한 예언들이 후반부(7-12장)에 자리한다. 다니엘 7장은 앞 2장에서 느부갓네살에게 계시된 4 제국의 흥망성쇠와 쌍을 이룬다. 즉, 사자(바벨론), 곰(바사), 표범(헬라), 쇠로 된 큰 이를 가진 열뿔(로마)로 상징되는 나라들이 전능하신 하나님의 심판에 의해 멸망하는 환상을 통해(단7.1-8,11-28), -세상 나라를 주관하고 섭리하는 분은 하나님이시다.- 세상의 왕국들은 언젠가 그 끝이 있다는 것을 깨닫게 한다.

주목해야 할 것은, 세상 나라의 멸망과 극적으로 교차되는 것처럼 보이면서 이어지는 환상이 오늘 묵상이다(단7.13-14). 구름을 타고 '인자 같은 이'(지극히 높으신 이, 그리스도)가 '옛적부터 항상 계신 이'(하나님)에게 나아와 결코 멸망하지 아니할 영원한 나라와 소멸되지 아니할 영원한 권세와 영광을 하나님께 받는다(13-14;, 계19.16 참조). 이렇게 해서 열방과 모든 백성들이 '인자 같은 이'를 경배한다.

그렇다면 '인자 같은 이'는 사람의 모습을 지녔으나 동시에 천상적 존재이신 메시야 주 예수 그리스도시다. 인자(人子)로 오신 예수님은 "고난을 받으사, 십자가에 못 박혀 죽으시고, 장사한 지 사흘 만에 죽은 자 가운데서 다시 살아나시며, 하늘에 오르사, 전능하신 하나님 우편에 앉아 계시다가, 저리로서 산 자와 죽은 자를 심판하러 오시"(사도신경 中)는 "하늘과 땅의 모든 권세를"(마28.18) 하나님께로부터 받으신 분이시다.

그분은 짐승 같은 세상의 왕국들을 심판하시고, 영원한 권세로 결코 멸망하지 아니할 하나님의 나라를 다스리시며 통치하실 것이다. 그렇다면 우리는 보이는 땅의 통치 아래 있는 것인가, 아니면 보이지 않는 하나님의 나라의 통치 아래 있는 것인가? 감사하게도 영원한 권세를 가지신 '지극히 높으신 이'(단7.18,22,25,27, 그리스도)께서 다스리시는 그의 나라의 백성으로서 그분의 통치 안에 있다. 그러므로 감사할 것밖에 더 무엇이 필요하랴!

지금 다니엘이 환상 가운데 있는 때는 이스라엘이 바벨론의 포로가 되어 나라가 멸망한 때다. 그런데 이 포로의 땅에서 자신과 자신의 나라를 포로로 잡은 나라들이 멸망할 것을 환상 가운데 보고 있는 다니엘을 생각해 보라. 겉으로 볼 때에는 이스라엘(다니엘, 우리)이 세상 제국들의 지배와 통치 아래 있는 것처럼 보인다. 하지만 역사는 고난의 '인자 같은 이'가 마침내 영광의 '지극히 높으신 이'가 되신 그분이 다스리는 통치 아래 있다. 이것이 다니엘을 통해 보여주는 환상이자 계시이다.

가장 고난스러울 때 그때도 하나님의 통치와 주권은 유효하다. 고난의 풀무불이 엄습해 올 때에도 그 속에서 여전히 우리의 승리를 예고하시며 섭리하시는 그분을 보는 것, 이것이 다니엘에게서 배우는 신앙이다. 지금은 다니엘 때처럼 고난을 읽어내고 보아야 할 때다.

3. 지혜 있는 자입니까?

지혜 있는 자는 궁창의 빛과 같이 빛날 것이요 많은 사람을 옳은 데로 돌아오게 한 자는 별과 같이 영원토록 빛나리라(단12.3)

◎ [다니엘 시간표]

■ 바벨론(1.1-5.30)

○ 바벨론 포로

느부갓네살(BC 605-562; 대하35.30, 렘46.2, 단1.1)

단1.1-4.37(느부갓네살)

○ 벨사살

나보니두스(BC 556-39; 아들 벨사살과 함께 통치, 단5:1-30)

단7.1(벨사살 원년), 단8.1(벨사살 3년)

■ 바 사(5.31-12.13)

○ 出바벨론

고레스(BC 558-29) 유대 포로 석방(대하36.22-23, 스1.1-8)

– [바벨론을 정복하고 메대 · 바사를 세움 : BC 539]

단5.31-6.27(다리오 = 고레스 원년, 6.28 참조) : 1차 포로귀환

단9.1, 11.1(다리오 원년), 단10.1(고레스 3년)

다니엘은 제1차 바벨론 침입 때 바벨론에 포로로 끌려간 왕족이다(단1.1-3). 그곳에서 다니엘은 개인적인 성공(단2.48-49, 4.8, 5.11-12)과 그에 따른 순교적 위기들로부터 승리(1-6장)할 뿐만 아니라 하나님의 계시의 수납자로 쓰임을 받게 된다(7-12장). 이렇듯 다니엘서는 이스라엘 역사의 최대 암흑기인 바벨론 포로기를 배경으로 기록된다. 이 어둠의 때에 찬란한 미래의 영광이 예고되고 있음이 흥미롭다.

특별히 다니엘 12장은 포로기 저 너머에 있는 종말의 때에 펼쳐질 의인들과 악인들의 미래에 대한 환상이다(단12.2). 이는 포로기에 있는 당시의 이스라엘 백성들에게는 희망의 복음이 아닐 수 없다. 다니엘서의 첫 독자들이 포로기의 환난에서 미래를 바

라보고 있듯이 12장이 얘기하는 종말론적 미래 역시 그때에도 환난은 있으나 '책에 기록된 모든 자'는 구원을 받는다(단12.1).

마침내 승리한 자, 곧 '책에 기록된 모든 자'(남은 자, 단12.1)만이 미래가 있다. 다니엘서의 독자들은 이미 불가마도 사자굴도 이를 막을 수 없다는 점을 하나님의 사람 다니엘을 통해 생생하게 알고 있었다(단3.28, 6.22). 이처럼 영원한 미래는 선(先) 고난, 후(後) 영광이라는 인류 역사를 이끌어 가시는 하나님의 경륜에 따라 열리기 시작한다(단12.2-3).

그날의 영광은 '지혜 있는 자' 곧 지혜의 근원(고전1.30)이신 예수님께 있는 자만이 하늘(천국)에서 별과 같이 빛날 것이다. 때문에 예수님을 믿음으로 그분의 지혜에 참여하게 된 자는 동시에 그분의 지혜를 또한 많은 사람에게 전파함으로써 그들 역시 빛의 세계로 인도해야 할 책임이 있다.

빛은 드러나게 되어 있다 : "이같이 너희 빛이 사람 앞에 비치게 하여 그들로 너희 착한 행실을 보고 하늘에 계신 너희 아버지께 영광을 돌리게 하라."(마5.16)

이 영원한 영광의 빛이 나에게까지 왔고, 이를 또 다른 사람에게 전해야 할 책임이 주어졌다. 지혜 있는 자는 이렇게 살도록 부름 받았다.

호 세 아

1. 심판은 구원의 씨앗이다.

이스라엘 자손들아 여호와의 말씀을 들으라 여호와께서
이 땅 주민과 논쟁하시나니 이 땅에는 진실도 없고
인애도 없고 하나님을 아는 지식도 없고(호4.1)

호세아서는 북왕국 이스라엘의 전성기인 여로보암 2세(BC 793-53) 때를 배경으로 한다. 외형상으로는 부국강병(富國强兵)이었으나 내적(영적)으로는 죄악과 타락이 극에 달한 시기였다. 이스라엘은 지금 음녀 고멜과 다를 바 없다. 그렇다면 해법(해답)은 없는가. 이러한 때에 하나님은 호세아를 통해 말씀하신다 : "오라 우리가 여호와께로 돌아가자."(6.1a) 이를 위해 하나님은 지금 이스라엘의 죄악의 환부를 드러내고 계신다.

이스라엘은 총체적으로 부패해 있다. 사람(1-2,4-10), 자연(3), 예배(11-19) 모두가 다 죄행(罪行)에 빠져있다. 동시에 죄(罪)는 이스라엘 자손들인 이 땅 거민(1), 제사장(4,6), 선지자(5)까지 융단폭격 중이다. 희망의 출구가 보이지 않는다. 놀라운 파괴력이다. 일반 백성(평신도)에서부터 제사장과 선지자(성직자)까지 어디 하나 온전한 곳이 없으니 죄가 가지고 있는 힘이 얼마나 무서운가를 새삼 깨닫게 된다.

◎ 하나님을 아는 지식(Knowing God)

- "내가 그에게 더하여 준 것이거늘 그가 **알지** 못하도다."(2.8b)
- "이 땅에는 … 하나님을 **아는** 지식도 없고."(4.1b)
- "내 백성이 **지식**이 없으므로 망하는도다"(4.6a)
- "여호와를 **알지** 못하는 까닭이라."(5.4b)
- "그러므로 우리가 여호와를 **알자** 힘써 여호와를 **알자**"(6.3a)

죄의 뿌리 끝은 멸망이다. 여기에 대한 호세아의 통찰은 분명하다 : "내 백성이 지식이 없으므로 망하는도다."(6a) 왜 망하느냐 하면 신지식(神知識)이 없으므로 있어야 할 진실과 인애는 없고(1b), 반대로 없어야 할 저주와 속임과 살인과 도둑질과 간음은 있게 하기 때문이다(2). 결국 하나님을 아는 지식이 없음에 따른 총체적 난국이다.

무엇보다 죄는 생명을 빼앗아 간다. 진실과 사랑과 신지식(神知識)을 송두리째 없애버리고 인간관계의 파괴만을 양산한다(1-2). 이것이 다 하나님을 아는 지식(Knowing God)이 없는 사회의 특징들이다. 죄로 말미암아 영적 뿌리가 말라 버렸으니 신지식(神知識)이 설 자리가 없는 것, 이것이야말로 자업자득(自業自得) 아닌가.

한편 더 놀라운 것은 하나님은 이스라엘을 '자손들'로, '이 땅 주민'으로 부르시더니 급기야 "내 백성"(6a)으로 언급하신다. 사람의 죄악 때문에 생태계(자연)인 '이 땅'과 천하 만물이 죄의 값을 지불하고 있는 바로 그때, 이 모든 것을 이렇게 만든 장본인인 이스라엘을 향해 하나님은 여전히 '내 백성'이라 하신다. 정말이지 피가 거꾸로 도는 느낌이다.

하나님의 가슴과 심장은 마치 숯덩어리처럼 까맣게 타들어 가지만 그분은 지칠 줄 모르는 짝사랑으로 이스라엘을 품으신다. 이 큰 사랑이기에 이 못난 이스라엘을 기다리시는 것 아닐까. 알아달라고 하소연하지도, 공포감을 조성하여 윽박지르지도 않으시고 그저 사랑의 메시지만 흘려보내신다. 이렇듯 심판 메시지 안에는 보이지 않는 하나님의 사랑이 흐르고 있다. 사랑과 함께 뛰고 있는 그분의 심장 소리가 들리는 듯하다.

2. 그래, 너마저 그럴 수 있느냐?

장차는 백성이나 제사장이나 동일함이라
내가 그들의 행실대로 벌하며 그들의 행위대로 갚으리라(호4.9)

◎ 이스라엘의 총체적 부패(호4.1-19)

① 사람(1-2,4-10) : 거민(1-2), 제사장(4,6-10), 선지자(5)

② 자연(3)

③ 예배(11-19)

제사장에게 맡겨진 중요한 사명은 율법을 가르치는 것이다(신33.10, 겔44.23). 그런데 여로보암 1세 때부터 '보통사람'을 제사장으로 세움으로써 율법을 정면으로 거역한 것은 물론 직분의 질(質)을 유지하는 일에 실패하게 되었고, 결과적으로 죄의 악순환을 겪게 되었다(왕상12.31, 13.33). 이것은 이스라엘의 영적(靈的) 몰락이 점진적으로 진행되는 일에 결정적인 원인을 제공한 결과를 낳았다(대하11.13-16 참조).

죄의 뿌리 끝은 멸망인데 백성들로부터 제사장들까지 모두가 다 죄를 심어 죄를 거두고 있다(9). 희망의 출구가 보이지 않는다. 무엇보다도 한 사회의 영적 흐름을 책임지고 있는 지도자(제사장)마저도 하나님이 아닌 세상을 선택해 버렸으니 더 할 말이 없다. 백성들이 죄를 더 범해야 속죄 제물이 많아질 것이라는 얄팍한 생각은 급기야 백성들이 죄를 짓는 것을 더 바라는 쪽으로까지 나아가 버렸다(8). 이건 망조(亡兆)다.

죄는 하나님의 형상으로 이루어진 영혼을 병들게 하고 파괴한다. 제사장이라고 안전지대에 있는 게 아니다. 오히려 이스라엘의 몰락을 부채질하는 죄의 편에 서 있는 이 기막힌 역설을 어찌할까. 나를 돌아보지 않을 수 없다. 호세아 시대의 제사장들처럼 자신을 위한 습관적인 제사(예배)에 익숙한 사람들의 가려운 등이나 긁어주면서 제사나 집전해 주는 종교 생활인은 아닌지 싶어 정신이 번쩍 든다.

은혜를 잃어버리면, 구원의 감격을 유지하는 일에 실패하면, 죄가 가슴 아파 눈물 흘리며 통곡하던 살아있는 신앙이 까마득한 과거의 추억이 되어지기 시작하면, 설교를 들어도 감동이 없고, 찬송을 불러도 기쁨이 없고, 말씀을 읽고 묵상해도 연속극보다 재미없는 것 같기 시작하면, 이런저런 핑계를 대고서 예배를 소홀히 하기 시작하면, 죄와 죽음과 심판에 대해서 설교를 들으면 기분 나쁘고, 하지만 평생 해 오던 신앙생활을 버릴 수는 없고, -그러다가는 벌을 받을 것 같으니까- 해서 최소한의 종교생활을 해 주고, 가정의 평화를 위해서 주일예배를 드려주고, 적당한 선에서 이런저런 천국보험을 들어놓고서 이 정도면 훌륭하다 스스로 자위하는 종교인으로 전락해 버린다.

종교 지도자들이 타락하면 그 시대는 희망이 없다. 하나님을 이용해서 자기 배를 채우는 자로 전락했다면 이건 끝이다. 하나님의 진노와 분노가 심판의 예고를 통해 전달되고 있다.

하지만 아직 내 코에 호흡이 남아있기에 그것만큼 희망은 있다. 호세아를 통해 전달된 경고의 메시지를 받아들고 두렵고 떨림으로 주님 앞에 나아간다. 한 번뿐인 인생, 속히 지나가겠지만 주와 복음을 위한 것만이 영원함을 믿기에!

3. 회복에로의 부르심

여호와께서 이틀 후에 우리를 살리시며
셋째 날에 우리를 일으키시리니 우리가 그의 앞에서 살리라(호6.2)

'심판'(5.8-14)에서 '회복'(5.15-6.3)으로 이어지는 이야기가 눈부시다. 심판은 잠시 숨 고르기에 들어가는가 싶더니(5.15), 그야말로 극적인 회복의 6장이 펼쳐진다. 바로 이 때가 하나님께로 돌아갈 때이며, 치료자이신 하나님을 아는 기회의 때다(1-3).

역시 이러한 반전(反轉)은 이번에도 "죄를 뉘우치고 내 얼굴을 구하기까지 내가 내 곳으로 돌아가리라."(5.15a) 말씀하시는 하나님께로부터 시작된다. 하나님은 범죄와 타락의 구렁텅이에서 하나님을 다시 찾고 간절히 구하기까지 이스라엘을 기다리시는 분이시다.

여기서 하나의 흥미로운 드라마를 만난다. 기다리시는 하나님과 거기에 응답하는 이스라엘의 모습에서다 : 죄(罪) ⇨ 고난 ⇨ 뉘우침(회개) ⇨ 간절히 구함(1-3).

그리고 이 모든 것을 다 보시는 하나님, 그러시면서도 마치 탕자의 귀향을 기다리시는 아버지와 같은 분, 결국 그 기다리심의 결론을 "내가 네게 어떻게 하랴!"(4a)시며 당신의 마음속에 있으셨던 이스라엘과 유다를 향한 소원을 넌지시 고백하시는 분(4-11), 참으로 멋진 나의 주 나의 하나님 아버지시다.

죄 때문에 울고 하나님 때문에 또 운다. 왜냐하면 한때는 "찢으셨으나 … 치셨으나"(1) 하나님께로 돌아가기만 하면 "도로 낫게 … 싸매어 … 살리시며 … 일으키시"(1-2)는 주 앞에서 살게 될 것이기에 그렇다.

하나님의 사랑을 능가할 인간의 죄는 없다. 인간의 죄는 하나님의 용서의 문을 통과하여 사랑으로 깨끗하게 치료된다. 이를 위해 주님은 3일이라는 처절한 대속(代贖)의 고통을 몸소 치르셔야만 하는(2), 어쩌면 지금 호세아는 이와 같은 구속사의 지평까지를 내다보고 있는 듯하다(눅24.27,44; 요2.20, 20.9 참조).

인간은 죄에 따른 고난이라는 비싼 수업료를 지불하고서야 하나님을 아는 지식(Knowing God) 앞으로 나아온다. 이것은 철저히 하나님의 기다리심이라는 은혜의 선물과 그 맥을 같이 한다. 그래서 바울은 "죄가 더한 곳에 은혜가 더욱 넘쳤나니"(롬5.20b)라 했을까.

조금만 형편이 나아지면 옛사람의 모습으로 돌아가고 싶어 하는 나, 쓰라린 경험마저도 새로운 오늘을 그려 가는 데 전혀 도움이 되지 못하는 것을 물끄러미 지켜볼 수밖에 없는 나, 필패(必敗)의 길이 보임에도 불구하고 마치 불 속으로 뛰어드는 불나방들처럼 자폭(自爆)할 기세로 살아가는 나, 어쭙잖은 성경 지식을 교묘하게 비틀어서 나는 아무런 문제 없다는 식으로 강화시키며 죄와 더불어 당당하게 살아가는 나, 이런 나를 향해 호세아는 회복의 메시지를 전해준다.

탕자처럼 살아도 다시 돌아갈 집이 있고, 맞아줄 아버지가 계시기에 그것만큼이 희망이지만 잃어버린 세월만큼은 다시 돌이킬 수 없지 않은가. 탕자가 잘해서가 아니라 마지막까지 기회를 주신 하나님 때문에 일그러진 그의 인생이 새롭게 되었음을 기억할 때 '탕자다움' 을 합리화하는 것은 또 다른 사악한 죄의 불을 지피고 있는 것이 아닐까.

그래서 호세아 시대의 암흑기를 읽어가면서 하나님만이 희망이다는 생각, 정말 가슴 깊이 품게 된다.

요 엘

1. 심판주의보

슬프다 그 날이여 여호와의 날이 가까웠나니
곧 멸망 같이 전능자에게로부터 이르리로다(욜1.15)

◎ 은혜의 삼각주

선지자(1.2-2.11) : 탄식_애곡하라!

이스라엘(2.12-17) : 소망_회개하라!

하나님(2.18-3.21) : 응답_회복하리라!

땅의 모든 파란 것을 삼켜 버리는 메뚜기 재앙(욜1.2-7)과 죽어 버린 자연재앙(욜1.10-20)에 따른 애곡(고통), 이는 하나님을 예배하는 것을 불가능하게 하는, 즉 하나님과의 단절을 가져온다는 점에서 치명적인 예고편이다(욜1.9,13-15). 동시에 이것은 하나님의 심판을 알리는 하나의 전조요, 시작된 하나님의 재앙의 서곡이라는 점에서 역시 다가올 심판에 대해 영적 긴장감을 더욱 고조시킨다.

그래서 선지자 요엘은 제사장들에게 금식일(욜1.13)을, 모든 백성들에게는 성회(회개, 욜1.14)를 '이미'(already) 예고되었으나 '아직'(not yet) 집행되지 않은 임박한 '여호와의 날' 앞에 이처럼 선지자적 소명을 따라 호소하고 있는 것인지도 모른다(욜1.15). 어느 때, 누구에게나 심판을 외친다는 건 생명을 건 부르심이기에 더 그렇다.

선지자는 메뚜기와 온 땅의 황무함이라는 단순한 자연재해와 같은 현상만을 보는 수준이 아니다. 그는 눈으로 보고 귀로 들을 수 있는 단순한 사실(fact)만을 보도하는 뉴스와 같은 그런 1차원을 가뿐하게 뛰어넘는다. 그리고 재난에서 "여호와의 날이 가까웠"다는 하나님의 일하심이라는 섭리의 세계를 읽어내는 의미심장한 영적(靈的) 통찰을 토해낸다. 무엇보다 이것의 근원은 전능자이신 하나님께로서 오는 것임을 분명히 한다. 이처럼 심판을 결정하고 집행하는 분은 하나님이시다.

이걸 보고, 알고, 믿고, 듣고, 깨닫고, 느끼는 자가 복되다. 그래서 그럴까? 재해와 재난 앞에 단순히 의식주(衣食住)와 보이는 문제만이 커 보이는 나의 알량함에 얼굴이 뜨뜻하다. 영혼도 없고, 구원도 없고, 예배도 없는 미물들도 쓰나미나 태풍과 같은 게 몰려올 때 이를 알고 반응하는 것을 심심찮게 접하며 산다. 하나님을 모시고 살며 또 믿는 나로서는 부끄럽기 짝이 없다. 지구촌 곳곳에서 종말론적 현상들이 하루도 끊어질 날 없이 이곳저곳을 강타하고 있다. 추락하는 것은 날개가 있다. 선지자의 탄식과 사자후에 다시 주님 바라보는 이유가 여기에 있다.

아 모 스

1. 정의대로 공의대로

오직 정의를 물 같이, 공의를 마르지 않는
강 같이 흐르게 할지어다(암5.24)

◎ 애가 & 심판주의보(암5.16-27)

A 이스라엘의 실상(16-23) : 애가(哀歌)

① '여호와의 날'에 대한 오해(18-20) : 신학

② 형식적인 헛된 예배(21-23) : 예배

X 정의 & 공의(24) : 찬가(讚歌)의 씨앗

B 포로기(25-27) : 심판(審判)

아모스가 이스라엘을 무대로 활동하던 남왕국 웃시야(BC 792-40)와 북왕국 여로보암 2세(BC 793-53)의 통치기는 경제적인 성장과 발전의 후유증인 부익부(암3.12,15, 4.1, 6.4,6), 빈익빈(암2.6-7, 5.10-12, 6.6, 8.5)이 극에 달한 시대였다.

당시 북왕국은 통일왕국 솔로몬 시대의 영광(왕상8:65)에 버금가는 영토를 회복(왕하14.25)할 만큼 번영의 시대를 구가하고 있었다. 동시에 종교적으로는 벧엘과 길갈(암4.4-5), 브엘세바(암5.5),

사마리아와 단(암8.14)에 있는 성소에서 그야말로 화려하고 풍성한, 하지만 거짓과 위선에 찬 헛된 제사가 드려지던 그런 때이기도 했다(암5.22-23, 6.5). 실로 우리 시대를 보는 것 같지 않은가.

아니나 다를까, 마침내 애가(哀歌)의 울음소리가 예고된다(암5.16-17). 왜 이스라엘이 이처럼 장례식 같은 처지로 전락하게 되는가? 아모스는 그 이유를 '여호와의 날'에 대한 오해(암5.18-20; A①), 형식적인 헛된 예배(암5.21-23; A②), 공존하는 우상숭배(암5.25-26)에서 찾는다. 하지만 무엇보다 역설적인 것은 바로 이것을 잃어버렸기 때문이다(X) : "오직 정의를 물같이, 공의를 마르지 않는 강 같이 흐르게 할지어다."(24)

놀라운 것은 소위 '종교언어'(암5.18-23,25-26)로 한 일이 고작 장송곡(애가)을 만드는 것밖에 없고(A,B), 종교의 꽃이라 할 수 있는 '예배'(암5.21-23; A②)는 하나님 편에서 일언지하에 거부되고 있다. 결국 24절을 해결하지 않으면 포로기라는 심판(암5.25-27; B)을 맞이하게 될 것이다. 과연 애가(哀歌) ⇨ 찬가(讚歌)로 바뀔 희망은 아직 남아있는가.

그래서 24절(X)을 주목한다. 다름 아닌 정의(Justice)와 공의(Righteousness)에서 이스라엘의 해답이 제시되고 있기 때문이다. 여기 정의(mishpath)는 성문 앞에서 행해지는 재판과 관련된 단어이고, 공의(chedekah)는 쌍방 간에 행해지는 올바른 관계와 관련된 단어다.

그렇다면 문맥상으로 볼 때 시시비비를 가리는 재판은 물론이고 상부상조의 상생 관계마저도 소위 경제논리에 밀려서 마침내 돈의 힘이 지배되는 세상이 되어버렸다는 뜻이다.

이러한 때에 아모스는 신학(A①)과 예배(A②)에서 희망을 찾고 있지 않다. 작금의 위기가 변함없이 경제가 신(神)의 자리를 대신함으로써 재판(율법대로의 정의)도, 윤리(율법이 실행되는 생활의 공의)도 뒤로 밀린 그런 상태로 나라가 흘러간다면, 그러고도 신학과 예배가 어쩌고저쩌고하고 있은들 그 끝은 포로기(심판; B)를 맞게 될 것이다.

실제로 이스라엘은 한 세대(30년) 후 쯤 결국 아모스의 예언대로 포로기를 맞게 된다. 아모스를 통해 우리 시대를 보는 묵상이라 하지 않을 수 없는 이유가 여기에 있다.

오 바 댜

1. 에돔보고서

너희가 내 성산에서 마신 것 같이 만국인이 항상 마시리니
곧 마시고 삼켜서 본래 없던 것 같이 되리라(옵1.16)

◎ 에돔족속(이삭의 아들 야곱의 형 에서의 후손)

- 이스라엘과 형제의 나라(신23.7)
- 출애굽 때 이스라엘을 대적(민20.14-21)
- 줄곧 이스라엘을 공격(삼상14.47, 대상18.12-13)
- 유다 멸망 때 바벨론에 동조(옵1.11, 시137.7)

⇨ "너희가 … 본래 없던 것 같이 되리라."(옵1.16b)
"에서 족속은 지푸라기가 될 것이라."(옵1.18a)
"그들을 불사를 것인즉 에서 족속에 남은 자가 없으리니" (옵1.18b)

에돔(Edom)은 야곱의 두 아들 중 장남인 에서의 또 다른 이름으로 동생에게 장자권을 판 이후에 붙여진 별명이다(창25.30). 에서의 후손, 즉 에돔은 일찍이 왕정을 이룩하고 강대한 나라를 이루었지만, 급기야 오바댜 선지자를 통해 심판이 예고되고

(옵1.1-9), 그럴 수밖에 없는 저들의 죄악(심판의 이유)이 백일하에 드러난다(옵1.10-14).

오늘 묵상 단락(15-16)에 에돔의 파멸이 마침내 선포되고 있다. 선지자는 만국에 대한 심판을 -물론 에돔을 포함한다.- "네가 행한 대로 … 행한 것이"(15)이라는, 행한 대로 받게 될 것임을 분명히 한다. 하나님은 저들의 죄과를 잊지 않으신다. 언제까지나 하나님을 거역하고 자신의 능력을 믿고 승승장구하리라 생각하는 것이 하나님을 떠난 자들의 공통분모다. 하지만 그것은 죄를 심어 죄의 값을 거두는 것이라는 것을 계산하지 못한 자충수일 뿐이다.

아브라함과 이삭으로 이어지는 믿음의 명가(名家)를 잇는 장손으로 태어났으나, 어느 순간 언약과 믿음의 라인에서 조금씩 벗어나더니, 급기야 하나님 없이도 이스라엘보다 더 강국을 이루는 듯하다가, -이렇게 하나님 밖에 있어도 잘 될 때가 진짜 위기다.- 그게 오히려 하나님께 죄를 심는 것이 되어 민족 자체가 소멸될 비극을 맞게 될 것이라는 선지자의 최후통첩 앞에 서 있다(16b,18).

한 때 잘나가는 시절은 누구에게나 있을 수 있다. 반대로 일어설 수 없을 만큼 무너져 허우적거릴 수도 있다. 하지만 어느 순간이든 아직 최후는 아니다. 그렇다면 남아 있는 시간은 다시 일어설 수 있는 기회이고, 지금보다 더 풍성한 미래를 준비하는 때일 수 있다. 그래야만 미래를 눈물로 맞을 수 있는 가능성을 줄이는 것이고, 오히려 더 복되고 아름다운 쪽으로 이끌어 갈 수 있다.

이런 의미에서 에돔에게도 기회는 충분했다. 족장시대에서부터 지금 오바댜 선지자가 에돔의 멸망을 예고하는 시간까지, 아니 이 예고편이 실행되어질 때까지 에돔에게도 기회는 있었다.

에돔을 얘기하지만 이 어찌 에돔만의 경우이겠는가. 하나님은 세우시는 분이시자 동시에 그것을 꺾으시는 분이시기도 하신다. 기회는 영원하지 않다.

이렇듯 생각해 보면, 우리 역시 주님의 재림 때까지가 아직 남아 있는 기회의 시간이다. 물론 역사적 종말인 주의 재림 이전에 개인적 종말이라는 죽음을 맞는다면 그때까지가 받아놓은 아직 남은 기회의 시간이다. 이 시간은 내가 주께 드릴 인생 보고서를 쓰는 때다. 지금 이 순간에도.

요 나

1. 영적 포위망

사공들이 두려워하여 각각 자기의 신을 부르고
또 배를 가볍게 하려고 그 가운데 물건들을 바다에 던지니라
그러나 요나는 배 밑층에 내려가서 누워 깊이 잠이 든지라(욘1.5)

하나님은 폭풍(큰바람)을 동반하시고서 도망자 요나를 찾아오셨다(4). 약간은 혼란스러운 대목이다. 폭풍은 자연현상이 아닌가. 그러나 정말 그런가? 하지만 하나님은 말씀(1)이 아닌 행동하심(4)으로 요나를 찾아오셨다. 그게 '폭풍'이다. 문제는 사람들이 하나님을 보지 못하고 큰바람만을 본다는 점이다. 그것도 현상만을, 그리고 그것의 결과만을 본다. 아무도 폭풍으로 말미암아 하나님을 보고, 그 분의 메시지를 듣지 못한다. 하나님이 하셨고, 계속해서 폭풍중임에도, 다시 말하면 폭풍으로 말씀하고 계심에도 불구하고 말이다.

사람들은 하나님의 임재를 대면하는 일에 실패하고 있다. 선지자도 예외가 아니다. 첫 번째 찾아오셨을 때는 그가 하나님이심을 알았는데(1), 이번에도 역시 "여호와께서 내리시매"(4a)임에도 불구하고 '꽝'이다. 하나님이 지금 문 밖에 서서 두드리

시는데 듣지 못하고 있는 셈이다(계3.20). 귀가 있어도 듣지 못하고, 눈이 있어도 보지 못한다(마13.14). 바로 우리 시대가 이렇다. 하나님이 찾아오셨는데도 그가 하나님이심을 알지 못한다. 하나님은 '폭풍'으로도 말씀하신다는 점을 기억할 필요가 있다. 하나님은 요나에게 말씀과 폭풍을 동시에 사용하고 계신다는 점을 주목해야 한다.

이런 영적 무지에도 불구하고 요나의 배가 큰바람 앞에 완전히 깨어져 침몰하지 않고 거의 깨어지게 될 정도로만, 바로 거기까지만 하나님이 요나의 인생에 개입하셨다는 점이다(4b).

요나의 일생은 4절로 끝났어도 아무 말 할 수 없는 죄인이다. 실제로 많은 경우 하나님은 4절로 인생을 끝내시곤 한다. 그런데 사명을 저버리고, 하나님의 임재와 말씀을 의도적으로 피했던 요나인데 그는 아직 깨어지지 않았다. 이 부분이 압권이다. 하나님의 은혜가 아니면 설명될 수 없는 인생, 그가 바로 요나, 바로 '요 나!'다.

깨어졌어도, 하나님이 그의 인생 쪽박을 깨뜨려 버리셨다 할지라도 그것은 지극히 당연한 결과였다. 그런데 하나님은 '거의 깨어지게 된' 바로 거기까지만 그의 인생에 개입하셨다.

그러므로 비록 폭풍 가운데 처해 있다 할지라도 아직 침몰하지 않았다면 그것만큼이 은혜의 때다. 그렇다면 지금은 하나님의 낯을 피할 때가 아니다. 사명과 소명을 저버리고, 계속해서 미루면서 딴청 부리고 있을 때가 아니다.

그렇기 때문에 완전히 깨어지지 않고, 거의 깨어지게 된 것도 결국 또 하나의 하나님의 은혜가 아닌가. 요나는 복음을 전하는 소명을 깨뜨렸는데 하나님은 요나를 깨뜨리시지 않고 그가 걸어가고 있는 삶의 환경을 깨뜨리신다. 요나는 하나님의 낯을 피했으나 하나님은 요나의 낯을 피하지 않으신다. 하나님은 지금 깨어지게 된 요나를 다시 재창조하시기 위해 비록 폭풍을 동반하셨지만 그를 다시 찾아오셨다.

큰 폭풍은 하나의 사인(sign)이다. 사실 살다 보면 항상 맑고 화창한 것만은 아니다. 바람도 불고, 비도 오고, 구름도 끼고, 무지개도 뜨고 그런다. 그러니까 내가 만나는 모든 풍랑이 다 하나님의 채찍이라거나, 발생하는 모든 사건이 하나님의 심판이라는 뜻은 아니다. 그렇지만 하나님 안에 우연은 없다. 따라서 요나는 운 없게도 폭풍 불어오는 날에 배를 탄 것 뿐이다라고 말할 수 없다.

인간은 사건을 만들지만 하나님은 섭리를 이루어 가신다. 요나는 폭풍을 만날 수밖에 없는 원인을 제공했지만 하나님은 폭풍을 통해서도 당신의 섭리를 성취하신다. 그렇다면 내가 만난 폭풍에도 거기엔 하나님의 섭리(이유)가 있을 수 있다.

2. 물고기뱃속신앙훈련학교

내 영혼이 내 속에서 피곤할 때에 내가 여호와를 생각하였더니
내 기도가 주께 이르렀사오며 주의 성전에 미쳤나이다(욘2.7)

A 여호와(1.1)

X 요나

B 여호와(4.9-11)

하나님(A)과 하나님(B), 시종(始終) 그 사이에 인간 요나가 서 있다. 모두가 다 하나님께 순종한다. 1장에서 바다와 폭풍(4,15), 선장과 무리(14,16), 제비뽑기(7), 그리고 큰 물고기(17)도 그러했다. 이방인은 물론 자연과 생물까지 하나님의 말씀을 듣는데 선지자로 부르심을 받은 요나 만이 하나님의 소리를 듣지 못한다. 그럼에도 하나님은 그를 용납하시며 상대해 주신다. 하나님이 누구신가를 더 없이 생각하게 되는 부분이다.

하나님과 요나의 숨바꼭질, 이게 '요나이야기'다. 그럼에도 하나님은 럭비공 같은 요나를 끝까지 품으신다. 오래 참으신다. 이렇듯 요나의 배후에는 사랑의 하나님이 계신다. 하나님의 끈질긴 사랑이야기는 요나에게서 '요, 나!'에게까지 전달된다. 하나님은 언제나 변함이 없으신데 요나처럼 '요, 나!'는 어

찌 그리 변덕스럽고 좁쌀스러운지 모르겠다.

사실 2장에 등장하는 요나의 기도는 결코 위대하지 않다. 1장을 만났으면서도 2장으로 빨리 항복하기(자원하기)를 거부하고, 하나님이 변함없는 자비(1.17)를 주시자 마지못해 기도하는 자리로 나아온 요나 아닌가. 그래도 하나님은 요나의 자존심을 살려 주신다. 그가 기도하는 자가 되게 하시사 다시 하나님 앞에 서도록 만드시니 말이다.

삼일삼야(三日三夜, 1.17)라는 [물고기뱃속신앙훈련학교]에 하나님은 강제로 요나를 집어넣으신다. 이것마저도 은혜다. 요나가 하는 것이란 하나님을 "피하려고 … 도망하려"(1.3)는 것뿐이다. 그런데 하나님은 막다른 골목 끝인 물고기 뱃속에서 요나를 기다리신다. 그리고 결단과 회개와 기도의 모양새를 갖추어 주시면서 요나에게 그러셨듯이 '요, 나!'를 다시 소명자로 받으신다.

고난의 자리를 기도의 무릎으로 바꿀 수 있다는 것은 말처럼 쉬운 것이 아니다. 1장 17절 다음에 곧바로 2장을 읽으니까 쉬운 공식처럼 보이지만 요나에게는 자신의 절망의 끝을 하나님의 희망으로 잇는 시작을 위해 3일이 필요했다. 이 복된 일이 기도로부터 꿈틀거리고 있음을 주목한다.

요나는 지금 몸뚱이 밖에는 아무것도 없다. 뱃삯을 지불하고 남은 돈과, 다시스행 배표도, 약간의 필요한 것들이 든 짐보따리도 다 자기 품을 떠나고 마치 탕자처럼 혈혈단신(孑孑單

身)으로 캄캄한 물고기 뱃속에 앉아있다.

바로 이때가 하나님을 만날 수 있는 기회이고, 그분 앞에 무릎을 꿇고 기도할 수 있는 자리이다. 요나는 자기 자신에게 절망한다. 다 잃었고 모두가 다 자신의 품을 떠났다. 자신이 하나님을 버리고 그분의 품을 떠났듯이 말이다. 그런데 어찌 된 일인지 하나님은 '이미' 큰 물고기를 예비하사 면목없는 자신을 만나주신 것이다. 물고기 뱃속에서 말이다.

그렇다면 역설적이게도 물고기 뱃속까지 추락한다 해도 다시 부를 수 있는 노래가 있는 사람은 행복하다. 스올의 뱃속 구덩이에까지 몰락했을지라도 하나님이 찾아오사 만나주시는 사람, 그리고 그 하나님의 이름 앞에 무릎을 꿇을 수 있는 사람, 다시 돌아갈 곳이 있는 사람, 다시 부를 하나님 아버지가 있는 사람, 그러니까 탕자와 같은 사람은 아직 희망이 있다.

요나의 희망은 그의 끝이 하나님의 부재(不在)가 아니라 하나님의 임재하심이라는 은혜의 처소였다는데 있다. 그렇다. 인간의 끝은 하나님의 시작이다.

미 가

1. 구약, 메시야를 품다!

베들레헴 에브라다야 너는 유다 족속 중에 작을지라도
이스라엘을 다스릴 자가 네게서 내게로 나올 것이라
그의 근본은 상고에, 영원에 있느니라(미5.2; 마2.1, 눅2.4-7)

○ [여자의 후손] 내가 너로 여자와 원수가 되게 하고 네 후손도 여자의 후손과 원수가 되게 하리니 여자의 후손은 네 머리를 상하게 할 것이요 너는 그의 발꿈치를 상하게 할 것이니라 하시고(창3.15; 눅2.7, 갈4.4, 계12.5)

○ [처녀 탄생] 그러므로 주께서 친히 징조를 너희에게 주실 것이라 보라 처녀가 잉태하여 아들을 낳을 것이요 그의 이름을 임마누엘이라 하리라(사7.14; 마1.18, 눅1.26-35)

○ [선지자] 네 하나님 여호와께서 너희 가운데 네 형제 중에서 너를 위하여 나와 같은 선지자 하나를 일으키시리니 너희는 그의 말을 들을지니라(신18.15; 요1.45, 6.14, 행3.19-26)

○ [제사장] 여호와는 맹세하고 변하지 아니하시리라 이르시기를 너

는 멜기세덱의 서열을 따라 영원한 제사장이라 하셨도다(시110.4; 히5.5-6, 6.20, 7.15-17)

- [승리] 시온의 딸아 크게 기뻐할지어다 예루살렘의 딸아 즐거이 부를지어다 보라 네 왕이 네게 임하시나니 그는 공의로우시며 구원을 베푸시며 겸손하여서 나귀를 타시나니 나귀의 작은 것 곧 나귀 새끼니라(슥9.9; 마21.1-11, 요12.12-14)

- [은 30] 내가 그들에게 이르되 너희가 좋게 여기거든 내 품삯을 내게 주고 그렇지 아니하거든 그만두라 그들이 곧 은 삼십 개를 달아서 내 품삯을 삼은지라(슥11.12; 마26.15)

- [토기장이 밭] 여호와께서 내게 이르시되 그들이 나를 헤아린 바 그 삯을 토기장이에게 던지라 하시기로 내가 곧 그 은 삼십 개를 여호와의 전에서 토기장이에게 던지고(슥11.13; 마27.3-5,6-7)

- [침묵] 그가 곤욕을 당하여 괴로울 때에도 그의 입을 열지 아니하였음이여 마치 도수장으로 끌려 가는 어린 양과 털 깎는 자 앞에서 잠잠한 양 같이 그의 입을 열지 아니하였도다(사53.7; 마26.62-63, 27.12-14)

- [죄인과 함께 못박힘] 그러므로 내가 그에게 존귀한 자와 함께 몫을 받게 하며 강한 자와 함께 탈취한 것을 나누게 하리니 이는 그가 자기 영혼을 버려 사망에 이르게 하며 범죄자 중 하나로

헤아림을 받았음이니라 그러나 그가 많은 사람의 죄를 담당하며 범죄자를 위하여 기도하였느니라(사53.12; 마27.38, 막15.27-28, 눅23.33)

- [조롱 & 모욕] 나는 벌레요 사람이 아니라 사람의 비방거리요 백성의 조롱거리니이다. 나를 보는 자는 다 나를 비웃으며 입술을 비쭉거리고 머리를 흔들며 말하되, 그가 여호와께 의탁하니 구원하실 걸, 그를 기뻐하시니 건지실 걸 하나이다(시22.6-8; 마27.41-44, 막15.29-32)

- [옷 제비뽑기] 내 겉옷을 나누며 속옷을 제비 뽑나이다(시22.18; 막15.24, 요19.24)

- [원수를 위한 기도] 나는 사랑하나 그들은 도리어 나를 대적하니 나는 기도할 뿐이라(시109.4; 눅23.34)

- [묘실에 함께함] 그는 강포를 행하지 아니하였고 그의 입에 거짓이 없었으나 그의 무덤이 악인들과 함께 있었으며 그가 죽은 후에 부자와 함께 있었도다(사53.9; 마27.57-60)

나 훔

1. 환난 날에 부르는 노래

여호와는 선하시며 환난 날에 산성이시라
그는 자기에게 피하는 자들을 아시느니라(나1.7)

◎ 하나님의 열심(1.2-8)

A 공의로우신 하나님(2-6)

X 선(사랑)하신 하나님(7)

A′ 심판하시는 하나님(8)

선지자 나훔과 그가 전하는 메시지(예언)는 오직 앗수르의 수도 니느웨의 죄악에 대해, 그리고 그 죄악이 몰고 올 니느웨의 멸망에 대해서 '만' 집중된다.

사실 니느웨는 이미 1세기 전에 선지자 요나가 전한 메시지를 듣고 온 도성이 회개함으로써 심판이 취소되고 하나님의 특별한 구원을 맛본 적이 있었다. 하지만 세월이 흘러 다시 나훔의 심판 메시지를 들을 수밖에 없는 형편으로 추락해 있는 실정이다.

사실 서슬 퍼런 하나님의 진노의 얼굴로 가득 찬 나훔의 묵시(A, A')에 둘러싸여 있는 오늘 묵상(X)만으로는 겁에 질린 분위기를 반전시키기에는 좀 힘겨워 보이는 게 사실이다. 심판(공의)의 칼을 든 모습을 그대로 하고서 잠시 웃음 띤 얼굴을 보인다고 해서 하나님의 생각이 바뀌었거나 단지 겁만 주는 메시지라고 오해해선 안 된다. 그런 의미에서 오늘 묵상의 위치는 좀 특별하다.

하지만 선지자는 하나님의 모습에 균형을 잡는다. 하나님은 공의(심판)를 집행하시는 분이시지만 동시에 선하시다. 결국 그 분의 공의는 당신의 선하심 안에서 집행될 것이다.

따라서 아무도 하나님의 공의에 대해 이의를 제기할 수 없다. 우리는 자칫 하나님에 대한 이미지를 오해하거나, 혹은 결코 선하지 않은 자신의 수준에 의해 하나님의 공의를 판단하는 우(愚)를 범할 때가 많다.

이것이 하나님의 공의가 선을 충족시키고, 하나님의 선이 공의를 만족시키는 그분의 완전하심이다. 그렇기 때문에 공의의 대상으로서의 환난이나 고통이 아니라, 하나님의 백성으로 살아감에도 불구하고 그의 인생의 노정에서 만나는 위험과 고통을 동반한 자들의 "환난 날에 산성이시"다.

그분의 선하심은 우리가 만나는 모든 환난으로부터 우리를 보호하시는, 그러기에 우리가 피난처요 산성이신 하나님께 피하는 것 아니겠는가.

죄의 값을 치르는 공의로운 심판과 사망의 음침한 골짜기에

서 만나는 환난은 분명 다르다. 하나님은 지금 이 둘을 다 하시는 분이시다. 그러므로 하나님의 백성됨이라는 영광과 은혜를 온몸과 심령으로 느끼고 알고 고백하고 확신하고 있다면 그는 당당하게 하나님에게 피하는 자들 안으로 들어갈 수 있다. 물론 하나님께서는 그가 공의의 대상인지, 보호(피난처)의 대상인가를 아신다.

니느웨스럽게 하나님의 공의의 심판대 앞에 설 것인가. 아니면 유다스럽게 산성이 되셔서 보호하시는 선하신 하나님의 은혜 앞에 설 것인가. 놀라운 것은 니느웨처럼 취급하셨어도 아무 변명도 할 꺼리 조차 없는 우리가 당신에게 피할 때 기꺼이 은혜의 불성곽으로 보호하시며 환난 날에 산성이 되어주셨다는 점이다.

하나님은 내가 만난 환난 날에 당신을 부르라 말씀하신다. 뒤집어 보면 환난 날은 하나님을 찾고, 만나는 날이다.

하 박 국

1. 하나님의 열심

이 묵시는 정한 때가 있나니
그 종말이 속히 이르겠고 결코 거짓되지 아니하리라
비록 더딜지라도 기다리라 지체되지 않고 반드시 응하리라(합2.3)

◎ 하박국 vs 하나님(합1.1-2.20)

Q1 하박국(1.2-4) : 어찌하여 악인이 승리하는가?

A1 하나님(1.5-11) : 악인의 멸망이 임박하다.

Q2 하박국(1.12-2.1) : 어찌하여 악인을 사용하시는가?

A2 하나님(2.2-20) : 악인의 심판이 임박하다.

선지자 예레미야(Jeremiah, BC 682-586)와 비슷한 시기에 남왕국 유다를 무대로 활동한 하박국(Habakkuk, BC 612-589) 선지자는 선지자로서는 좀처럼 보기 드문 특이한 모습을 보여준다. 이것은 어찌 보면 좀 불경스러운 나머지 하나님께 감히 그럴 수 있나 싶을 만큼 겁나는 선지자의 항의성 질문들(Q, 합1.2-4[Q1], 1.12-2.1[Q2]) 때문이다.

하지만 그럼에도 차분하고 조목조목 짚어주시는 하나님의

대답(A, 합1.5-11[A1], 2.2-20[A2])에서 역시 통 큰 하나님이심을 느끼게 된다. 결국 하박국은 3장에서야 비로소 하나님께 항복(설복)하고 급기야 하나님께 기도와 찬양으로 예배를 드림으로써 이미 활을 떠난 화살처럼 자신을 통해 말씀하신 묵시(하박국)가 과녁에 정확하게 명중(성취)될 것을 믿음으로 바라본다.

오늘 묵상은 두 번째 선지자의 질문(Q2)에 대한 하나님의 대답(A2) 중 총론에 해당한다. 이로 보건대 하박국은 하나님의 대답(A1)에 대해 다음과 같이 노골적으로 반기를 들고 있다는 것을 알 수 있다. 첫째, 이 묵시의 성취(종말)의 때에 대한 불신이다. 둘째, 하나님의 묵시의 진정성에 대한 의심이다. 셋째, 과연 이 묵시가 성취될 수 있을 것인가에 대한 회의다. 놀라운 것은 그가 선지자라는 사실이다. 그런데 지금은 마치 하나님과 선지자가 서로 역할을 바꾼 역할극을 보는 듯하다.

처음엔 선지자가 좀 너무한다 싶었다. 하지만 곰곰이 묵상해 볼 때 하나님의 넓고 깊음 앞에 무릎을 꿇는다. 어쩜 하나님은 "그래, 난 너에게 공포와 두려움만을 주는 무사(武士)가 아니란다. 이해되지 않고, 받아들일 수 없는 일을 만날 때 얼마든지 따지고 항의하며 너의 생각을 토해낼 수 있는 그런 아버지란다."라는 사랑의 눈빛으로 마음의 손을 내미신 분으로 느껴지면서 동시에 선지자의 영적(靈的) 용량이 참 크구나 싶은 생각이 들었다.

하지만 누구나 선지자의 언행을 흉내(모방) 낼 수 있는 건 아니다. 돌아온 탕자(동생)를 앞에 두고 집안의 탕자(형님)를 설득하고 품으시는 아버지의 모습도 있으시지만, 광야교회(행7.38)의 담임목사로서 사역한 모세로 하여금 가나안교회를 목회하는 것은 허락하지 않으셨던 하나님의 모습도 있으시니까 말이다.

그렇다면 하박국의 탄식에 찬 고백은 진심으로 하나님의 섭리와 일하심에 대한 기대와 요청이라는 면이 밑바닥에 깔려있음을 알 수 있다.

하나님은 당신의 때에 자신의 뜻을 이루시는 분이시다. 하나님은 실언(失言)하시는 분이 아니시다(민23.19 참조). 우리의 눈에 보기에 더디고, 그래서 응답되지 않을 것처럼 보일지라도 적절한 타이밍에 맞춰 목표(과녁)에 반드시 명중시키시는 분이시다. 하나님의 열심이 이를 이루실 것이다.

오늘 묵상에서 만난 전능하신 하나님은 지금 인간 하박국에게 OK 어인(御印)을 찍어주신다 : "그래, 하박국! 넌 날 믿어야 한다. 아무리 밤이 깊어도 새벽은 오는 것처럼 너마저 흔들려서는 안 된다. 어떤 형편과 처지 속에서도 나를 신뢰하거라!"

하박국과 눈을 맞추시는 하나님의 모습이 그려지는 대목이다. 오늘 묵상을 입에 물고 하늘 아버지를 바라보면서 내게 주시는 절묘한 약속의 말씀으로 받는다.

하나님보다 앞서지 않기를, 하나님을 묵묵히 신뢰하고 따르기를, 하나님이 하시는 일을 보고, 듣고, 알고, 믿고, 행하는 종(從)이기를 오늘 묵상에 담아 주님께 올려드린다. 안심이다.

2. 해답은 하나님께 있지 아니하니이까.

의인은 그의 믿음으로 말미암아 살리라(합2.4b)

이 유명한 구절은 -흥미로운 것은 로마서의 근간인 이신칭의(以信稱義)의 복음을 바울 사도가 이 고백에서 가져온다(롬1.17, 갈3.11).- 하박국의 고백이 아니라는 점을 주목할 필요가 있다. 오히려 그의 질문에 대한 하나님의 응답 안에 들어있다. 즉, 하박국이 시대와 민족을 품고 몸부림치듯 절규하는 것에 대한 하나님 편에서 주어지는 해법이다.

그럼 선지자가 토해내는 그 시대의 아이콘은 무엇인가? 그는 악(惡)과 악인(惡人)을 피고석에 세워놓고 하나님의 대답을 기다린다. 때는 남왕국 유다가 멸망하기 십수 년 전인 여호야김이 통치하던 시기이고, 갈대아 군대가 예루살렘을 침입해 온 BC 597년인데(예루살렘 멸망은 BC 586년이다) 나라는 회복 불능에 가까운 부패로 가득 찬 때다. 문제는 선지자에게 이러한 참담한 영적(시대적)인 상황에 하나님은 악에 대해 무관심하실 뿐만 아니라 의인들의 고난과 고통에 무관심하신 것처럼 보였다는 점이다. 이것이 하박국이 감히 하나님께 불손(무례)해 보이는 것 같은 질문들을 던지는 이유다.

하박국의 신학적 딜레마에 대한 하나님의 응답의 핵심이 오늘 묵상이다. 결국 하나님은 완곡하게 선지자의 믿음 없음을 질책하고 계신다. 믿음의 눈으로, 그러니까 하나님의 눈으로 시대와 상황을 이해하고 해석할 용량이 되어있지 못한 하박국, 그럼에도 그가 선지자로 쓰임 받고 있음이 흥미롭다. 어찌 이게 하박국만의 문제이겠는가.

때로 우리도 하박국처럼 알량한 '자기 의'(self-righteousness)라는 앵글에서 하나님이 하시는 일마저 가감하려 든다. 경험적으로 놓고 볼 때 첫 믿음의 초기 단계에서는 하나님에 대한 경외함이 하박국처럼 행하려는 움직임을 통제한다.

그러나 구원의 확신을 넘어 하나님에 대한 전적인 신뢰의 성숙 단계를 지나면서 하박국 딜레마라는 증상이 하나 둘 나타나기 시작한다. 물론 긍정적인 면에서 이해와 납득이라는 측면이 신앙에서 중요하기에 이런 신학적 질문들이 잘못되었다고 볼 수만은 없다.

문제는 이게 하나님까지도 자기 식(式)대로 정리하거나 풀어낼 수 있다고 생각하는 '자기 의(義)' 식의 죄라는 점이다. 이것은 가인에게서(창4.5-8), 미리암과 아론(민12.1-2), 광야의 이스라엘 백성들과 고라 자손에게서(민16.1-3) 발견된다.

하나님마저 피고석에 세우려는 하박국적 죄악이 발병되지 않으려면 하나님의 처방전을 주목해야 한다. 이게 "의인은 그의 믿음으로 말미암아 살리라."는 말씀이다.

알량한 '자기 의(義)' 적인 자존심을 내려놓아야 한다. 주도권을 자신이 쥐려고 할 때 이 증상은 늘 배가된다. 역사의 주관자이시며 통치자이신 하나님의 일하심과 섭리를 읽어내고, 이해하고, 알고, 바라볼 수 있는 길은 하나님이 말씀하시는 바로 그 믿음이다. 이 믿음이 있을 때 선지자의 병적 증상이 치료된다. 이것이 하나님이 제시하시는 믿음이라는 해법이다.

스 바 냐

1. 심판주의보

여호와의 큰 날이 가깝도다 가깝고도 빠르도다 여호와의 날의 소리로다 용사가 거기서 심히 슬피 우는도다(습1.14)

유다왕 요시야 때에 하나님의 심판이 예고되고 있음이 특별하다(습1.1). 요시야는 8세에 왕이 되어(대하34.1-2), 16세에 "다윗의 하나님을 비로소 찾고"(대하34.3a), 20세에 종교개혁을 단행한다(대하34.3b-7). 뿐만 아니라 성전을 수리하는 중 율법책을 발견한 후 언약을 갱신하고 유월절을 지키는 등 평생을 하나님 앞에서 있었던 선한 왕이었다(대하34.8-35.19).

하지만 요시야의 고군분투는 조부 므낫세(왕하21.1-18, 대하33.1-20) 55년과 부친 아몬(왕하21.19-26, 대하33.21-25) 2년으로 이어진 선왕(先王)들의 패역함(죄악)을 되돌리기에는 역부족이었다. 이는 요시야 이후가 곧바로 멸망기(여호아하스, 여호야김, 여호야긴, 시드기야, 대하36.1-23 참조)로 접어들면서 결국 요시야 이후 23년에 유다가 멸망하는 것을 볼 때 그렇다.

이렇듯 유다는 하나님을 떠나고, 그런 유다를 향해 하나님은 '여호와의 큰 날'이라는 심판을 선포하신다(1.14-18). 요시야가 있어도 그 이후가 이처럼 풍전등화와 같다는 점이 충격이다. 하지만 더 놀라운 것은 심판의 날에 숨김을 얻을 수 있는 회개하는 자를 찾으신다는 점이다(2.1-3).

이처럼 여호와의 날이 이르기 전에 구원 받을 수 있는 가능성이 열려있다는 것은 기적과도 같은 희망이다. 이로 보건대 심판은 그것 자체가 목적이라기보다는 유다를 다시 하나님에게로 돌이키시려는 또 다른 이름의 사랑이라 할 수 있다.

"여호와의 큰 날이 가깝도다!"는 스바냐의 외침은 심판을 알리는 일종의 예비종(서곡)이다. 하나님은 이처럼 당신의 계획을 선지자(말씀)를 통해서 알리신다.

마치 출애굽 때에 애굽과 바로에게 행하신 열번째 재앙에 앞서 하나님께서 이스라엘에게 명하신 유월절(출12.1-28)을 생각나게 한다. 심판의 날이 "가깝고도 빠르"게 임하고 있을 때 이스라엘은 모세를 통해 예비종 소리를 듣고 그 들음대로 준행했다. 하지만 애굽은 바로로부터 옥에 갇힌 사람의 장자까지 사망치 아니한 집이 하나도 없었다(출12.29-30).

경고는 그것을 약간이라도 시연해 보여주거나 "자, 이제 알았지?"라고 확인한 후에 "그럼 이제 진짜 경고의 나팔이다!"는 식으로 진행되지 않는다. 그렇다면 경고는 그것 자체로 감사해야 할 사인(sign)이다. 왜냐하면 아직 기회가 남아있기 때문이다.

하지만 많은 경우 "소 잃고 외양간 고치기" 식이다. 그래서 다 잃은 후에, 경고가 실전이 된 이후에야 후회와 고통의 눈물을 흘리는 것으로 반응한다. 왜 인간은 역사가 이미 증명해 준 사실을 교훈 삼지 않을까. 왜 경고와 집행의 이중주의 순환 역사는 끝없이 이어질까.

역사까지 거창하게 언급했지만 좀 민망하다. 나 역시 동일하게 악순환을 돌림노래처럼 반복하며 살고 있기에 그렇다. '여호와의 큰 날'의 궁극적 성취인 주의 재림이 임박하고 있다. 이 예고는 구약과 신약을 통해 이미 인류에게 선포되었다.

노아 시대에 홍수심판이 예고되었고, 방주가 지어지는 것과 비례해서 심판이 점점 다가오고 있어도 그 시대가 하나님의 경고를 아무도 귀담아듣지 않았다. 그 결과는 우리가 다 아는 바다. 혹 지금 나도 노아 시대의 한 사람처럼 반응하고 있는 것은 아닌지 오늘은 이 심판의 전주곡 소리가 예사롭지 않게 들린다.

학 개

1. 어떻게 지내왔는지 돌아보라!

만군의 여호와가 말하노니 너희는 자기의 행위를 살필지니라(학1.7)

◎ 성전을 건축하라!(학1.1-11)

A 행위 1(2-4) : 성전 황폐 ⇨ ① 건축 거부, ② 좋은 집에 거주

B 진단 1a(5) : 너희는 너희의 행위를 살필지니라(5)

A' 행위 2(6) : 임금착취

B' 진단 1b(7) : 너희는 자기의 행위를 살필지니라(7)

C 해답 : 성전을 건축하라!(8-11)

포로기를 막 벗어난 때의 이스라엘의 실상이라는 점에서 선지자 학개의 메시지는 충격적이다. 하나님의 은혜의 선물(出바벨론)에 대한 이스라엘의 반응이라는 게 배은망덕(背恩忘德)이라 하지 않을 수 없는 행위들이기에 그렇다. 그렇게도 오매불망(寤寐不忘)하던 포로기가 끝났으면 다시 포로기를 낳은 죄 쪽으로의 유턴은 없어야 할 것 같아서다.

이런 정황적 이해에 비춰볼 때 이 문제를 해결하시기 위한 하

나님의 해법이 눈에 띈다. 오늘 묵상에서는 다음과 같은 질문(관찰과 연구)을 통해 하나님의 의도와 목적하심이 드러나도록 하는 것이 중요하다 :

첫째, 하나님이 말씀하시는 이스라엘이 살펴야 할 행위는 무엇인가?

둘째, 하나님은 무엇 때문에 이를 살피라 하시는가?

셋째, 이스라엘이 이를 살필 때 어떤 일이 일어나는가?

무너진 성전을 바라보면서도 성전재건에는 관심이 없고 오히려 자기 집을 건축하기에 바쁜 이스라엘! 그러니까 하나님께로는 언행(言行)을 막고, 이웃에게는 임금(노동력)을 착취하고, 이것들을 통해 자신들은 집을 건축하는 매우 이중적인(이기적인) 모습이 선지자 학개의 앵글에 클로즈업 될 수밖에 없지 않겠는가.

이처럼 자기만을 위한 의식주(衣食住)에 집중해 있을 때 하나님과 이웃이 보이지 않는다. 하지만 문제는 이것뿐만 아니라 그렇게 자신에게 올인했음에도 결코 풍요롭지 못하고 여전히 휘청거리는 인생살이가 계속되고 있을 뿐이라는 점이 애처롭다(학 1:6,9-11).

그래서 하나님은 이스라엘이 "자기의 행위를 살필"(5,7) 수 있다면 헝클어진 문제가 풀릴 것이라 말씀한다. 그러나 어리석게도 인간은 우선순위를 바꾸면서까지 자기 생각과 계획을 이루려고 하고 있다. 하나님이 의도하신 순서까지를 비틀어 가면서 말이다.

해답은 이스라엘이 만드는 게 아니다. 出바벨론이라는 하나님의 은혜를 성전건축이 아닌 자기 집 건축으로 돌려버린 못난이 이스라엘을 향해 하나님은 선지자 학개를 통해 문제의 해법을 다시 가르치시고 제시하신다.

하나님은 이스라엘로 하여금 자신의 행위를 진단할 것을 거듭 명하신다(B). 또한 이스라엘이 살펴야 할 행위(A)를 다 말씀하시면서 이에 비춰 진단하고 해결할 것을 제안하신다.

결국 이스라엘이 잘 되기(C)를 원하시는 하나님의 마음이 생생하게 드러난다. 하나님은 사람이 건축한 성전에 거하시는 것으로 제한되시는 분이 아니시다. 그럼에도 성전건축을 명하시는 것은 이스라엘을 위함이다. 이것이 하나님 아버지의 마음이다. 나의 행위의 옥석을 살필 것을 명하시는 하나님의 따뜻한 마음이 오늘 묵상을 타고 내게로 왔다.

2. 희망은 하나님을 따라 흐르고

또한 모든 나라를 진동시킬 것이며 모든 나라의 보배가 이르리니
내가 이 성전에 영광이 충만하게 하리라
만군의 여호와의 말이니라(학2.7)

◎ 선지자 학개와 성전재건

536 제1차 포로 귀환(42,360명, 스룹바벨, 스1.5-)

① 성전재건 메시지 1(학1.1-) – 다리오 2년 6월 1일

○ 성전재건 시작(학1.14-15; 스3.8) – 다리오 2년 6월 24일

② 성전재건 메시지 2(학2.1-) – 다리오 2년 7월 21일

③ 성전재건 메시지 3(학2.9-) – 다리오 2년 9월 24일

○ 성전재건(스6.13-15; 에3.7 참조) – 다리오 6년 12월 3일

성전건축이 시작되고 겨우 1개월이 지난 때다(1.15-2.1). 그런데 하나님의 생각과 마음과는 달리 백성들의 상태는 유감스럽게도 회의적(불신앙)이다. 한마디로 성전이 보잘 것 없어 보인다는 것이다(3). 그러고 또다시 2개월 만에 -두 번째 메시지에서 보자면 2개월 만이다(②③).- 이렇듯 하나님께서 다시 성전건축에 대해 말씀하시는 것으로 볼 때 오늘 묵상 단락에 선 이스라엘의 마음 상태는 우리가 생각하는 것 이상으로 침체되어 있다.

그렇다면 이제 이 일을 놓고 하나님은 어떻게 반응하실까?

채찍과 책망일까, 아니면 위로와 격려일까. 놀랍게도 하나님은 "너희가 애굽에서 나올 때에 내가 너희와 언약한 말과 나의 영이 계속하여 너희 가운데에 머물러 있나니 너희는 두려워하지 말지어다."(5)라는 위로와 격려의 말씀으로 거듭 찾아오신다.

홍미로운 것은 5절을 포함해서 [시내산언약]적 회상(4-8)과 은혜를 통해 성전건축을 다시금 촉구하시는 부분이다. 성전 텍스트에 언약적 용어가 들어있음이 인상적이다(5,23). 이와 관련하여 하나님은 앞서 예레미야를 통해 "나의 삶으로 맹세하노니 유다 왕 여호야김의 아들 고나야[여호야긴; 24.1, 대상3.16, 왕하24.6,8 참조]가 나의 오른손의 '인장 반지'라 할지라도 내가 빼어, 네 생명을 찾는 자의 손과 네가 두려워하는 자의 손 곧 바벨론 왕 느부갓네살의 손과 갈대아인의 손에 줄 것이라. … 다윗의 왕위에 앉아 유다를 다스릴 사람이 다시는 없을 것임이니라."(렘22:24-25,30)고 말씀하심으로써 놀랍게도 다윗언약을 파기할 것을 말씀하셨다.

그런데 이제 스룹바벨을 통해 하나님은 "그 날에 내가 너를 세우고 너를 '인장'으로 삼으리니 이는 내가 너를 택하였음이니라."(23b)고 말씀하심으로써 앞서 파기된 다윗언약을 다시 새롭게 갱신하실 것을 말씀하신다. 하지만 스룹바벨이 이를 성취하는가? 결과적으로 그러지 못했다(슥4.8 참조). 그러나 예수 그리스도를 통해 성취된다(마1.13, 눅3.27, 요1.14 참조). 이것이 학개가 전하는 성전신학(聖殿神學)이다. 이처럼 성전은 언약의 완성이신 그리스도를 바라보고 있다. 그렇다면 포로 귀환을 통한 새 시대가 성전건축을 머뭇거려야 할까?

하나님은 선지자를 통해 말씀하시고(2.4,6-9,23), 백성들은 그 말씀을 듣고 순종으로 반응해야 함에도 이를 성취해 가는 백성들의 언행(言行)은 결과적으로 그리 만족스럽지 못했다. 내 결심은 부끄럽게도 겨우 한 달짜리다(1.15-2.1). 그럼에도 하나님은 "내가 이 성전에 영광이 충만하게 하리라!" 선언하신다. 그렇다. 희망은 늘 하나님을 따라온다.

3. 더 큰 영광을 사모하라!

이 성전의 나중 영광이 이전 영광보다 크리라 만군의 여호와의 말이니라
내가 이 곳에 평강을 주리라 만군의 여호와의 말이니라(학2.9)

◎ [학개 연대기]

722 북왕국 이스라엘 멸망

586 남왕국 유다 멸망

⇨ 539 바사(페르시아, 現 이란)왕 고레스 칙령(스1.1-4)

536 제1차 포로 귀환(42,360명, 스룹바벨, 스1.5-2.70)

성전재건 시작(학1.14-15; 스3.8)

⇨ 522-486 바사왕 다리오(Darius 1) 통치

520 학개/스가랴 활동(학1.1, 슥1.1; 스4.24-6.15 참조)

다리오 2년 6월 1,24일(학1.1,14) - 성전을 건축하라.

다리오 2년 7월 21일(학2.1)

A 백성들 : 성전건축에 대한 회의(3)

- 성전이 보잘 것 없지 아니하냐.

B 하나님 : 시내산언약을 통한 격려(4-9)

- 굳세게!, 더 큰 영광(평강, 9)

바벨론 포로로부터의 귀환을 통한 새 시대가 시작되었으나 유감스럽게도 달라진 게 없다. 그렇게도 앙망했던 응답(고토에로의 귀환)이었음에도 말이다. 무엇보다 하나님의 말씀에 감동을 받아 성전 재건의 역사가 시작되었지만 한 달도 채 못 되어 중단되다시피 한 상태다.

과연 다시 시작된 가나안에서의 생활에 희망은 있는 것인가. 있다면 그것은 무엇인가. 하나님은 이를 다시 선지자 학개를 통해 분명한 메시지로 드러내신다. 이것이 학개에 의해 계시된 성전신학(聖殿神學)이다.

한편 이러한 혼돈의 때에 하나님과 백성들 사이에 서 있는 선지자 학개의 고통(고독)은 어떠했을까. 특히나 영광스럽던 솔로몬 성전을 보았던 노년세대들은 새 성전의 초라함에 그만 낙담하고 좌절한 것을 목도한 입장이기도 했으므로 아마도

자기 자신도 지탱하기에 벅찬 그런 때였을 것이다. 다시금 사역의 공공성 앞에 서 있는 학개의 중압감이 느껴진다.

짧은 선지서 안에 느껴지는 선지자(하나님)의 신음소리가 들리는 듯하다. 하지만 늘 그렇듯 희망은 하나님 쪽에서 온다. 비록 백성들이 회의와 절망으로 휘청거리고 있을 때였지만 하나님은 그럼에도 불구하고 소망의 메시지로 계속해서(연속적으로) 찾아오시기 때문이다.

한편 손으로 지어진 성전은 참 성전이자 그것의 실체이신 그리스도의 모형에 불과하다는 신학적 이해의 틀에 올려놓고 보면, 지금 스룹바벨 성전이 부러움과 영광으로 추억하는 이전 솔로몬 성전의 영광과 비교할 수 없는 성전이신 그리스도를 읽어내도록 안내해 주고 있음을 깨닫게 된다.

따라서 이 스룹바벨 성전의 나중 영광인 그리스도가 이전 솔로몬 성전의 영광보다 클 것을 믿을 때에 마침내 이스라엘은 하나님의 꿈과 비전에 눈높이를 맞추게 될 것이다. 이게 선지자 학개를 통해 기대하시는 스룹바벨 성전의 기능이요 역할이다.

하나님의 평강(peace, shalom)이 성전으로부터 흘러넘치게 될 것임이 약속(선언)되고 있음을 주목한다. 진정한 평화는 세상이 줄 수도, 만들지도 못한다. 하나님은 예나 지금이나 당신의 영광스러움 하나 보이지 않는 교회를 통해서도 성령으로 일하시는 분이시다.

1. ZECHARIAH의 환상처럼!

모든 육체가 여호와 앞에서 잠잠할 것은 여호와께서 그의
거룩한 처소에서 일어나심이니라 하라 하더라(슥2.13)

◎ [스가랴 연대기]

722 북왕국 이스라엘 멸망

586 남왕국 유다 멸망

⇨ 539 바사(페르시아, 現 이란)왕 고레스 칙령(스1.1-4)

※ 566-486 석가모니/인도

※ 551-479 공자/중국

536 제1차 포로 귀환(42,360명, 스룹바벨, 스1.5-2.70)과 성전재건 시작

⇨ 522-486 바사왕 다리오(Darius 1) 통치

520 **학개/스가랴** 활동(학1.1, 슥1.1; 스4.24-6.15 참조)

516 성전재건(스6.13-15, 다리오 6년)

스가랴 2장은 스가랴(Zechariah)가 본 여덟 가지 환상 중 세 번째 환상으로 척량줄을 손에 들고 있는 사람에 대한 환상이다. 이 환상은 미래의 예루살렘의 완전한 회복에 대한 예언(슥

1.16-17), 즉 궁극적으로는 메시야에 의해 실현될 하나님의 나라를 내다보고 있다는 점에서 단순한 유다의 회복을 뛰어넘는다(슥2.11). 한편 위의 연표에서 알 수 있듯이 시작된 포로기 이후에 대한 환상이자 가시적으로는 바벨론에 대한 심판을 담고 있기도 하다.

그럼 이 일은 누가 주도하고 또 성취하는가? 오늘 묵상은 여호와의 말씀을 스가랴가 전하고 있는데 -"… 하라 하더라"의 종결어를 볼 때 그렇다- 이로 보건대 이 환상의 성취는 여호와 하나님이시다. 이 큰 일을 이루시는 하나님 앞에 감히 누가 왈가왈부 할 수 있으랴. 하나님으로부터, 하나님에 의해 환상이 시작되고 성취될 것이다.

기독교 정신을 건학이념으로 한 경성대학교는 지난 1955년 순산 故 김길창(金吉昌, 1892-1977) 목사님이 설립하여, 현재 700여 교직원, 10개 단과대학, 67개 학과, 1만 5천여 명으로 이루어진 명문 기독교 사학으로 성장했다. 여기까지 인도하신 하나님의 은혜에, 이제는 경성대학교라는 그릇에 예수 그리스도의 복음을 담는 것, 이것이 교목실이 해야 할 소명이라고 생각한다.

지난 7월 말, 사역을 시작한 이후 날마다 학교에 도착하면 먼저 항상 이 기도를 올려드린다.

◎ [경성대학교 비전기도문]

하나님 아버지, 경성대학교를

복음의 기초 위에 세워주셔서 감사합니다.
오늘도 경성대의 하늘문을 열어주옵소서.
김동기 이사장님, 송수건 총장님, 700여 교직원들,
1만 5천여 경성인들을 주의 이름으로 축복합니다.
주여, 우리 경성대학교를 살려 주시옵소서.
황령산 자락에 그리스도의 푸르고 푸른
복음의 계절이 임하게 하옵소서.
이곳에서부터 복음의 강수가 열방으로 흘러가게 하옵소서.
경성대학교가 부산의 향도가 되게 하시고,
경남의 등대가 되게 하시고,
민족의 등불이 되게 하시고,
열방의 빛이 되게 하옵소서.
학생들이 졸업할 때는 그리스도의 제자가 되어
민족과 열방에 파송되게 하옵소서.
주여, 오늘도 경성대학교가 부산 · 경남의 희망이게 하옵소서.
주여, 오늘도 부산 · 경남이 경성대학교 때문에
복을 받게 하옵소서.
예수 그리스도의 이름으로 기도드리옵나이다. -아멘-

오늘 말씀처럼 하나님보다 앞서지 않는 사역이 되어야 함을 고백한다. 하나님 앞에서 잠잠하게 그분이 이미 하신 일, 앞으로 하실 일을 기대와 소망에 담아 올려 드린다. 하나님은 당신의 거룩한 처소에서 일어나 하늘문을 열어주실 것을 믿는다.

주여, 앞서 일하시옵소서! 우리는 주께서 하시는 일을 보고, 주님을 찬양하고 경배하는 일을 하겠습니다.

2. 마음일기(3)

그 마음을 금강석 같게 하여 율법과 만군의 여호와가
그의 영으로 옛 선지자들을 통하여 전한 말을 듣지 아니하므로
큰 진노가 만군의 여호와께로부터 나왔도다(슥7.12)

○ 내가 그들에게 한 마음을 주고 그 속에 새 영을 주며 그 몸에서 돌 같은 마음을 제거하고 살처럼 부드러운 마음을 주어, 그러나 미운 것과 가증한 것을 마음으로 따르는 자는 내가 그 행위대로 그 머리에 갚으리라 나 주 여호와의 말이니라."(겔11.19,21; 36.26 참조)

○ 인자야 이 사람들이 자기 우상을 마음에 들이며 죄악의 걸림돌을 자기 앞에 두었으니 그들이 내게 묻기를 내가 조금인들 용납하랴. 그런즉 너는 그들에게 말하여 이르라 나 주 여호와가 … 그 우상의 수효대로 보응하리니, 이는 이스라엘 족속이 다 그 우상으로 말미암아 나를 배반하였으므로 내가 그들이 마음먹은 대로 그들을 잡으려 함이라(겔14.3-5)

- 너희는 너희가 범한 모든 죄악을 버리고 마음과 영을 새롭게 할지어다 이스라엘 족속아 너희가 어찌하여 죽고자 하느냐(겔18.31)

- 인자야 너는 두로 왕에게 이르기를 주 여호와께서 이같이 말씀하시되 네 마음이 교만하여 말하기를 나는 신이라 내가 하나님의 자리 곧 바다 가운데에 앉아 있다 하도다 네 마음이 하나님의 마음 같은 체할지라도 너는 사람이요 신이 아니거늘, 그런즉 내가 이방인 곧 여러 나라의 강포한 자를 거느리고 와서 너를 … 죽게 할지라(겔28.2,7-8)

- 내가 광야 마른 땅에서 너를 알았거늘, 그들이 먹여 준 대로 배가 불렀고 배가 부르니 그들의 마음이 교만하여 이로 말미암아 나를 잊었느니라(호13.5-6)

- 여호와의 말씀에 너희는 이제라도 금식하고 울며 애통하고 마음을 다하여 내게로 돌아오라 하셨나니, 너희는 옷을 찢지 말고 마음을 찢고 너희 하나님 여호와께로 돌아올지어다."(욜2.12-13a)

- "보라 그의 마음은 교만하며 그 속에서 정직하지 못하나 의인은 그의 믿음으로 말미암아 살리라(합2.4)

- 여호와께서 … 총독 스룹바벨의 마음과 … 대제사장 여호수아의 마음과 남은 모든 백성의 마음을 감동시키시매 그들이 와서 만군의 여호와 그들의 하나님의 전 공사를 하였으니(학1.14)

○ 그가 아버지의 마음을 자녀에게로 돌이키게 하고 자녀들의 마음을 그들의 아버지에게로 돌이키게 하리라 돌이키지 아니하면 두렵건대 내가 와서 저주로 그 땅을 칠까 하노라 하시니라(말4.6)

말 라 기

1. 하나님만이 희망이다.

이름을 경외하는 너희에게는 공의로운 해가 떠올라서
치료하는 광선을 비추리니 너희가 나가서
외양간에서 나온 송아지 같이 뛰리라(말4.2)

◎ 종말론적 심판(말3.13-4.3) : 의인 vs 악인

A 교만한 자, 악을 행하는 자(3.13-15) : 심판
B 여호와를 경외하는 너희(3.16-18) : 회복
A′ 교만한 자와 악을 행하는 자(4.1) : 심판
B′ 내 이름을 경외하는 너희(4.2-3) : 소망

무엇과도 바꿀 수 없는 바른 제사(예배)마저 찾기 어려운 때(1.6-2.9)가 말라기의 배경이다. 이처럼 하나님과의 관계는 깨졌으며(2.10), 잡혼(2.11-16), 십일조라는 최소한의 헌신마저 잊혀지고 사라진 참담함이 온 이스라엘을 덮고 있다(3.6-12).

구약은 이렇듯 출구를 찾을 수 없는 참담한 암흑으로 문을 닫으려는 중이다. 그러니 시작부터 '경고'(1.1)를 받을 수밖에 없질 않은가. 아, 이를 어찌하랴!

더 놀라운 것은 최후의 심판이 예고되고 있는 때까지 교만한 자, 즉 악을 행하는 자들이 그것을 돌이킬 기미가 전혀 보이지 않는다는 데 있다. 자신들이 하는 짓이 무엇을 의미하며 그 결과가 어떨 것인지에 대한 전적인 무지, 그러면서도 교만할 수 있음이 참으로 낯설다.

악인에 대한 심판선언이 그리 통쾌하지만은 않은, 어딘지 모르게 좀 씁쓸한 이유는 왜일까. 이들에 대한 취소할 수 없는 심판이 하나님께로부터 선언(예고)되고 있기 때문이다.

그런데 의인(義人)에 대한 선지자, 즉 하나님의 희망은 분명하고도 선명하다. 이런 말라기적(종말론적) 패닉 상태에서도 여호와의 이름을 경외하는 자들이 있고, 저들을 하나님께서 결코 잊지 않으시겠다 약속하신다.

창세기의 창조의 영광과 희망이 말라기의 심판과 경고로 문을 닫는, 그래서 필연 희망은 그 무엇으로도 기대할 수 없을 것 같은 때에도 하나님은 당신을 경외하는 자들의 출현과 그들을 통해 역사의 종말이 악인의 심판만이 아닌 의인의 회복과 구원이라는 소망으로 열리게 될 것을 바라보고 계신다.

'외양간에서 나온 송아지'가 뛰는 모습을 생각해 보라. 사람은 태어나 1년이 가까워야 비로소 걷기 시작하는데 송아지는 어미에게서 나오자마자 곧 자유와 기쁨으로 뛰놀며 즐거워한다. 하나님이 하시면, 하나님께로부터 "공의로운 해가 떠올라서 치료하는 광선을 비추"시면 우리네 역시 송아지처럼 되리라 하신다.

당신을 경외하는 삶이 뭐길래 이처럼 은혜를 베푸실까. 이렇듯 해답은 하나님께로부터 온다는 걸 새롭게 붙드는 묵상 앞에 서 있다.

하나님은 당신을 경외하는 자들을 결코 모른다 하지 않으신다. 그냥 넘어가지 않으시는 하나님이시라 하시니 안심이다.

오늘 발을 딛고 살아가는 세상 역시 말라기적 현상이 난무하는 때다. 이럴 때일수록 자칫 악인들의 득세에 영적 스탠스를 잊고 휘청거릴 수 있다. 하지만 묵묵히 하나님을 바라보는 의인의 삶처럼 하나님을 경외함으로 증거하며 살아간다면 하나님의 품 안에서 외양간에서 나온 송아지처럼 뛰게 만들어주실 것이다.

구약의 문이 닫히는 말라기 선지자의 희망이 내게로 왔다. 하나님만이 희망이니까. 아멘이다.

주여, 말씀의 문을 열어주옵소서.

1984년 12월 어느 날, 갑자기 쓰러지시던 그 날 새벽까지 모친 임인례 권사님은 평생 새벽기도회를 하셨다. 오늘까지 육 남매(4녀 2남) 자녀 손들이 하나님 앞에서 건강한 믿음의 여정을 걷고 있는 건 다 어머님의 기도와 헌신에 담아주신 하나님의 은혜다. 모친은 평생 보시던 성경 한 권 물려주시고, 두 달 투병하시다가 하나님의 부르심을 받아 천국에 가셨다. 어릴 때 어머님은 성경 이야기를 들려주실 때가 많았다. 난 그게 참 좋았다.

❖ 평생 스승

고등학교 1학년 여름방학 때 큐티(QT)를 하던 중 하나님의 종으로 부르심을 받았다. 그리고 1983년, 총신대학교 합격통지서를 받아왔을 때 어머님은 나를 끌어안고 오랜 시간을 우셨다. 모친은 입학 선물로 성경 한 권을 사 주시면서 표지 안쪽에 이렇게 쓰셨다 : "너의 가장 소중한 재산. 임인례 권사"

돌아보니 말씀을 사모하는 것은 모친을 통해 내게 흐르게 해 주신 하나님의 선물인 것 같다. 그리고 총신에서 평생 스승이신 김희자 교수님을 만났다.

❖ 목회의 아버지

2003년 5월 어느 날, 사랑하고 존경하는 이철 목사님 내외분이 우리 부부를 점심에 초대해 주셨다. 그리고 부목사 사역 7년이 되는 2004년에 안식년을 하라고, 이를 위해 여름에 하와이 코나열방대학에 목회자 부부세미나를 다녀오라고 하셨다. 안식년을 그곳에서 할 수 있는가를 살펴보라셨지만 우리 부부는 1년이라는 시간에만 할 수 있는 것에 초점을 맞췄고, 하나님의 말씀을 좀 더 체계적으로 공부하는 것이 좋겠다고 생각했다. 목사님은 우리 부부의 결정을 기쁨으로 지지해 주시고 공부를 마칠 때까지 모든 지원을 다 해 주셨다. 난 이철 목사님의 반이라도 따라갈 수 있는 목회자가 되었으면 좋겠다.

❖ 에스라

2004년, 1년 안식년을 성경 66권만을 공부하는 에스라성경대학원대학교에서 보내며 공부를 했다. 에스라와의 만남은 1980년부터 해 온 묵상(QT)을 성경신학적인 토대에 좀 더 견고하게 세우도록 하나님께서 주신 특별한 선물이었다. 난 에스라가 자랑스럽다.

❖ 새로운 소명

2013년 7월, 하나님은 뜻밖에도 경성대학교 교목실을 맡기셔서 1만 5천여 경성대학교 학생들과 교직원들에게 십자가의 복음을 가르쳐 지키게 하라는 소명 앞에 서도록 하셨다. 다시 가슴이 뛴다.

❖ 감 사

『하나님, 저 아담입니다』에 이어 책을 내보자며 격려해 주신 가나북스 배수현 사장님, 신혼여행을 다녀와 여러모로 분주한 때에도 언제나 밝고 따뜻한 마음을 담아 책을 편집해 준 박수정 자매님께 고마움을 전한다. 원고 교정을 위해 기쁨으로 읽어 주신 시드니에 계신 장모님, 사랑하는 아내, 사랑의교회 제자 · 사역반 집사님들, 뉴욕과 순천의 집사님들에게도 감사드린다.

부족함 많은 책이지만 기꺼이 추천사를 써 주셨다. 중국집회를 마치고 돌아오신 피곤함 중에도 만찬과 함께 목회이야기를 행복하게 들려주셨던 수영로교회 정필도 원로목사님, 부산에 오자마자 온 가족을 품에 안아주신 호산나교회 최홍준 원로목사님, 1만 5천여 경성인들에게 그리스도의 복음(福音)이 필요하다며 동역자로 한 길 걷게 해 주신 존경하는 경성대학교 송수건 총장님께 머리 숙여 감사를 표한다.

❖ 맛있는 구약묵상

이 책은 지역 교회에서 성경대학, 성경통독학교, 큐티학교(큐티세미나), 성경 맥잡기, 묵상학교 등 하나님의 말씀을 가르치고 배우는 곳에서 유용하게 사용될 수 있다. 뿐만 아니라 개인적으로 성경을 일독(통독)할 때 옆에 두고 함께 읽어가면 성경이 읽어지고, 알아지고, 깨닫게 되는데 좋은 나침반이 될 것이다.

아울러 제자훈련과 사역훈련을 받는 분들이 본문을 보는 훈련을 위해 매주 대면하는 큐티(QT)를 좀 더 체계적이고 구체적으로 할 수 있도록 해주는 좋은 안내서가 될 것이라 확신한다.

이 책이 하나님을 더 사랑하고, 하나님의 말씀을 더 사모하는 일에 쓰임 받기를 기도한다.

황령산 자락, 경성대학교 교목실에서...

김 충 만